JN261466

最新 粉飾発見法

―財務分析のポイントと分析事例―

公認会計士 井端 和男

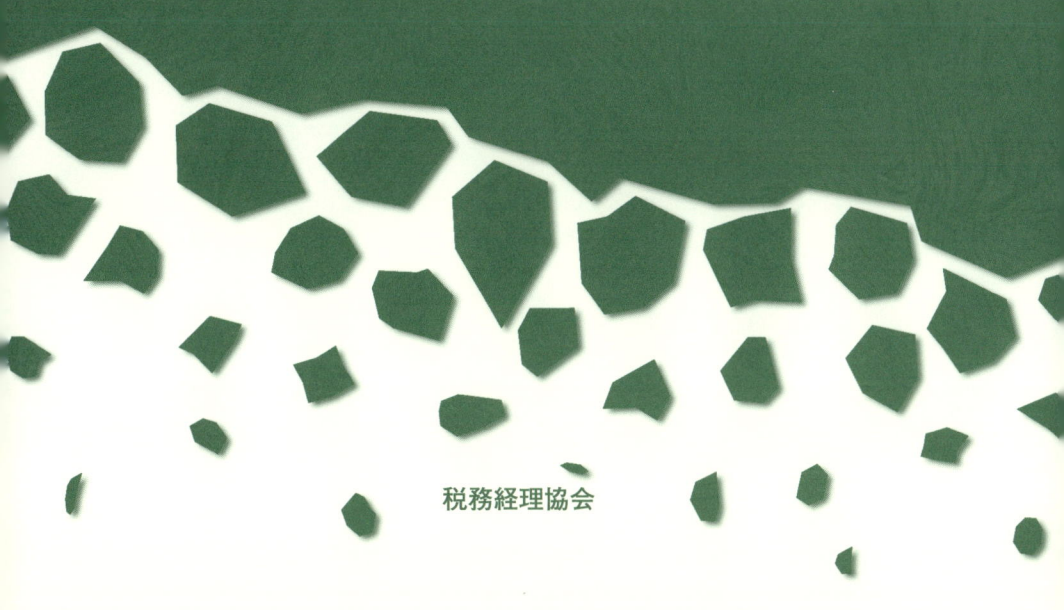

税務経理協会

はしがき

　上場会社の粉飾が後を絶たない。

　最近においても，オリンパスの粉飾が明るみに出て，連日新聞を賑わしている。ほぼ時を同じくして，大王製紙の創業家出身の代表取締役会長が複数の子会社から正規の手続きを経ずに100億円を超える資金を引き出し，カジノでの遊興などに浪費していた事件が発覚した。

　大王製紙の事件は，経営者の不祥事であって，粉飾とはいえないかもしれないが，経営者のコンプライアンス精神や倫理観の欠如がその根幹にあり，粉飾と不祥事は同根の出来事である。大王製紙では元会長の不祥事が明らかになった後，過去の会計処理を調査したところ145億円の不適切会計処理が明らかになり，5年前に遡って財務諸表の訂正を行っている。

　粉飾などを防止し，公正な財務情報の開示を確保するために，さまざまな法規が整備されている。特に，上場会社などについては，外部監査人による監査が強制されるなど，粉飾防止についての制度が整っているはずなのに，不正・不適切会計処理の報道が後を絶たないのが現状である。ましてや，外部監査人による監査を受ける義務などなく，特に厳格な，開示制度が定められていない一般の会社については，粉飾などいわば野放しの状態にある。

　財務分析においては，粉飾発見の手続きが欠かせられない。

　与信管理などにおける企業評価のための財務分析においては，取引先の倒産予知が最大の関心事になるのだが，倒産予知においては，財務諸表を単純にルールに従って読み解くだけでは不十分である。粉飾により歪められた財務諸表をそのまま，分析するのでは，粉飾者の意図したような結果しか出てこない。粉飾発見の手続きにより，粉飾の仮面を剥がした上で企業を評価する必要がある。

　粉飾発見の財務分析法とはいっても，通常の財務分析法以外に，特別な分析法があるわけではない。分析上の着眼点や結果の読み解き方に特色があるので

あって，通常の財務分析法の習得が基本になる。

　したがって，本書で取り上げるのは，通常の財務分析の手法が中心になっているが，粉飾発見に効果的な手法については，粉飾発見のための着眼点や粉飾の兆候の掴み方などの解説に力点を置いている。そのために，分析の技術的な側面だけでなく，実際に行われている粉飾などの実態をできるだけ詳しく説明して，分析での見所を示すように努めた。また，できるだけ実例によるケーススタディを通して粉飾発見の実務に触れる方法を取っている。

　ケーススタディで取り上げる企業には，粉飾などとは無縁の優良会社も含まれている。これは，粉飾発見には，正常な企業の財務の姿を知った上で，何が異常で，何が不正なのかを識別することが必要だからであり，本書で取り上げる企業がすべて粉飾に関係がある企業ではない点にご注意いただきたい。

　本書は，筆者の長年にわたる与信管理の実務における経験の結集であり，企業における与信管理の担当者などに利用していただけることを期待しているが，学問としての財務分析の研究に進む方々にも，分析の実務に即した，幅広い財務分析の理論の構築にお役に立つことを信じている。

　本書の出版にあたって，税務経理協会の峯村英治部長には大変お世話になった。紙面をお借りしてお礼を申し上げる。

平成24年2月

著　者

目　次

はしがき

第Ⅰ部　財務諸表の構造

第1章　総　論 …………………………………………………… 3
1　企業経営と資金 ………………………………………… 3
2　資金循環と財務諸表 …………………………………… 4
3　財務諸表について ……………………………………… 5

第2章　貸借対照表 ……………………………………………… 8
1　貸借対照表の様式と構造 ……………………………… 8
　(1)　資金調達の構造 …………………………………… 8
　(2)　資金運用の構造 …………………………………… 9
　(3)　個別貸借対照表と連結貸借対照表 ………………12
2　貸借対照表の見所 ………………………………………13
　(1)　総　論 ………………………………………………13
　(2)　調達側の見所 ………………………………………14
　(3)　運用側の見所 ………………………………………22
　(4)　粉飾発見のための見所 ……………………………25
　(5)　連結貸借対照表の例 ………………………………25

第3章 損益計算書······28

1 損益計算書の構造と様式······28
(1) 総　　論······28
(2) 個別損益計算書······28
(3) 連結損益計算書······30
(4) 包括損益について······31

2 損益計算書の見所······32
(1) 区分ごとの損益の見所······32
(2) 連結損益計算書の見所······33
(3) 粉飾発見のための見所······33
(4) 社会貢献費用などについて······34
(5) 連結損益計算書の例······37

第4章 キャッシュ・フロー計算書······39

1 キャッシュ・フロー計算書の構造と様式······39
(1) キャッシュ・フロー計算書の構造と様式······39
(2) ＣＦ計算書区分表示の意義······41
(3) 間接法によるＣＦ計算書の構造······43

2 ＣＦ計算書の見所······45
(1) 営業ＣＦの見所······45
(2) 投資・財務ＣＦ区分の見所······52
(3) 粉飾発見のための見所······53
(4) 連結ＣＦ計算書の例······53

目　次

第Ⅱ部　財務分析の方法

第1章　実数分析法 …………………………………………………59

1　実数分析法と比率分析法 ……………………………………………59
2　実数分析法 ……………………………………………………………60
　(1) 鳥瞰分析法……………………………………………………………60
　(2) 比較分析法……………………………………………………………61
　(3) バランスの調査………………………………………………………62
　(4) 主に実数が問題になる場合…………………………………………62

第2章　比率分析法 …………………………………………………64

1　比率分析法の体系 ……………………………………………………64
2　財務安全性分析 ………………………………………………………64
　(1) 財務安全性を支える諸要素について………………………………64
　(2) 資金調達構造の安全性………………………………………………65
　(3) 資金繰りの安全性……………………………………………………67
3　収益性分析 ……………………………………………………………71
　(1) 収益性の測定法………………………………………………………71
　(2) 売上高原価率，売上高経費率………………………………………72
　(3) 損益分岐点……………………………………………………………73
4　将来性分析 ……………………………………………………………74
5　効率性・粉飾性分析 …………………………………………………75
　(1) 効率性の測定…………………………………………………………75
　(2) 回転期間について……………………………………………………75

3

第3章　粉飾と財務分析

1. 企業倒産と粉飾 …………………………………………………83
2. 最近の上場会社粉飾の特徴 …………………………………84
   (1) 企業規模による粉飾の二極化現象……………………………84
   (2) 売上高の急成長が続いた末に倒産……………………………85
   (3) 資産回転期間が上昇しない粉飾の増加………………………86
   (4) 自己資本比率が高い状態での倒産……………………………87
   (5) 上場前からの粉飾で，上場後短期間内に倒産する…………88
   (6) 「死に体企業」の増加…………………………………………88
3. 優良成長企業と似非成長企業の識別ポイント ……………89
4. ＣＦによる粉飾チェック法 …………………………………91

第4章　粉飾発見チェックポイント …………………………94

1. 主な粉飾チェックポイント …………………………………94
2. チェックリストの記載例 ……………………………………98

第Ⅲ部　企業評価の進め方

第1章　リスクの評価 ………………………………………… 105

1. リスクの本質 ………………………………………………… 105
   (1) リスクの定義………………………………………………… 105
   (2) 損失の実態と損失の発生源………………………………… 107
   (3) リスク損失の実態について………………………………… 108
   (4) リスク推定法………………………………………………… 113

2　実例によるリスク推定 …………………………………… 120
　　(1)　株式会社ファーストリテイリングの例…………………… 120
　　(2)　フタバ産業株式会社の例…………………………………… 123

第2章　企業評価法 …………………………………………… 131

　1　企業評価法について ……………………………………… 131
　　(1)　企業評価の前提……………………………………………… 131
　　(2)　企業評価の骨組みについて………………………………… 132
　2　企業評価法各論 …………………………………………… 136
　　(1)　財務安全性の評価…………………………………………… 136
　　(2)　収益性の評価………………………………………………… 139
　　(3)　将来性の評価………………………………………………… 140
　　(4)　効率性（粉飾性）の評価…………………………………… 141
　　(5)　そ　の　他…………………………………………………… 141

第Ⅳ部　四半期財務諸表分析法

第1章　四半期財務諸表分析の利点 ……………………… 145

　1　四半期財務諸表について ………………………………… 145
　2　四半期財務諸表の特徴 …………………………………… 146
　3　四半期財務諸表と粉飾発見 ……………………………… 151

第2章　四半期分析法各論 …………………………………… 152

　1　回転期間分析 ……………………………………………… 152
　　(1)　四半期売上高による回転期間計算について……………… 152
　　(2)　四半期情報による粉飾チェック例………………………… 154

2	統計的手法の利用	162
	(1) 時系列分析	162
	(2) 回帰分析	164
3	ＣＦによる粉飾分析	169
	(1) Ａ社の例	169
	(2) プロパストの例	171
4	ＣＦによる業績評価	173
	(1) 営業ＣＦ	173
	(2) 投資ＣＦ	174
	(3) 財務ＣＦ	174
5	チェックリストによる粉飾調査法について	176
	(1) 年度末操作のチェックポイント	176
	(2) チェックリストの例	177
6	月次分析法	179
	(1) 月次分析の意義	179
	(2) 月次分析の手法について	181

第Ⅴ部　ケーススタディ

第1章　株式会社ファーストリテイリング … 187

1　ファーストリテイリングの概要 … 187
2　ファーストリテイリングの財務の概要 … 188
3　ファーストリテイリングの評価 … 191
　(1) 財務安全性評価 … 191
　(2) 収益性評価 … 192
　(3) 将来性評価 … 193

		(4) 効率性評価	193
		(5) 総合評価	193

第2章　株式会社ディー・エヌ・エー（DeNA） … 195

1　DeNAの概要 … 195
2　DeNAの財務の概要 … 198
3　DeNAの評価 … 199
　(1) 財務安全性評価 … 199
　(2) 収益性評価 … 200
　(3) 将来性評価 … 200
　(4) 効率性評価 … 201
　(5) リスクの評価 … 202
　(6) 総合評価 … 202

第3章　オリンパス株式会社 … 204

1　オリンパスの概要 … 204
2　訂正前の財務諸表による分析 … 205
3　訂正前の財務諸表による評価 … 208
　(1) 財務安全性評価 … 208
　(2) 収益性評価 … 209
　(3) 将来性評価 … 209
　(4) 効率性評価 … 209
　(5) 総合評価 … 210
4　訂正後の財務諸表による分析 … 210
　(1) オリンパス粉飾の実態 … 210
　(2) 訂正前財務諸表による評価と訂正後財務諸表との対比 … 217
　(3) 訂正後財務諸表による評価 … 217
　(4) オリンパスの粉飾発見について … 221

第4章　大王製紙株式会社 …………………………………… 224
　1　大王製紙の概要 ………………………………………… 224
　2　大王製紙の財務の概要 ………………………………… 225
　3　大王製紙の評価 ………………………………………… 230
　　(1)　財務安全性評価 …………………………………… 230
　　(2)　収益性評価 ………………………………………… 231
　　(3)　将来性評価 ………………………………………… 231
　　(4)　効率性評価 ………………………………………… 232
　　(5)　総合評価 …………………………………………… 232

第5章　王子製紙株式会社 …………………………………… 234
　1　王子製紙の概要 ………………………………………… 234
　2　王子製紙の財務の概要 ………………………………… 234
　3　王子製紙の評価 ………………………………………… 237
　　(1)　財務安全性評価 …………………………………… 237
　　(2)　収益性評価 ………………………………………… 237
　　(3)　将来性評価 ………………………………………… 238
　　(4)　効率性評価 ………………………………………… 238
　　(5)　総合評価 …………………………………………… 239

第6章　最近の倒産会社 ……………………………………… 240
　1　小杉産業株式会社 ……………………………………… 240
　　(1)　小杉産業の概要 …………………………………… 240
　　(2)　小杉産業の評価 …………………………………… 243
　2　トミヤアパレル株式会社 ……………………………… 245
　　(1)　トミヤアパレルの概要 …………………………… 245
　　(2)　トミヤアパレルの評価 …………………………… 249

目　次

3　株式会社ラ・パルレ …………………………………… 251
　(1)　ラ・パルレの概要 ……………………………………… 251
　(2)　ラ・パルレ倒産への道筋 ……………………………… 253
　(3)　ラ・パルレの評価 ……………………………………… 255

4　3社のまとめ ………………………………………… 257

索　引 ……………………………………………………………… 259

第Ⅰ部

財務諸表の構造

- 総論
- 貸借対照表
- 損益計算書
- キャッシュ・フロー計算書

第 1 章

総　　論

1　企業経営と資金

　企業経営の究極の目的は，企業を継続させることである。単に，継続させるだけでなく，顧客に満足を与え，雇用を守り，納税義務を果たすなどで，社会に貢献する存在でなければならない。

　社会も経済環境も常に変化しているし，企業は競争やさまざまのリスクにさらされている。現状維持に努めるだけでは，新しい経済の潮流にはついてゆけずに，やがては落伍する運命をたどる恐れがある。常に新しい企画や事業に取り組み，新しい技術やノウハウを開発し続ける必要がある。体質を時代に合わせて改造して，進化を図るのでないと，生き残るのは困難である。

　経営には資金が必要である。新しい事業に取り組み，新しい技術やノウハウを開発するのにも資金が必要である。企業は経営に必要な資金を調達しなければならない。企業経営は，資金調達とその運用の繰返しの過程であるということができる。

　資金を生み出すのは基本的には利益である。企業は必要な資金をすべて利益によって生み出すのが望ましいのだが，必要資金をすべて利益で稼ぎ出せる企業は少ない。少なくともスタート時には，起業者の貯蓄などによるほかは，外部から資金を調達することが必要になる。

　利益以外の主な資金調達方法として，株主から資本金を集める方法と，金融

第Ⅰ部　財務諸表の構造

機関からの融資を受ける方法がある。しかし，利益を上げられないような企業では，どちらも実現が困難であることが多い。

　企業継続の条件は，利益を計上することだが，利益を継続して計上し続けるには，常に改革と成長に挑戦する必要がある。改革や成長を推進するのは人間なのだが，人間の活力を支えるのは資金であり，企業継続には資金調達が必要不可欠な要素になる。

2　資金循環と財務諸表

　企業に投下された資金は，経営目的遂行のために，いろんな資産や費用に形を変えて運用されるが，資産や費用は収益を生み出し，資金となって還流する。還流した資金は，再度運用に投入されて循環する。この循環の過程で資金が増殖されて利益が生み出される。

　例えば，商品を100万円で仕入れて現金を支払うと，現金が100万円減って，商品が100万円増える。その商品を150万円で販売して，即時に現金で代金を回収したとすると，商品が100万円減る代わりに，現金が150万円増える。販売に際して，運送費10万円を現金で支払ったとすると，現金が10万円減って，費用10万円が発生する。最終的には，現金が40万円増えたことになる。

　他方，販売に伴い売上高という収益が150万円計上されるし，費用として売上原価100万円と運送費10万円の合計110万円が計上される。その結果，差引き40万円の利益が計上される。この利益が純資産に組み入れられ，調達側の純資産が40万円増えるので，運用側の資産が40万円増えるのと一致する（10頁図表1参照）。

　資金が経営のためのエネルギー源であり，資金の増殖が経営の成果となる。

　貸借対照表は，一定時点における資金の調達と運用の状態を示す表である。締め切りの時点の違いにより，年次決算時点のものは年次貸借対照表と呼ばれるし，四半期末，月末時点のものは，四半期や月次貸借対照表と呼ばれる。

損益計算書は，資金や資産を費用に投入して，収益と利益を稼ぐ過程を示したもので，計算期間の長さにより，年次，四半期，月次などの種類がある。

資金が資産や費用に形を変え，収入となって還流する過程を示したものがキャッシュ・フロー計算書であり，対象となる期間により，年次，四半期。月次などの種類がある。

3 財務諸表について

本書では，資料入手の面から，有価証券報告書を発行する上場会社などを主に，分析方法などを検討する。有価証券報告書などを発行しない一般の会社についても，情報の入手が必ずしも容易でないことと，入手できる情報の量や質に制約のあることを除くと，分析方法などに違いがないので，入手できる情報に合わせて，本書で紹介する分析方法などを適用すればよい。

一般の会社の財務分析において，特に注意する必要がある場合には，その都度，説明を加えることにしている。

上場会社などでは，金融商品取引法第24条により，事業年度ごとに，当該事業年度経過後3か月以内に，有価証券報告書を内閣総理大臣に提出しなければならない。

有価証券報告書には，財務諸表等規則[1]の規程に従って，財務諸表を記載しなければならない。財務諸表は，貸借対照表，損益計算書，株主資本等変動計算書，キャッシュ・フロー計算書並びに付属明細表から構成されている。ただし，連結キャッシュ・フロー計算書を作成する会社は，キャッシュ・フロー計算書は作成する必要はない。

有価証券報告書を提出しなければならない会社のうち上場会社等は，四半期報告書を期間経過後45日以内に内閣総理大臣に提出しなければならない。

四半期報告書には，四半期財務諸表等規則[2]に従い四半期貸借対照表，四半期損益計算書及び四半期キャッシュ・フロー計算書を記載しなければならな

い。ただし，四半期連結財務諸表を作成する会社は，親会社の個別の四半期財務諸表の作成は不要である。

　上場会社等で一定の条件に該当する子会社を有する会社は，親会社の個別財務諸表のほかに，連結財務諸表規則[3]に従って連結財務諸表を記載しなければならない。連結財務諸表には，連結貸借対照表，連結損益計算書，連結株主資本等変動計算書，連結キャッシュ・フロー計算書を含む。平成23年3月31日以降に終了する連結会計年度の年度末からは，連結損益計算書に加えて，連結包括利益計算書を作成するか，連結損益計算書に代えて，連結損益及び包括利益計算書を作成しなければならない。

　四半期報告書を作成する会社は，四半期連結財務諸表規則[4]に従って，四半期連結貸借対照表，四半期連結損益計算書及び四半期連結キャッシュ・フロー計算書からなる四半期連結財務諸表を作成しなければならない。

　上場会社などに関しては，少なくとも上記の諸情報の入手が可能なのだが，有価証券報告書の作成義務のない一般の会社については，会社法の規定により計算書類並びにこれらの付属明細書を作成することになっている[5]。計算書類は，貸借対照表，損益計算書，株主資本等変動計算書と個別注記表から成り立っている[6]。キャッシュ・フロー計算書は作成の義務はない。

　会社法では，旧商法特例法上の大会社で，有価証券報告書を提出する会社に対して，連結計算書類の作成を義務付けている[7]。また，会計監査人設置会社は，各事業年度に係る連結計算書類を作成することができるとされている[8]。

　企業を動かすのは人であり，企業経営を支えるものに，技術，ノウハウ，設備，得意先などさまざまなものがある。財務諸表などの計数情報と違って，これらには正確には計数で表現できない性格のものが多いので，非計数情報とか質的情報などと呼ばれている。

　本書では，質的情報については，情報の入手が困難であることから，主に，財務諸表の分析による会社を評価する方法を取り扱うが，可能な限り，質的情報による会社評価についても触れていく。

　本書では，貸借対照表，損益計算書，キャッシュ・フロー計算書の分析を中

心に検討を進める。

(注)
1) 財務諸表等の用語,様式及び作成方法に関する規則(以下,財務諸表等規則という)
2) 四半期財務諸表等の用語,様式及び作成方法に関する規則(以下,四半期財務諸表等規則という)
3) 連結財務諸表の用語,様式及び作成方法に関する規則(以下,連結財務諸表規則という)
4) 四半期連結財務諸表の用語,様式及び作成方法に関する規則(以下,四半期連結財務諸表規則という)
5) 会社法435条
6) 会社法435条,会社計算規則59条
7) 会社法444条3
8) 会社法444条1

第2章 貸借対照表

1 貸借対照表の様式と構造

(1) 資金調達の構造

貸借対照表は英語ではバランスシート（Balance Sheet）と呼ばれ，頭文字をとって，ＢＳ又はＢ／Ｓと書かれることがある。

① 負債と純資産

資金調達は，株主からの出資など（純資産）による調達と，負債による調達に分類される。

株主からの出資金（純資産）には，利益が付け加わって増殖される。企業が稼いだ利益は，配当などで社外流出するものを除いて，社内に留保され，純資産の一部になる。利益が計上されて，社内に留保されると，純資産は増加するし，損失が計上されると，純資産は減少する。

② 負債による調達

負債の主なものは，売買取引に伴って発生する仕入債務などと，金融機関などからの借入金である。未払金，未払税金や前受金なども重要な資金調達手段になる。退職給付引当金などの引当金も，重要な資金源になっている。

仕入債務は，商品や原材料などの仕入に伴って発生する負債であり，買掛金と支払手形や裏書譲渡手形から成り立っている。裏書譲渡手形は，買掛金の支払いとして取り扱われ，貸借対照表では簿外になっているが，残高は注記に

よって知ることができる。

　仕入債務は，業界での慣習などに基づき，仕入先との間であらかじめ決められた条件に従って，仕入れごとに半ば自動的に発生する負債である。原則として無利息であり，有利な調達方法である。

　未払金や前受金なども，取引が続く限り，恒常的に発生するものが多い。

　借入金は，取引などに伴って半自動的に発生するものでなく，必要に応じ，随時金融機関などから調達するものである。資金が必要なときにはいつでも資金の借入れができるわけではなく，金融機関などから融資を断られ，借入れが実現しない場合もある。また，借入金には原則として利息の支払義務がある。返済期限が決められていて，期日には返済する必要がある。

　このように借入金には，必要なときに必ずしも借入れができるとは限らないリスクがあるし，資金繰りが厳しくなって，返済資金がないときにでも，期日が来れば返済を強いられるので，ある意味では，不安定な調達手段でもある。

③　純資産による調達

　純資産は，返済の必要がなく，いつまでも使用することができる。利益が上がれば，株主からの配当要求が出てこない限り，社内に留保して，経営目的に使用することができるので，安定した資金になる。利益の内部留保による資金調達を自己金融ということがある。

(2)　**資金運用の構造**
①　調達から運営へ

　企業は調達した資金を運用して事業を行うが，調達した資金は，運用の過程でさまざまな資産に形を変える。貸借対照表は，貸借対照表日における資金の調達と運用状態を，科目ごとに記載した表である。

　貸借対照表日とは貸借対照表を作成する基準になる日をいい，年次貸借対照表では決算日が貸借対照表日になるし，四半期貸借対照表では各四半期の末日が貸借対照表日になる。

　貸借対照表には，勘定式様式によるものと，報告式様式によるものがある。

第Ⅰ部　財務諸表の構造

有価証券報告書に記載される貸借対照表は，財務諸表等規則の規程により，報告式様式のものでなければならないが，一般の企業が作成する貸借対照表には，特に様式など決められていないので，どちらの様式でもよい。

連結貸借対照表，四半期貸借対照表，四半期連結貸借対照表も報告式様式によることが決められている。

図表1は，勘定式様式の貸借対照表を前提にしたものであり，右側には調達（負債及び純資産の部）を記載し，左側には運用（資産の部）を記載してある。調達した資金は，すべて何かの資産に形を変えているので，左側の運用合計と右側の調達合計とは常に同額になる。

報告式のものでは，上下一列に並べ，上側に資産の部を，下側に，負債の部，純資産の部の順序で配列する。

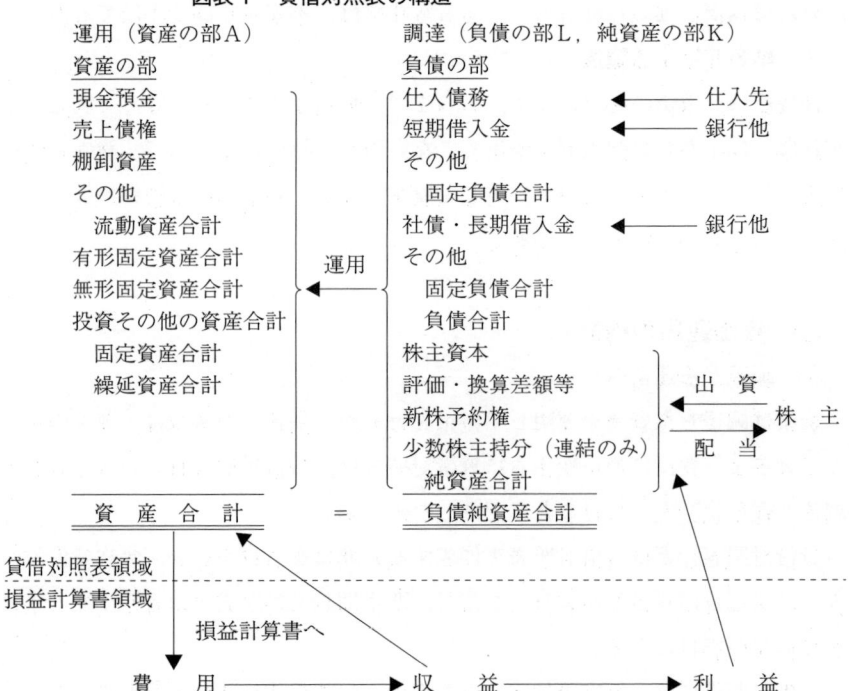

図表1　貸借対照表の構造

運用（資産の部A）	調達（負債の部L，純資産の部K）
資産の部	負債の部
現金預金	仕入債務　　◀── 仕入先
売上債権	短期借入金　◀── 銀行他
棚卸資産	その他
その他	固定負債合計
流動資産合計	社債・長期借入金　◀── 銀行他
有形固定資産合計	その他
無形固定資産合計	固定負債合計
投資その他の資産合計	負債合計
固定資産合計	株主資本
繰延資産合計	評価・換算差額等
	新株予約権
	少数株主持分（連結のみ）
	純資産合計
資　産　合　計　＝	負債純資産合計

出資／株主／配当

貸借対照表領域
──────────────
損益計算書領域

　　　　　　損益計算書へ
費　用　──▶　収　益　──▶　利　益

貸借対照表では，原則として流動性配列法により，資産は，流動資産，固定資産，繰延資産の順に，負債は，流動負債，固定負債の順に配列される。

資産及び負債は，1年基準（one year rule）に従い，貸借対照表日の翌日から1年以内に回収されるか，支払われるかによって，流動と固定に分類する。ただし，営業循環過程にある営業関連の資産や負債は，回収期間や支払期間の長短にかかわらず，すべて流動資産や流動負債とする。

② **資産から費用，収益へ**

資金は，資産の部の中で，さまざまな資産に形を変えるだけでなく，費用として，貸借対照表の外部に飛び出すものがある。費用を現金で支払う場合のように，資金がそのまま費用に変わることもあるし，商品や製品の棚卸資産が外部に販売されて，売上原価となるケースもある。減価償却費のように，固定資産から部分的に費用に移されるものもある。

貸借対照表から飛び出した費用は,損益計算書の領域に移る。

費用に算入された金額だけ貸借対照表の運用額（資産残高）が減少するが，費用は損益計算書の領域で収益を生み出して，新しい資産を貸借対照表にもたらす。売上代金を現金で受け取った場合には，貸借対照表では現金が増えるし，すぐには回収されない場合には売掛金が増える。

費用の支払いや，費用への算入により資産が減少するが，費用は収益を生んで，資産を増やすのだが，通常では収益の方が費用よりも多いので，差引きして利益分だけ資産が増えることになる。費用が収益を上回る場合には，損失となって，損失分だけ資産は減少する。

利益や損失は，純資産の部の利益剰余金に組み入れられて，純資産を増やしたり減らしたりするので，調達側も運用側もともに損益分だけ増減して，常に，運用合計＝調達合計の等式は維持される。

資金の循環とは無関係に計上される資産評価益などで，損益計算書を経由しないものは，包括利益として，直接，貸借対照表の純資産に組み込まれる。

図表1は，以上の資金循環の構造を図示したもので，

　　調達　→　運用　→　費用　→　収益　→　利益　→　調達

と循環する過程を示したものである。図表1では，水平の点線で上と下に分けているが，この点線から上が貸借対照表の領域であり，下が損益計算書の領域である。

(3) 個別貸借対照表と連結貸借対照表

貸借対照表には，個別貸借対照表と連結貸借対照表の別がある。

連結貸借対照表と個別貸借対照表との間には，連結では，親子間の取引・債権債務が相殺消去されるし，個別貸借対照表での子会社株式が，子会社の資産・負債に置き替えられるなどの相違点があるが，形式上（表示上）は大きな違いはない。

表示上の相違点としては，連結貸借対照表では，固定資産に子会社連結に関するのれんが計上されたり，純資産の部に為替換算調整勘定や少数株主持分が記載されるなど，連結固有の科目が追加される以外には，大きな差異はない。

のれんは，営業権を購入した場合などに，個別の貸借対照表にも計上されるが，連結貸借対照表では，営業権のほかに子会社取得に伴う取得価額と子会社での純資産との差額がのれんとして計上されている。

少数株主持分は，従来は，負債，資本（当時は純資産の部を資本の部と呼んでいた）のどちらにも属さない中間的な存在として，負債の部と資本の部の中間に独立して記載することになっていたが，会社法施行後は，純資産に含めることになった。ただし，有価証券報告書に記載する自己資本比率などの計算においては，分母の純資産には，従来の取り扱いを引き継いで，新株予約権や少数株主持分は純資産から除かれるし，証券取引所においても，同様の取り扱いを続けていて，純資産から少数株主持分や新株予約権を除外する取り扱いを続けている。したがって，証券取引所では純資産が黒字でも，少数株主持分を除いた純資産が赤字なら，債務超過として取り扱われる。

2 貸借対照表の見所

(1) 総　　論

　貸借対照表を分析する上での重要ポイントを，調達側（負債及び純資産の部）と運用側（資産の部）に分けて検討する。

　貸借対照表は，一時点における資金の調達と運用の状態を示すものである。外部の利害関係者や分析者が通常入手できる貸借対照表は，年次決算日現在のものであり，決算時のたまたまの事情などのために，特異な姿になっていることもある。特異な姿を，その会社の実態であると見ると，誤った判断をしてしまう危険性がある。

　上場会社などでは，四半期ごとの四半期報告書が四半期経過後45日以内に開示され，四半期ごとの貸借対照表が入手できるので，年間を通しての，資金調達と運用の状態を見ることができる。四半期のすべてで同じ異常が起こるわけではないので，いろんな時期の姿を見ることによって，正常な姿を推察できる可能性が高くなる。それに，企業経営は季節によって大きく変わることがあるし，それに伴って，財務内容も変化するので，四季ごとの姿を見る必要がある。四半期貸借対照表により四季ごとの財務の姿を観察できるので，年間を通しての変化状況も知ることができる。

　これに対して，上場会社など以外の一般の会社では，年1回，決算期にしか貸借対照表の入手ができないので，決算期の財務の姿が，その他の四半期とはかけ離れた特異な姿をしている場合には，貸借対照表では，財務の姿について，正しい評価ができないことが起こる。

　そこで，調査対象会社の季節ごとの営業状況やその時々の景気動向などから，季節ごとの変動を推定して，年間を通しての正常な財務の姿を推定する必要がある。その際，同業の上場会社等の四半期貸借対照表を参考にし，常識的な判断も駆使して，実態の把握ができることもあるが，それには限界があるのはやむを得ない。

それに，企業の財務諸表は，企業会計原則や，法規などに従って，画一的に作成されているのだが，企業ごとにさまざまな事情が存在する企業の財務を，画一的な基準などによる財務諸表では表示できない面が多い。

財務諸表による財務の開示能力には限界があり，有価証券報告書などを公開する上場会社などでも，財務諸表から，会社の財務の実態を的確に読み取れるとは限らない点を認識した上で，分析などを行う必要がある。

(2) 調達側の見所
① 負債の見所
次に負債について，主な項目ごとに検討する。

借　入　金

借入金には，当座借越，短期借入金，長期借入金，社債，ＣＰなどがある。割引手形は受取手形が売却されたものとして，貸借対照表では簿外になっているが，分析上は借入金に含めるべきである。長期借入金や社債は通常，固定負債に記載されるが，決算日から１年以内に返済期日の来る分は，１年内返済予定の長期借入金などとして，流動負債に記載されている。

負債には返済義務が付きまとう。特に借入金は，返済期日が明確に決まっていて，期日にはいやおうなしに取り立てられるのが普通である。返済期日に返済資金の用意ができないと，支払不能になる。支払不能が直ちに経営破綻を意味するものではないが，債権者による取立競争が始まったり，破産を申し立てられるなどして，倒産に追い込まれることが多い。債権者による取立競争が始まる前に，債務者側で民事再生法や会社更生法の申請をしたり，破産を申し立てるなどして，倒産することも多い。

長期借入金や社債については，当面の問題として，１年内返済（償還）予定と，資金創設能力を比べて，返済能力があるかどうかを調べる方法がある。資金創設能力は，過去の経常利益の平均値から，税金や配当などを支払った残高に，年間の減価償却費を加えた金額などで代用する。

短期借入金には，期日ごとに借換えができて，長期借入金と同様に長期間借

り続けられるものが多い。しかしながら、急な資金需要のため、あるいは季節資金の調達のため、一時的に資金調達が必要になることがあるので、借換えができるだけではなく、いつでも追加の資金調達ができるように、借入金の枠に余裕を持っていることが必要である。

　借入金の借換枠や臨時の借入れのための余裕枠など、外部の分析者などには分からないのが普通である。そこで、現在の借入残高や過去の借入れ実績などから、あるいは、担保物権の担保価値などから借入れ可能な上限額などを推定して、どの程度の借入余裕があるかを推定するしかない。

　第Ⅱ部財務分析の方法で紹介する"借入金依存度"などにより、借入金依存度が50％以上の場合は借入余力がないなどの大まかな判断をするしかないことが多いだろう。

　いずれにしても、借入金が多いほど、返済が大変だし、既に限度枠一杯に借り入れていて、追加の借入れが困難であることが予想される。その上、赤字が続いている場合には、特に注意が必要である。

　不況の影響などで業績が低迷している会社については、赤字が続いた場合、赤字のために資金が流出して資金不足の生じることが予想される。この場合、借入金を増やして資金不足を補填するしかないのが普通だが、借入金による調達余力があるように見える会社でも、赤字資金については資金調達が困難になることが予想される。

　金融機関では、「晴れた日には傘を貸したがるが、土砂降りの雨の日には傘を貸さない」といわれており、赤字会社に対しては、追加融資どころか、今まで借換えに応じてくれていた借入金についても、返済を要求してくるようになる。その結果、資金繰りが破綻して、倒産に追い込まれることが起こる。

仕入債務ほか

　仕入債務とは、買掛金と支払手形の合計額であり、買掛金の支払いに、裏書譲渡手形を利用している場合には、裏書譲渡手形をも含める。参考までに、売上債権は、売掛金、受取手形に、割引手形や裏書譲渡手形を含めた合計額をいう。

第Ⅰ部　財務諸表の構造

　仕入債務にも支払期日が決められているので，支払資金の調達が問題になる。

　通常は，仕入債務は売上債権と見合っていて，売上債権の回収金が支払財源になる。一時的に回収と，支払いのタイミングのズレなどにより，支払資金が不足することが起こるが，その際には，手持ちの現金預金を支払いにあてる。したがって，現金預金の残高が，日常の経費支払いなどのほかに，仕入債務などの支払いにも充当できる余裕があるかどうかなどにも注意する必要がある。

　現金・預金の手持額が少なくて，仕入債務の決済などに振り向ける余裕などない場合には，当座借越，手形割引や臨時の短期借入などにより資金を調達することになるので，当座借越や割引のポジションに余裕があるか，短期借入金に臨時借入の余裕があるか，などに注意する必要がある。これらの情報は，外部の分析者などには入手できるとは限らないので，現金預金の残高水準や，割引手形や短期借入金の残高と過去の実績などから調達能力を推定することになる。ただし，現金・預金残高が多いからといって資金繰りに問題がないと考えるのは危険である。借入金が多くて資金繰りが苦しいと予想される会社が多額の現金・預金を保有しているのは不自然であり，実質的には借入金の担保として一部が拘束されていることがあるし，粉飾による水増しなどを疑ってみる必要もあるからである。

　仕入債務については，相手が商品などの仕入先であり，相手先にとってはこちらが得意先になるので，たまたま支払いが遅延しても，直ちに強制取立などの手段に訴えてくるようなことはないのが普通である。

　支払手形の場合には，6か月以内に不渡事故を2回以上起こすと銀行取引停止の処分を受けるのだが，期日に支払資金の用意ができない場合には，事前に期日を書き替える手形ジャンプにより不渡りになるのを回避できることが多い。

　しかし，何回も支払遅延や手形ジャンプの要請を繰り返していると，仕入先の警戒が強まって，支払期日の延長などには応じてもらえなくなる。商品の納入を断られたり，即金で支払うのでないと納入には応じてもらえなくなる。商品の仕入ができないのは，企業にとって死活問題になる。

　仕入債務が増加するのは，資金繰りが苦しいために，支払期間を引き伸ばし

ていることによる場合が多いので，要注意事項なのだが，仕入債務が減少するのも，仕入先の警戒が強まって，支払期間の短縮を余儀なくされる場合などが多いので，仕入債務の減少にも注意する必要がある。それに，仕入債務の一部を隠して過少表示する粉飾の疑いも出てくる。

　ただし，仕入債務は，資金繰りが良化した場合に減少することが多い。資金繰りに余裕ができると，仕入債務の支払期間を短くし，その代り商品価格の値下げをさせることなどが多くなるからである。業績が順調な会社で仕入債務が減少した場合には問題にしないが，業績が苦しくて資金繰りも苦しい会社で仕入債務が減少した場合には問題にするなどの，ケースバイケースの取り扱いが必要になる。

3 要素総合残高

　仕入債務は，売上債権や棚卸資産との間に密接な関係がある。年度末近くに棚卸資産が増えると，同時期の仕入れが増えて，仕入債務が増加するし，年度末近くに売上高が増えると，同時期の仕入高が増えるか，棚卸資産が減るので，仕入債務が増えるか，棚卸資産が減少する。これら3要素を総合して観察すると便利なことが多いので，本書では下の式による3要素総合残高を分析に利用している。

　　　3要素総合残高＝売上債権残高＋棚卸資産残高－仕入債務残高

　前受金や前払金などの残高が常時多い場合には，これらを加えて5要素などにすることも考えられる。

　3要素は，運転資本を構成する主要要素でもあるので，上式による3要素総合残高は，運転資本の近似値としても利用できることが多い。

　仕入債務は増加するのも，減少するのも，信用状態が低下した場合に多いので，要注意事項になるのだが，3要素総合残高を利用することによって，異常か正常かの判断の助けになることがある。上述のとおり，正常な理由により仕入債務が増えた場合には，同時に，売上債権が増えるか，棚卸資産が増加するので，3要素総合残高には変化が起きないことが多いからである。

　仕入債務は，資金調達の手段ではあるが，通常では，売上債権や在庫に必要

な資金の一部を調達できるに過ぎないのだが，仕入債務により売上債権や在庫資金以上に資金調達できる会社もある。

　例えば，スーパーマーケットのような店頭で現金引換えにより商品を販売するのが原則の業種では，売上債権はほとんどゼロで済むし，棚卸資産も，回転が速いのでそれほどの残高を持つ必要がない。他方，仕入債務は業界での商慣習に従って，2～3か月などの据え置き期間が認められる。売上債権がゼロで，棚卸資産は1か月分程度あればよいし，仕入債務は仕入後3か月に支払えばよいとすると，仕入後1か月の在庫期間を経て，販売により代金が回収できる。他方，仕入債務は仕入後3か月経ってから支払えばよいので，回収した販売代金は支払いまでの2か月間は手許に残り，会社が自由に使える資金になる。月商高が1億円とすると，経費などの支出を無視すると2か月の売上高2億円が手許に残る。月商高が2倍の2億円になると，手許に残る資金は2倍の4億円になり，新たに2億円の資金調達ができることになる。

　しかし，売上高が減少に転じた場合，例えば月商高が2億円から1億円に減少した場合には，これまでの資金調達額の4億円が2億円に減ることになる。もし4億円の資金を設備投資のような固定的な用途に使っていたとすると，2億円の資金不足が生じる恐れがある。

　上例のスーパーマーケットのように，売上増により資金調達ができる取引のパターンを回収先行型と呼び，反対に，売上げが増えると資金不足が生じるパターンを支払先行型と呼ぶことにすると，3要素総合残高がマイナスの企業は回収先行型であり，3要素総合残高がプラスの会社は支払先行型である。

　回収先行型と支払先行型については，次頁の**図表2**を参照されたい。

　支払先行型の会社でも，ファクタリングや手形割引を利用して，回収を早めると，回収先行型になり，仕入債務による資金調達が可能になる。

　業績が悪化して，資金繰りに詰まると，無理に売上げを増やし，回収を急いで資金調達を図る企業が出てくる。このような資金操作による資金調達は，業績が抜本的に回復しない限りやめることができないばかりか，売上高を更に増やして調達額を増やすことが必要になることが多い。無理な売上増のため，採

図表2(1)　回収先行型

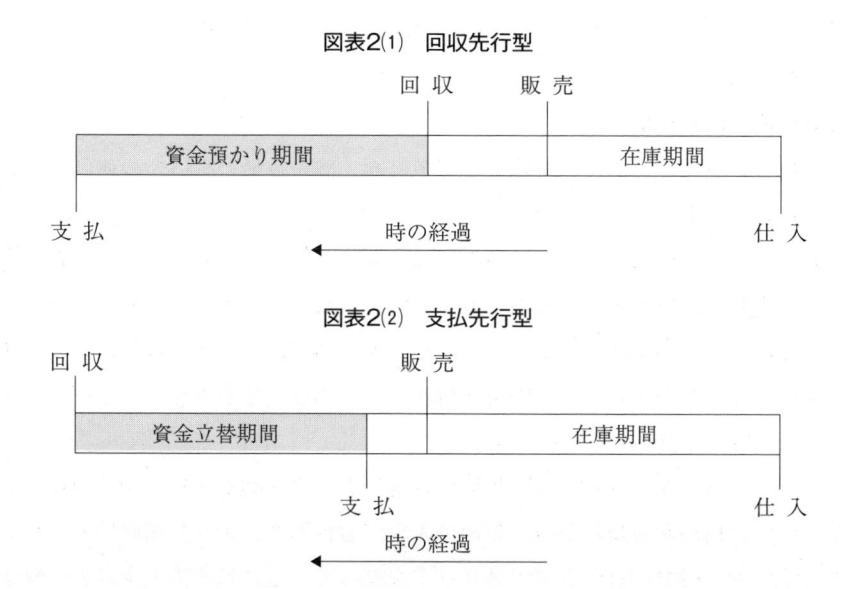

```
              回収     販売
┌──────────────────┬──────┬──────────────┐
│   資金預かり期間   │      │   在庫期間    │
└──────────────────┴──────┴──────────────┘
支払         ←  時の経過                  仕入
```

図表2(2)　支払先行型

```
回収              販売
┌──────────┬──────┬──────────────────┐
│ 資金立替期間│      │    在庫期間      │
└──────────┴──────┴──────────────────┘
           支払                         仕入
         ←  時の経過
```

算を無視して売りまくるので、損失が更に増える悪循環に陥る。このような資金繰りを自転車操業と呼ぶ。自転車は走行中ペダルをこぎ続けていないと倒れるのと同じで、売上げを増やし続けなければ、資金不足を起こして倒産する恐れがあるので、自転車操業と呼ぶのである。

　仕入債務はこのように自転車操業にも利用されることがあるので、業績が低迷していて、資金繰りが苦しいと見られる会社については、仕入債務のみならず3要素総合残高の構造変化や、売上高の増加にも注意して、自転車操業による業績への影響や、財務構造の歪みなどがないかを調べる必要がある。

　仕入債務などは、売上高の増減によっても増減するので、増減が異常かどうかを見るのに、後で紹介する回転期間を利用するのが便利である。

負債の種類、返済期間の長短にも注意を

　負債については、借入金と仕入債務とではリスクの性格も違うので、負債残高の多寡だけでなく、種類の違いにも注意する必要がある。

　仕入債務は、取引の増減に伴って半ば自動的に増減するものであり、売上高や仕入高との関係で観察する必要がある。そのため、回転期間による分析が効

果的である。借入金は多いか少ないかが問題になるので，借入金依存度などが重要視される。

流動負債，固定負債の別

また，負債については，流動負債が多いか，固定負債が多いかの違いにも注意する必要がある。

流動負債は，原則として短期間内に返済期日が到来するものなので，資金繰りには不利な負債であり，流動負債が多いと，資金繰りが忙しくなって経営が不安定になる傾向がある。また，信用に不安のある会社では，長期借入金の調達が困難なことが多いので，固定負債が多く，流動負債が少ない方が信用のある会社と評価されるのが普通である。

しかし，借入金については，短期借入金の方が支払利息の利率が低いことが多いし，信用のある会社なら，短期借入金でも借換えにより長期間借り入れることができるので，コストでのメリットをとって，主に短期借入金により資金調達をする会社もある。

また，特定の時期にだけ発生する季節資金などは，必然的に短期借入金により調達することになるし，設備投資資金は長期借入金で調達するなど，用途によっても違ってくるので，単純に，流動負債が多いから信用度が低いとか，固定負債が多いから金融機関の信用があるなどと決めてかかることができない。

ただし，設備投資などの資金を短期借入金で賄うのは危険であり，固定資産の残高に比べて，固定負債が少なく，流動負債が多い企業には注意する必要がある。

また，業績が悪化している企業で，短期借入金が増えて，長期借入金が減っているのは，金融機関が警戒を強めて，短期融資に切り換えているためと見るべきことが多い。

② 純資産の見所

企業価値と純資産

純資産は負債のように返済の義務がないので，いつまでも使用できる安定した資金である。また，借入金のように利息の支払義務がないので，採算上も有

利である。利益が計上されると，株主から配当の要求が出ない限り，利益剰余金として社内に留保することができるし，利益剰余金は純資産として自由に運用することができる。

　純資産は株主にとって，企業価値を決める重要な要因であるし，債権者にとっては，信用状態を測る重要な尺度であり，与信の根拠になるものである。

　企業は，今は業績が順調でも，いつ何時赤字に転落するか分からないリスクを抱えている。純資産が多いと，少々の赤字が出ても債務超過にはならないし，不況が長引いて，赤字の期間が続いても，資産超過の状態を維持することができる。債務超過に陥る前に景気が回復して，業績も回復すると，内部留保により純資産を増やすことができる。

　債務超過とは，損失のために純資産を食い尽くすなどして，純資産がマイナスになった状態をいう。この状態では，負債が資産を上回っており，資産をすべて帳簿価額で換金できたとしても，負債を返済するのに不足する。企業を清算する場合には，資産の清算価値は帳簿価額を大きく下回ることが予想されるので，返済額は更に減ることになる。したがって，債務超過の会社には，金融機関は金を貸さないし，納入業者は現金引換え条件でないと，商品などを納入してくれなくなる。債務超過に陥って，回復の見通しが立たない企業は，経営が成り立たなくなって，倒産する運命にある。

　上場会社は，債務超過に陥ると，一定の猶予期間を経た後にも，債務超過を回復できない場合には，上場廃止になる。

実質的な企業担保としての純資産

　純資産が多いほど，債務超過になりにくいので，それだけ信用が高くなる。純資産は，商品や原材料などの納入業者が，企業に与信を行う場合の信用の根拠になる。納入業者は，銀行などのように企業から担保をとって与信を行うことなどないのが普通であり，純資産が与信の拠り所になる。その意味では，純資産は実質的には一種の担保の役割を果たしており，純資産が多い企業に対しては，安心して与信を提供することができる。

　株主にとっても，債権者にとっても，純資産は多いほど好ましいのだが，企

業自体にとっては，単純に，多い方がよいとすることができない。過剰資本にも弊害がある

　業績のよい企業では，内部留保が増えて，純資産が増える。通常の企業では，借入金を除く仕入債務のような取引関連の債務や引当金などが常時計上されていて，必要資金の30％程度はこれら一般債務や引当金で調達できる企業が多い。したがって，純資産が総資産の70％程度になると，借入金をゼロにしても資金が余ってくる。その上に，利益が計上されると，利益を全額配当するのでないと，更に資金は過剰になる。余った資金を手許に留めておいたり，預金にしておくのでは効率が悪いので，ハイリスク・ハイリターンの投機的な資産に運用をして，思わぬ損をすることもある。

　純資産が潤沢だと，経営に緊張感が薄れて，成長が止まってしまうことがある。コーポレートガバナンスが疎かになる恐れもある。

　必要資金の何パーセントかは，金融機関からの借入金で調達して，いわゆるレバレッジ効果を期待するのもよいし，金融機関をコンサルタント役に利用できるメリットもある。コーポレートガバナンスの強化にもなるなどで，借入金には借入金としての利点もある。

(3) 運用側の見所
① 流動性について

　資産については，まず，流動性に注意する必要がある。

　資産は，さまざまな資産に形を変えて運用されるのだが，仕入債務の決済や借入金の返済，あるいは費用の支払いなどの財源にもなる。

　資産の中で，現金や預金の中の当座預金や普通預金などは，いつでも支払いに使用できる。定期預金などでも解約をすれば支払資金になる。

　現金・預金以外の資産は，流動資産であっても，資金が必要なときにすぐに資金に換金できるとは限らない。売掛金は期日にならないと回収できないし，製品や商品などの棚卸資産は，販売する必要がある。販売しても売掛金の期日がくるまでは回収できない。売掛金が受取手形で回収される場合には，資金化

は更に先になる。原材料などは，製造の過程を経て製品にならないと販売すらできない。それに，これらの資産には，流動性が高いとはいっても，取引高に応じて増減するものが多く，取引を離れて，企業の都合だけで自由に増減させられるものではない。

　不意の出金には金融機関からの借入金で対処することもできるが，業績が順調なときには，金融機関も融資に応じてくれるのが普通だが，業績が悪化すると，借入れができなくなる恐れがある。

　支払能力は，資産の流動性に大きく依存しているが，究極的には企業の収益力と，信用にかかっていることになるので，流動性だけではなく，収益力などと総合的に評価をする必要がある。

　収益力があり，事業が順調に進行している会社には，流動性など特に心配する必要がないのが普通だが，業績が順風満帆とはいえない会社については，借入金の多寡や資産の流動性に注意して，資金繰りが順調にできるかどうかを見る必要がある。

　流動性はリスクの大小にも関係するが，この点については，③で詳しく説明する。

② 効 率 性

　次に重要なのは，資産の効率性である。

　支払能力を高めるには，現金・預金などの流動性の高い資産を常に多額に保有する必要がある。しかし，現金・預金は，保有するだけではほとんど利益を稼ぐことがないので，多額に保有するのは効率が悪い。

　支払能力と効率性とは，裏腹の関係にあることが多いので，両要素のバランスが重要になる。効率性を重んじるあまり，あるいは，リスクを避けるために，必要な投資までを実行しないで済ませていることもあるので，効率がよすぎるのにも注意する必要がある。

　経営目的遂行に必要な資産を保有していなければならない。効率性も重要だが，十分性もそれ以上に大切であり，流動性，効率性，十分性の３者間のバランスにも留意する必要がある。バランスが崩れていると，弱いところからほこ

ろびが出て，将来の経営破綻につながることがある。

　企業は必要なときに必要な投資を行い，競争相手に先駆けて，新製品，新技術，新市場などの開発に注力する必要があり，資産内容からも将来性を読み取る努力が必要である。

③　リスクの大小

　効率性はリスクの大小にも関係する。資産の稼働率が低下し，効率性が悪くなると，減損損失が発生するなどのリスクが高まる。更に効率が悪化して，廃棄に追い込まれるリスクもある。

　資産効率は，資産の保有高に関係する。利益などの経営の成果にくらべて資産保有高が多いのは，資産の効率性が低いことを意味することが多い。

　同業他社に比べて，あるいは規模の割に資産保有高が多いのは，無駄な資産が多いか，十分に稼働していないかのどちらかであることが多い。本業のほかに，財テクなどの副業が膨らんでいて，財テク資産などが上積みになっていることがある。粉飾で資産が膨らんでいることもある。それでなくても，資産保有には必然的にリスクが付きまとうのだが，資産効率の悪い企業はリスクの高い企業と見ることができる。

　現金・預金は無リスク資産とされている。

　しかし，オリンパスの例のように，現金・預金が粉飾の手段に利用されることがある。

　新興株式市場に上場して，多額の資金を集めた企業の中には，集めた資金の使い道がなくて，大半を現金預金で手持ちしている企業がある。このような企業には，安易に利益を稼げる金貸業などに活路を見出す企業が多い。資金繰りに困っている企業が多いので，簡単に貸付相手を見つけることができるし，高い利息がとれる。しかし，結果として貸付金の大半が焦げ付いて，株式市場で集めた資金が消えてしまう。純資産が多く，現金預金の手持高が多いのを，マイナスに評価しなければならない場合もある。

(4) 粉飾発見のための見所

　粉飾により利益を水増しすると，貸借対照表では純資産が粉飾額だけ水増しになる。純資産の水増しには，資産が膨らむか，負債の一部が隠されるかのいずれかを伴う。

　利益の水増しを直接発見するのが困難な場合でも，資産の水増しか，負債隠しの面から粉飾が発見できることが多い。粉飾を繰り返すと，資産が著しく水増しされるのが普通なので，資産アプローチによる粉飾発見法が効果的なことが多い。

　不良資産について減損や評価損などの処理をせずに，正常資産を装ってそのまま資産に計上する粉飾も多い。この場合には，不良資産分だけ資産が水脹れすることになる。結局，資産の水脹れを追及するのが，効果的な粉飾発見法になることが多い。

(5) 連結貸借対照表の例

　貸借対照表の実例として，ユニクロを展開する株式会社ファーストリテイリングの平成23年度の連結貸借表を**図表3**で紹介する。有価証券報告書には，2年間の貸借対照表が記載されている。

　注記事項は省略する。

第Ⅰ部　財務諸表の構造

図表3　連結貸借対照表の例

1　【連結財務諸表等】
(1)　【連結財務諸表】
①　【連結貸借対照表】

(単位：百万円)

	前連結会計年度 （平成22年8月31日）	当連結会計年度 （平成23年8月31日）
資産の部		
流動資産		
現金及び預金	62,466	64,386
受取手形及び売掛金	15,371	17,796
有価証券	139,472	137,728
たな卸資産	※1　74,079	※1　92,750
繰延税金資産	29,715	31,802
未収還付法人税等	12,455	10,453
その他	12,233	15,361
貸倒引当金	△169	△307
流動資産合計	345,625	369,971
固定資産		
有形固定資産		
建物及び構築物	70,320	76,961
減価償却累計額	※4　△33,274	※4　△39,785
建物及び構築物（純額）	37,046	37,176
器具備品及び運搬具	8,830	9,453
減価償却累計額	※4　△5,442	※4　△5,993
器具備品及び運搬具（純額）	3,388	3,459
土地	3,880	3,881
リース資産	6,354	9,499
減価償却累計額	※4　△1,395	※4　△2,913
リース資産（純額）	4,959	6,585
建設仮勘定	869	6,913
有形固定資産合計	50,144	58,016
無形固定資産		
のれん	28,798	21,648
その他	※2　19,041	※2　19,102
無形固定資産合計	47,840	40,751
投資その他の資産		
投資有価証券	844	529
繰延税金資産	4,494	7,417
敷金及び保証金	※2　40,415	39,310
建設協力金	16,044	15,331
その他	※5　2,723	※5　3,184

第2章　貸借対照表

貸倒引当金	△844	△735
投資その他の資産合計	63,678	65,038
固定資産合計	161,662	163,806
資産合計	507,287	533,777
負債の部		
流動負債		
支払手形及び買掛金	54,098	59,395
短期借入金	7,414	3,978
1年内返済予定の長期借入金	※2　9,944	※2　3,243
為替予約	58,245	59,640
未払法人税等	31,512	14,721
引当金	6,615	6,987
その他	34,786	34,878
流動負債合計	202,618	182,846
固定負債		
長期借入金	※2　5,865	※2　13,688
引当金	45	63
その他	※2　10,771	17,268
固定負債合計	16,681	31,020
負債合計	219,300	213,866
純資産の部		
株主資本		
資本金	10,273	10,273
資本剰余金	5,000	5,223
利益剰余金	336,739	369,717
自己株式	△16,260	△16,144
株主資本合計	335,753	369,070
その他の包括利益累計額		
その他有価証券評価差額金	△13,917	△16,541
繰延ヘッジ損益	△34,940	△35,583
為替換算調整勘定	△1,456	△2,215
その他の包括利益累計額合計	△50,314	△54,339
新株予約権	－	510
少数株主持分	2,548	4,670
純資産合計	287,987	319,911
負債純資産合計	507,287	533,777

第3章 損益計算書

1 損益計算書の構造と様式

(1) 総　　論

損益計算書は，英語ではIncome Statement又はLoss and Profit Statementと呼ばれ，頭文字をとって，ＰＬ又はＰ／Ｌと書かれることがある。

(2) 個別損益計算書

損益計算書は，収益から費用を引いて利益を算出する計算表である。わが国の損益計算書は，企業会計原則などの規程に従い，営業損益計算，経常損益計算，純損益計算に3区分する構造になっている。

損益計算書にも，報告式と勘定式の両様式がある。上場会社などが作成する有価証券報告書に掲載される損益計算書は，貸借対照表と同様に,財務諸表等規則や連結財務諸表規則などの規程に従って，報告式様式に統一されている。

報告式様式の損益計算書の3区分の骨組みを示すと，**図表4**のとおりである。

図表4　損益計算書の骨組み

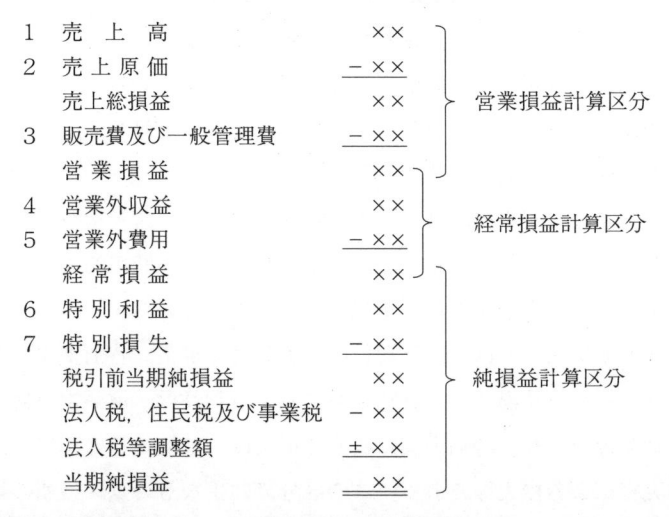

```
1  売 上 高                    ××  ┐
2  売 上 原 価                 -××  │
   売上総損益                   ××  ├ 営業損益計算区分
3  販売費及び一般管理費         -××  │
   営 業 損 益                  ××  ┘
4  営業外収益                   ××  ┐
5  営業外費用                  -××  ├ 経常損益計算区分
   経 常 損 益                  ××  ┘
6  特 別 利 益                  ××  ┐
7  特 別 損 失                 -××  │
   税引前当期純損益             ××  ├ 純損益計算区分
   法人税，住民税及び事業税    -××  │
   法人税等調整額              ±××  │
   当期純損益                   ××  ┘
```

　営業損益計算区分は，売上総損益計算と営業損益計算に小区分されていて，損益計算書は，実質的には4区分からなることになる。

　売上高から売上原価を引いた利益は売上総利益であり，いわゆる粗利益に相当するものである。売上総利益から販売費及び一般管理費を引いた利益が営業利益である。損失の場合には，売上総損失，営業損失となる。

　経常損益計算区分では，営業損益に営業外収益を加え，営業外費用を引いて，経常損益を算出する。営業外収益に属する収益は，受取利息，有価証券利息，受取配当金，有価証券売却益，仕入割引その他である。営業外費用に属する費用は，支払利息，社債利息，社債発行費償却，創立費償却，開業費償却，貸倒引当金繰入額又は貸倒損失，有価証券売却損，売上割引その他である。経常損益計算区分には，財務活動によって生じる損益と，営業活動以外の原因に生じる損益であって，特別損益に属さないものが記載される。

　営業外収益と営業外費用は，どちらも主に金融取引での収益と費用から成り立っており，営業外費用では，支払利息の比率が高い。受取利息や支払利息は，営業とは関係のない金融上の収益や費用として取り扱われているのだが，支払利息を画一的に金融費用として，営業損益から切り離すのは問題である。特に，

借入金が比較的多い，上場会社以外の一般会社にとって，支払利息の影響が大きいので，これを，営業費用と見るか，営業外と見るかによって，営業利益が大きく違ってくる。現在は超低金利の時代だから，支払利息の負担はそれほど大きな問題にはならないことが多いが，将来，金利が上昇して，8％とか10％とかの水準になると，大きな問題になる。

一般には営業損益が重視されていて，新聞などでも，営業損益で企業業績を評価することが多いのだが，本書では，支払利息は営業費用的な性格が強いと見て，営業損益よりも経常損益を重視することにしている。

当期純損益計算区分では，経常利益に特別利益を加え，特別損失を控除して税引前当期純損益を算出する。特別利益に属する利益は，前期損益修正益，固定資産売却益等であり，特別損失に属する損失は，前期損益修正損，固定資産売却損，災害による損失等である。この区分での主なものは，当期の業績には無関係な損益と臨時的な損益である。

税引前当期純損益から，法人税等を引き，法人税等調整額を加減して，当期純損益が算出される。

(3) 連結損益計算書

連結損益計算書の骨組みは，図表3の個別の損益計算書と同じだが，税引前当期純損益を税金等調整前当期純損益と表示する。税金等調整前当期純損益から法人税等を控除し，法人税等調整額を加減した金額を，少数株主損益調整前当期純損益と記載し，少数株主損益を加減して，当期純損益を算出する構造になっている。

参考までに，以下に，株式会社ファーストリテイリングの平成22年9月1日から同23年8月31日までの連結損益計算書の，税金等調整前当期純利益以下の部分を紹介する。金額の単位は百万円である。

税金等調整前当期純利益	93,881
法人税，住民税及び事業税	41,906
法人税等調整額	△4,336
法人税等合計	37,569
少数株主損益調整前当期純利益	56,311
少数株主利益	1,956
当期純利益	54,354

　連結損益計算書では，連結子会社について計上されたのれんを，その効果が発現する期間（20年以内とする）にわたって償却し，当期償却額を販売費及び一般管理費に，負ののれんの当期償却額は，営業外費用に計上される。負ののれん発生益は特別利益に記載される。

　持分法を適用した関連会社などに対する投資損益は，利益の場合には"持分法による投資利益"の項目名で営業外収益に，損失の場合には"持分法による投資損失"の項目名で営業外費用に記載される。投資利益と損失が生じる場合には，これらを相殺して表示することができる。

(4) 包括損益について

　平成23年3月31日以降に終了する連結会計年度の年度末から，連結損益計算書に加えて，連結包括利益計算書を開示するか，連結損益計算書に代えて，連結損益及び包括利益計算書が開示されることになった。

　図表5は，連結包括損益計算書の例である。

　なお，連結包括損益計算書でも，前連結会計年度と当連結会計年度の数値を連記するのが原則だが，連結包括損益計算書は当連結会計年度から開示することになったものなので，図表5では前連結会計年度のものは記載されていない。

図表5　ファーストリテイリング社の連結包括利益計算書

(単位：百万円)

当連結会計年度
(自平成22年9月1日　至平成23年8月31日)

少数株主損益調整前当期純利益	56,311
その他の包括利益	
その他の有価証券評価差額金	△2,624
繰延ヘッジ損益	△642
為替換算調整勘定	△797
その他の包括利益合計	△4,064
包括利益	52,246
(内訳)	
親会社株主に係る包括利益	50,328
少数株主に係る包括利益	1,918

2　損益計算書の見所

(1)　区分ごとの損益の見所

　売上高から，売上原価を引いて計算される売上総利益は，いわゆる粗利益であり，製品，商品等の販売において，売上原価にいくら利益を上乗せするかによって決まる。利益の出発点になる利益である。

　売上総利益がその後の区分の利益の大枠を決めるのであり，販売費及び一般管理費や営業外損益をこの枠内に収めないと経常損益は赤字になる。

　営業活動を強化して，販売量を増やしても，あるいは，利幅を広げて売上総利益を増やしても，それ以上に販売費及び一般管理費などの費用が増えれば減益になる。売上総利益などは，費用との兼ね合いで観察する必要がある。

　経常利益は，臨時的な損益や，当期の業績に直接関係のない前期損益修正損益などを除外しているので，当期における正常な経常収益力を示すことが期待できる。事業環境や会社の事業内容・方針などに大きな変化がない場合には，

翌期以降においても，同程度の利益の計上が期待できるので，将来の利益の予想にも利用できる。

特別利益と特別損失は，当期業績にかかわりのない損益とされているが，経常損益との境界が曖昧なものが多い。例えば，大口の貸倒損失などは特別損失に計上されることが多いが，何年かおきに，大口の貸倒損失が決まって計上される場合には，経常的な性格が強い。

企業では，経常利益をよく見せるために，利益はできるだけ経常損益計算区分に計上し，費用や損失はできるだけ特別損益に計上する操作を行うことが多いので，各区分の項目の内容にも注意する必要がある。

(2) 連結損益計算書の見所

子会社の取得時期が年度末や期中である場合，子会社の貸借対照表は全面的に連結されるが，損益計算書やキャッシュ・フロー計算書は，子会社になった期間だけの部分的な連結であったり，全く除外されることもあるので，連結貸借対照表と連結損益計算書などとの間にギャップが生じる。

例えば，回転期間の計算では，分子の資産や負債には子会社の分も含められるのに，分母の売上高には子会社売上高が部分的にか，あるいは，全く計上されていないので，売上高が過少になり，回転期間が実態より長く計算される。企業評価においては，このような変則的な現象をも考慮に入れる必要がある。

のれんについては，のれんの評価自体にもさまざまな問題があり，粉飾などの手段に利用されることがあるのだが，のれんの償却においても，償却期間などを操作する粉飾が行われる可能性がある。オリンパスのケースでは，子会社を高く評価して取得し，水増しされたのれんを資産に計上した後，特別損失で水増し分を一挙に償却している。

(3) 粉飾発見のための見所

損益計算書での粉飾は，売上高やその他の利益要素の水増しと，売上原価や諸経費を少なくして，利益を増やすことで行われるのだが，最終的な当期純利

益は同じでも，経常利益を増やす粉飾などにも注意する必要がある。

貸借対照表の粉飾で述べたとおり，利益の水増しには，資産の水増しか，負債隠しを伴うので，貸借対照表によるチェックを併用する必要がある。

(4) 社会貢献費用などについて

平成23年11月9日付けの朝日新聞は"日航の営業益，通期目標を超す"の見出しで，下記のように日本航空の復活振りを伝えている。

「再建中の日本航空が好成績を上げている。人員削減など大胆なリストラが功を奏し，8日に発表した2011年9月中間連結決算で営業利益は1,061億円で，通期の目標の757億円を上回った。12年3月期連結決算の営業損益は，1,400億円の黒字になる見通し。

前年とは会計方法が違って単純比較はできないが，売上高にあたる営業収益は東日本大震災で旅客数が減り，5,998億円と前年実績を2割下回った。

ただ，営業利益は過去最高益だった前年を3％下回るに留まった。

会社更生法適用前の09年度と比べると，グループ従業員は約4万8千人から3万人に。今期は旅客が少ない路線は機材を小型化し，旅客が多い路線は便数を増やすなどして，収益の改善につなげた」

日本航空が合理化効果で，年間1,400億円の利益を上げても，整理の対象になった従業員が失業したままなら，日本経済全体から見て，損失の方が大きいことになる。

最近，企業の社会貢献の重要性が問題になることが多いのだが，企業の社会貢献で特に重要なものは雇用維持だと考える。米国やヨーロッパで若者たちのデモや暴動が多発しているのは，若者の失業問題に端を発していることが多いようだ。雇用維持により失業者を出さないことが，経済のみならず，社会全体の安定に貢献する。

失業者の増加は，失業給付金の支払いや生活保護費の増加などで，社会全体に損害を与えるし，消費の減退を通して，売上減少という形で，企業にも戻ってくるとすると，雇用維持，あるいは雇用積み増しなどの努力は，企業自身の

ためのものでもある。

　雇用を減らす企業があっても，他の企業で同じ程度雇用を増やすのであれば，全体として雇用は維持できるのだが，雇用を減らす企業の方が多い状態が続くと，全体として失業者が増え続け，社会不安をひきおこす原因になる可能性がある。

　雇用維持を含め，企業の社会貢献を促すには，社会貢献の努力や成果を，企業評価に組み込むことが望まれる。

　現行の法制下では，当期純利益などが企業評価の主な対象指標になるので，経営者は当期純利益を増やすことに汲々とする。当期純利益や時価総額などによる企業評価法にはそれなりの意義があるので，そのまま利用を続けるとして，当期純利益などのほかに，雇用維持や社会貢献度などを組み込んだ指標による企業評価法を考案して普及させることが望まれる。

　例えば，日本航空の例では，営業利益を増やしたことで，業績面ではプラスの評価が与えられるが，社会貢献の見地からは，リストラで人員整理を行ったことでマイナスの評価をする，などである。

図表6　日本航空の業績比較表

(単位：百万円)

	平成20年9月中間期（6か月間）	平成23年9月中間期（6か月間）	23年度／20年度
営　業　収　入	1,073,597	599,873	55.9%
事　業　費	875,395 (81.5%)	418,660 (69.8%)	47.8%
営　業　総　利　益	198,201 (18.5%)	181,213 (30.2%)	91.4%
販売費及び一般管理費	167,971 (15.6%)	75,038 (12.5%)	44.7%
営　業　利　益	30,229 (2.8%)	106,674 (17.8%)	352.9%
純　利　益	36,674 (3.4%)	97,414 (16.2%)	265.6%
総　資　産	2,123,931 (11.9月)	1,229,940 (12.3月)	57.9%
純　資　産	483,303 (22.7%)	309,196 (25.1%)	64.9%

　注）　カッコ内は，損益項目は対売上高比率，総資産は回転期間（月），純資産は自己資本比率である。

第Ⅰ部　財務諸表の構造

　日本航空の平成23年9月中間期の決算結果を，平成20年9月中間期と比べると，**図表6**のとおりとなる。

　倒産前の平成20年9月中間期と平成23年9月中間期とを比べると，平成23年9月中間期の営業収入は55.9%に減少しているが，事業費や販売費及び一般管理費は40%台に減少しているので，総合すると，採算は良化している。

　当期純利益は，約2.7倍に増えたのだが，事業費や販売費及び一般管理費が減少していて，人件費をはじめとした社会貢献のための支出も減少していることが推察される。

　現行の開示制度では，社会貢献のための支出などが表示される仕組みにはなっていない。そこで，事業費や販売費及び一般管理費，総資産などが社会貢献度との相関関係が高いと考えられるので，これらを総合した，営業収入（売上高）を社会貢献度を示す総合指標として採用する方法などが考えられる。

　当期純利益のほかに，売上高の増減も企業の評価要素に加えるのである。当期純利益を増やしても，売上高が減少していれば，その分だけを減点するのである。

　売上高を企業評価の指標に加えるのは，高度成長時代の評価法に逆戻りした感じがするし，社会貢献は直接的には売上高とは結びつかないことが多いと思われるので，販売費及び一般管理費に製造原価（できれば外部からの購入費を控除する）などを加えたものを利用することも考えられる。

　雇用維持や社会貢献度を示す指標としては，付加価値や労働分配率などが適当と考えられるが，外部の分析者などが入手できる財務情報だけでは，付加価値など計算するのは困難なことが多いと思われるので，付加価値を含むより幅の広い指標として売上高を採用するのは，それほど突飛な考えではないと考える。

　いずれにしても，企業の社会貢献にはいろんな種類のものがあり，外部の分析者では，正しく評価をするのが困難である。したがって，売上高などの大まかな指標を考えたのだが，企業の社会貢献が国民的な関心になっている今日において，会計基準なども，財務報告書類に，企業の社会貢献度を示す情報を盛

り込む改造が必要と考える。

(5) **連結損益計算書の例**

損益計算書の実例を掲載する。

図表7は，株式会社ファーストリテイリングの平成23年8月期の有価証券報告書に記載された連結損益計算書で，平成22年8月期の連結損益計算書と併記されている。

注記事項は省略してある。

第Ⅰ部　財務諸表の構造

図表7　連結損益計算書の例

② 【連結損益計算書及び連結包括利益計算書】
【連結損益計算書】

(単位：百万円)

	前連結会計年度 (自　平成21年9月1日 至　平成22年8月31日)	当連結会計年度 (自　平成22年9月1日 至　平成23年8月31日)
売上高	814,811	820,349
売上原価	※4　393,930	※4　394,581
売上総利益	420,881	425,767
販売費及び一般管理費	※1　288,503	※1　309,401
営業利益	132,378	116,365
営業外収益		
受取利息及び配当金	344	408
違約金収入	137	143
その他	518	1,345
営業外収益合計	1,001	1,897
営業外費用		
支払利息	500	532
為替差損	7,559	8,382
その他	1,564	2,258
営業外費用合計	9,624	11,173
経常利益	123,755	107,090
特別利益		
固定資産売却益	－	134
貸倒引当金戻入額	62	7
退職給付制度終了益	289	
事業整理損失引当金戻入額	205	
保険差益	144	
その他	215	86
特別利益合計	917	228
特別損失		
会計処理変更に伴う損失	－	※6　2,699
固定資産臨時償却費	－	4,050
固定資産除却損	※2　772	※2　567
店舗閉店損失	447	－
減損損失	※3　4,433	※3　832
災害による損失		※7　999
事業整理損失引当金繰入額	※5　985	※5　800
事業撤退損	395	
資産除去債務会計基準の適用に伴う影響額	－	2,913
その他	770	574
特別損失合計	7,804	13,437
税金等調整前当期純利益	116,867	93,881
法人税，住民税及び事業税	54,363	41,906
法人税等調整額	△147	△4,336
法人税等合計	54,215	37,569
少数株主損益調整前当期純利益	－	56,311
少数株主利益	971	1,956
当期純利益	61,681	54,354

第4章
キャッシュ・フロー計算書

1　キャッシュ・フロー計算書の構造と様式

(1) キャッシュ・フロー計算書の構造と様式

　キャッシュ・フロー計算書（以下，キャッシュ・フローをＣＦと書き，キャッシュ・フロー計算書をＣＦ計算書と書く）には，直接法と間接法の様式のものがある。

　直接法の様式では，資金の収入と支出を総額で記載し，収支差額を資金の期首残高に加減して，期末資金残高を計算する順序で記載する様式になっている。

　間接法の様式では，税引前当期純利益からスタートし，非資金取引などについての必要な修正を加えて収支差額に変換する。収支差額を期首資金残高に加減して期末資金残高を計算する。

　財務諸表等規則では，様式第八号で直説法による様式を示し，様式第九号で間接法による様式を示している。

　財務諸表等規則では，直接法，間接法のどちらの様式とも指定はしていないが，一般的には直接法が本来の望ましい様式とされている。しかし，実際に公開されているＣＦ計算書のほとんどすべてが，様式第九号の間接法様式のものである。本書でも，間接法の様式により分析法などを検討する。

　ＣＦ計算書における資金の範囲は，現金及び現金同等物とされている。現金同等物は，容易に換金可能であり，かつ，価格の変動について僅少のリスクし

か負わない短期投資である。現金同等物に具体的に何を含めるかは経営者の判断に委ねられているのだが，取得日から3か月以内に満期日又は償還日が到来する短期的な投資が，一般的な例として示されている。

連結ＣＦ計算書については，間接法の様式では，税金等調整前当期純利益からスタートする。連結ＣＦ計算書を公開している企業は，親会社の個別ＣＦ計算書の作成義務はないとされており，連結ＣＦ計算書だけが公開される。

連結ＣＦ計算書は，営業活動によるキャッシュ・フロー（以下，営業ＣＦと書く），投資活動によるキャッシュ・フロー（以下，投資ＣＦと書く），財務活動によるキャッシュ・フロー（以下，財務ＣＦと書く）に3区分して表示する様式になっている。

間接法による様式の骨組みを，**図表8**で示した。

図表8は個別のＣＦ計算書の様式によっているが，連結では，営業ＣＦ区分のスタートが税金等調整前当期純利益となるし，持分法による投資損益は営業ＣＦから除外される。また，投資ＣＦに連結子会社の取得や売却などに関する収支が加わり，財務ＣＦに少数株主への配当金の支払額が加わるなどのほかは，大きな違いはない。

また図表8では，営業ＣＦについては，主な項目だけを記載してあるし，投資及び財務ＣＦでは，内訳はすべて省略してある。それぞれのＣＦの内訳項目については，54頁の図表12の実例を参照されたい。

右側に，Ａ，Ｂの記号と，利益要素と運転資本要素の文字を記載してあるが，この意味については，「(3)間接法によるＣＦ計算書の構造」のところで説明する。

第4章 キャッシュ・フロー計算書

図表8　CF計算書の骨組み

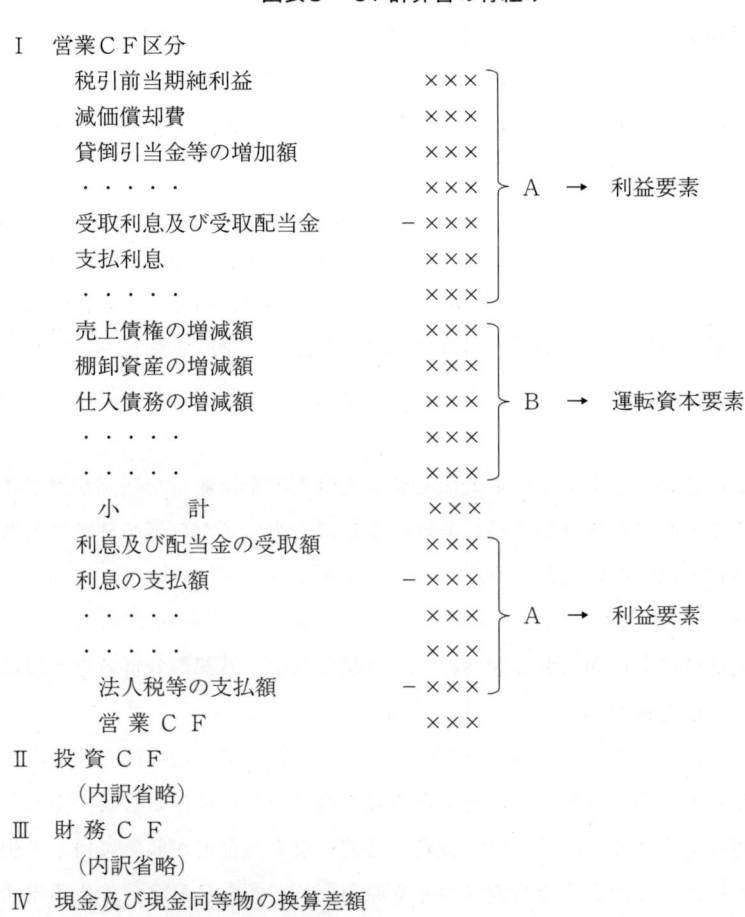

```
Ⅰ  営業ＣＦ区分
         税引前当期純利益            ×××  ┐
         減価償却費                  ×××  │
         貸倒引当金等の増加額        ×××  │
         ・・・・・                  ×××  ├ A → 利益要素
         受取利息及び受取配当金     －×××  │
         支払利息                    ×××  │
         ・・・・・                  ×××  ┘
         売上債権の増減額            ×××  ┐
         棚卸資産の増減額            ×××  │
         仕入債務の増減額            ×××  ├ B → 運転資本要素
         ・・・・・                  ×××  │
         ・・・・・                  ×××  ┘
              小　　　計              ×××
         利息及び配当金の受取額      ×××  ┐
         利息の支払額               －×××  │
         ・・・・・                  ×××  ├ A → 利益要素
         ・・・・・                  ×××  │
         法人税等の支払額           －×××  ┘
         営　業　ＣＦ                ×××
Ⅱ  投　資　ＣＦ
     （内訳省略）
Ⅲ  財　務　ＣＦ
     （内訳省略）
Ⅳ  現金及び現金同等物の換算差額
Ⅴ  現金及び現金同等物の増加額
Ⅵ  現金及び現金同等物の期首残高
```

(2) ＣＦ計算書区分表示の意義

　営業ＣＦ区分には，営業活動により創出された資金の収支が示されている。営業ＣＦは，企業継続の原動力になるＣＦである。このＣＦで赤字基調が続くと，保有資産を処分するか，増資や借入金を増やすことで資金調達をするので

ないと，資金不足により，事業の継続はできなくなる。処分できる資産などは無限にあるわけではないし，増資や借入金の増額には限度があるので，やがては資金繰りに詰まって経営が破綻する。

営業ＣＦが黒字基調にある場合には，当面の事業継続に必要な資金が確保できるのだが，長期にわたって事業を継続するには，これだけでは不十分である。

企業が使用している固定資産のうち，建物や機械設備などには寿命があるので，寿命が尽きる前に更新のために再投資する必要がある。事業継続のためには，事業継続に最小限必要な設備等への更改投資を常時実施していかなければならず，このために必要になる資金も，原則として営業ＣＦで生み出す必要がある。

営業ＣＦから事業継続に最低限必要な投資支出を控除した残高が黒字基調を続けることが，企業継続の最低条件になる。営業ＣＦから事業継続に最低限必要な投資支出を控除した残高をフリー・キャッシュ・フロー（以下，ＦＣＦと書く）という。

企業継続に最低限必要な設備投資の金額などは，外部の分析者などには分からないのが普通である。

また，競争が激しく，技術革新が急な現在において，新技術，新製品や新市場の開発のために，常時，研究開発や設備投資などを続ける必要があるし，競争に勝って生き残るには，拡大投資も必要になる。企業が競争に伍して生き残るためには，このような投資資金をも原則として営業ＣＦ区分で生み出す必要がある。

そこで本書では，ＣＦ計算書に記載されている投資ＣＦ全額を，企業継続のために必要な投資支出とみなして

　　　ＦＣＦ≒営業ＣＦ＋投資ＣＦ

をＦＣＦと呼ぶことにする。

ＦＣＦは企業が自由に処分してよい資金であり，配当に向けるのもよいし，将来の規模拡大を目指して増設投資に充当することもできる。企業が自由に使

える資金という意味で，FREE CASH FLOWと呼ぶのである。

　ＦＣＦは，営業ＣＦから投資ＣＦを控除した残高であると説明したが，上式では，営業ＣＦに投資ＣＦを加えている。

　投資ＣＦの中心的な構成要素である有形固定資産は，取得のための支出が中心になる。有形固定資産は，原則として，寿命が尽きるなどして役目が終わるまで使い続けるものであり，役目が終わって，中古品として，あるいはスクラップとして売却することなどを除いて，途中で売却して資金を回収することなどはほとんどないのが普通である。したがって，このＣＦは，赤字になるのが常態のＣＦであり，営業ＣＦに，マイナス数値である投資ＣＦを加えることは，営業ＣＦから投資額を控除することになる。

(3) 間接法によるＣＦ計算書の構造

　間接法の様式では，営業ＣＦの収入と支出が両建てで示されていないので，資金の流れが分からないという欠点がある。

　しかし，間接法のＣＦ計算書では，損益計算書の税引前当期純利益が，どのような修正を経て営業ＣＦに変換されるかの過程が示されている。修正内容を見ることにより，ＣＦ変動の構造を知ることができるし，損益計算書の利益と，ＣＦの間の差異の原因が読み取れる可能性がある。

　損益からＣＦへの修正項目には，大きく分けて２種類のものがある。

　一つは，図表８においてＡ印で括った項目による収支であり，本書ではこの収支を利益要素と呼んでいる。もう一つは，Ｂ印で括った収支であり，本書では運転資本要素と呼んでいる。そして，本書では，ＣＦ計算書の営業ＣＦ区分を，利益要素と運転資本要素に２区分した**図表９**の様式に改造して分析に利用している。

図表9　改造ＣＦ計算書の営業ＣＦ区分

利益要素小区分	
税引前当期純利益	×　×　×
減価償却費	×　×　×
諸　調　整	×　×　×
利益要素小計	（×　×　×）
運転資本要素小区分	×　×　×
売上債権増減額	×　×　×
棚卸資産増減額	×　×　×
仕入債務増減額	×　×　×
その他の資産増減額	×　×　×
その他の負債増減額	×　×　×
運転資本要素小計	（×　×　×）
営　業　Ｃ　Ｆ	×　×　×

　改造ＣＦ計算書における営業ＣＦ区分の作成要領は，まず，図表8の営業ＣＦ区分からＢの項目を抜き出して運転資本要素小区分に記載し，運転資本要素小計を計算する。営業ＣＦから運転資本要素小計を控除した金額を利益要素小計として，利益要素小区分に記載する。利益要素小計から税引前当期純利益と減価償却費を控除して，諸調整の金額を逆算する。

　この様式では，諸調整に，Ａ項目のすべての修正が一括して含められることになる。減価償却費だけを別立てで表示しているが，これは，減価償却費は金額も大きいのが普通であり，重要な項目と考えたからであり，諸調整に含めてもよい。また，法人税等の支払額は金額が大きいのが普通なので，別立てで表示するなど，必要に応じて，諸調整区分を細区分すればよい。

2　ＣＦ計算書の見所

(1)　営業ＣＦの見所
①　営業ＣＦの細区分について

　ＣＦにおいては，営業ＣＦ区分が，企業が自力で資金を創出する区分であるため，営業ＣＦ区分が特に重要な区分とされている。

　営業ＣＦは業績評価にも用いられるのだが，損益計算書による損益よりも，ＣＦの方が信頼性が高いといわれることがある。

　発生主義に基づく損益計算書の損益は，さまざまな仮定や推定により計算されるいわば見積りの数値に過ぎないが，ＣＦは収入と支出という事実に基づいて計算されるので，ＣＦこそが真実の業績を示すというのである。

　営業ＣＦ区分において，損益計算書上の利益は，最終的には資金の増加になるし，損失は資金の減少になるのであり，両計算書は，最終的には金額が一致する。ただ，損益計算書による損益の発生時期と，ＣＦの収支とでは，時間的なずれがあるだけである。

　業績評価の手段としてのＣＦには，確実という利点があるが，欠点もある。

　金融経済が発達し，信用取引が中心になっている現在において，現金主義による会計では，企業の業績の事態を，適時に，かつ，的確に示すことができないから，発生主義の会計が考案され，発達を遂げたのを，今更，現金主義に帰れというのには無理がある。

　業績評価上特に問題になるのは，営業ＣＦには，運転資本要素という業績評価には直接関係のない要素が含まれていることである。

　運転資本要素は，業績評価にはむしろ錯乱要因になるものであり，図表９で営業ＣＦ区分を利益要素と運転資本要素とに区分したのは，業績評価のために利益要素から運転資本要素を切り離すのが目的である。

　運転資本要素は，売上債権，棚卸資産，仕入債務などの運転資本を構成する資産・負債の増減により変動する。資金繰りが苦しくなって，仕入代金の支払

いを引き伸ばすと、仕入債務が増加する。仕入債務は負債なので増加は収支計算ではプラスになる。したがって、仕入債務が増えると運転資本要素のプラスが増えて、営業ＣＦのプラスも増える。しかし、この収入増は一時的なものであり、翌月には、翌月分と合わせて２回分を支払わなければならないものであり、資金が増殖されたわけではない。それに、資金繰りが苦しいから仕入債務の支払いを引き延ばすたのを、業績のプラスに評価するのは不合理である。

営業を続けるためには、一定量の在庫を保有する必要があるが、資金繰りが苦しくなって、資金繰りのために在庫の最低保有量を割り込んでまで販売すると、棚卸資産が減少して、運転資本要素のプラスが増える。この場合の在庫の減少は、今期のＣＦにはプラスになるが、翌期の販売活動に支障が生じるなどで、将来の業績にはマイナスに作用する可能性がある。

得意先に依頼して、翌期に回収する予定の売掛金を今期中に回収すると、今期末の売上債権が減少し、運転資本要素のプラスが増えて、営業ＣＦのプラスが増える。この場合の営業ＣＦのプラスも、資金が増殖されたことを意味するものではないので、業績の良化として評価することはできない。

ＣＦはうそをつかないといわれているが、ＣＦも人為的な操作で動かすことができるのである。

このように、運転資本要素は、業績評価には攪乱要素になることが多いので、改造ＣＦ計算書では、利益要素と運転資本要素を区分したのである。その上で、業績評価は利益要素で行うのである。

利益要素の中の法人税等も業績評価には攪乱要素になる可能性がある。法人税等は、当年度分の支払いは、少なくとも後半期の部分は、翌年度に支払われるので、損益計算書の法人税等の計上額と、ＣＦ計算書の法人税等の支払額との間に期間のずれが生じる。前年度の利益が多く、当年度の利益が少ない場合、当年度には前年度の多い利益に対する多い法人税等が支払われる可能性があり、利益が少ない分だけ営業ＣＦが少ないのに、法人税等の支払額が多くなって、営業ＣＦのプラスが更に少なくなることが起こる。このような事情が分かるように、図表のように法人税額は諸調整額に一括して含めるのではなく、独立し

て示すのがよい。

運転資本要素は業績評価には撹乱要素になる可能性があるのだが、粉飾の発見に役立つ。

売上債権、棚卸資産や仕入債務などの運転資本要素を構成する資産・負債項目は、利益水増しの粉飾に利用されることが多い。利益水増しのために、これら資産を水増ししたり、負債を隠蔽すると、運転資本要素はマイナスになる。この性質を利用して粉飾発見に利用するのである。

運転資本要素による粉飾発見法については、第Ⅱ部において詳述する。

② 撹乱要素としての運転資本要素の例

ここでは、運転資本要素が業績評価の撹乱要素になる例を示す。

図表10(1)は、ユニクロを展開する株式会社ファーストリテイリングの平成12年8月期から同16年度8月期まで（第1期とする）の営業ＣＦ区分の要旨である。この期間を取り上げたのは、この時期は売上げが下降に転じた同社の危機の時代であったからである。

なお、今後は、例えば平成16年8月期のことは簡単に平成16年度と書くことにする。

図表10(1), (2)では、営業ＣＦを利益要素と運転資本要素に2区分した改造様式を利用している。参考までに、最上列に売上高の推移を示してある。

なお、同社では、平成13年度までは、個別財務諸表しか公表していないので、13年度以前は個別ベース、同14年度以降は連結ベースのＣＦを記載してある。

個別から連結への転換期では、両者間にそれほど大きな差がないので、ベースの違いは、それほど大きな障害にはならないのが普通である。ファーストリテイリングの例では、平成14年度の連結売上高は3,442億円だが、親会社個別の売上高も3,416億円であり、差額は0.8％の26億円に過ぎない。

売上高は平成13年度までは上昇が続いたが、平成14年度には下降に転じ、同15年度には更に下降している。

売上高の減少に伴い、平成14年度には税金等調整前当期純利益は、前年度の半分以下に減ったし、利益要素も大きく低下して、前年度の674億円から1億

図表10⑴　ファーストリテイリングの営業ＣＦ区分要旨（第１期）

（単位：百万円）

	12／8	13／8	14／8	15／8	16／8
売　上　高	228,985	418,561	344,170	309,789	339,999
税前純利益	60,001	102,533	50,445	34,751	56,448
減価償却費	805	1,571	1,941	2,364	2,737
諸　調　整	434	−37	−156	2,879	4,125
法　人　税　等	−9,876	−36,650	−52,073	−8,428	−16,747
利　益　要　素	(51,364)	(67,417)	(157)	(31,566)	(46,563)
売上債権増減	−1,175	−1,861	541	−1,179	1,119
棚卸資産増減	−10,620	−9,769	−647	10,262	−8,488
仕入債務増減	23,673	20,699	−15,367	−4,871	2,195
その他資産増減	−371	−512	−2,312	469	−948
その他負債増減	5,919	4,606	−1,733	−477	3,679
運転資本要素	(17,426)	(13,163)	(−19,518)	(4,204)	(−2,443)
営　業　Ｃ　Ｆ	68,790	80,580	−19,361	35,770	44,120

図表10⑵　ファーストリテイリングの営業ＣＦ区分要旨（第２期）

（単位：百万円）

	19／8	20／8	21／8	22／8	23／8
売　上　高	525,203	586,451	685,043	814,811	820,349
税前純利益		81,994	95,487	116,867	93,881
減価償却費		8,523	9,765	12,229	18,755
諸　調　整		7,512	13,924	22,733	12,331
法　人　税　等		−29,430	−40,631	−57,924	−55,950
利　益　要　素		(68,599)	(78,545)	(93,905)	(69,017)
売上債権増減		−3,505	63	−578	−2,097
棚卸資産増減		1,851	−17,576	−1,478	−21,051
仕入債務増減		15,378	−1,150	−1,878	5,767
その他資産増減		−2,104	−1,061	−2,177	2,067
その他負債増減		7,117	393	829	3,455
運転資本要素		(18,737)	(−19,331)	(−5,282)	(−11,859)
営　業　Ｃ　Ｆ		87,336	59,214	88,623	57,158

円台にまで縮小した。ところが，平成15年度には売上高は更に低下したのに，利益要素は前年度よりも大幅に良化して316億円になっている。

これは，主に法人税等の増減の影響による。法人税等には計上時期と支払時期にずれが生じる可能性がある。当社の場合，平成14年度には，利益が落ち込んだのにもかかわらず，主に，好調時の前年度の利益に課せられた高い法人税等を支払っているので，ＣＦによる利益要素は，損益計算書上の利益の落ち込み以上に減少した。平成15年８月期は売上高が更に落ち込み，税金等調整前当期純利益も更に減少したのだが，主に，前年度の低い利益に課せられた少ない法人税等を支払うだけなので，法人税等についての期間のずれの影響はそれ程大きなものにはならず，ＣＦベースの利益要素は，前年度よりも大幅に良化したものである。

　法人税等の支払時期の違いによるＣＦの変動は，業績評価には無関係のものであり，業績評価には，法人税も攪乱要素になる。

　営業ＣＦで見ると，平成13年度の806億円のプラスに対して，14年度の営業ＣＦは194億円のマイナスになっている。そして，次の15年度には，売上高がなお減少し，損益計算書上の利益が更に減少したのに，営業ＣＦは良化して357億円のプラスになっている。

　これは，利益要素での法人税等の影響のほかに，運転資本要素の収支が，業績とは反対の方向に変動したことによるものである。

　当社は，店頭での現金引換えによる販売が中心の業種であるため，回収先行型であり，売上高が増えれば増えるほど運転資本要素における収支のプラスが増えて，営業ＣＦのプラスも増える。売上高が減少する年度では反対の現象が起こり，これまでの運転資本要素でのプラスがマイナスに転じて，営業ＣＦを悪化させる。

　図表10(1)では，平成13年度の運転資本要素は132億円のプラスであるのに対して，14年度には195億円のマイナスである。運転資本要素の内訳で見ると，平成13年度には207億円のプラスであった仕入債務増減収支が，14年度には154億円のマイナスになっており，売上高が増加した平成13年度に仕入債務の増加により調達していた資金を，売上高が減少した14年度には，仕入高も仕入債務も減少したために吐き出しとなり，大幅マイナスになったものである。

平成15年度にも売上高が大幅に減少したために、仕入債務も減少して、49億円の資金を吐き出しているが、この年度において棚卸資産を103億円も削減しているので、運転資本要素は42億円のプラスになっている。

このように、ファーストリテイリングでは、売上高が増えて損益計算書上の利益が増える年度には、法人税等と運転資本要素の影響により、営業ＣＦは更に良化するし、売上高が減少して、利益が減少する年度には、営業ＣＦは利益の落ち込み以上に悪化する傾向がある。

当社のような回収先行型の企業では、利益と運転資本要素とは、良化、悪化が同じ方向に動く傾向がある。損益とＣＦでは全く逆の結果になることがないので、業績評価を決定的に読み違えることにはならない。

しかし、支払先行型の企業では、売上高が増えて利益も増えている年度には、運転資本要素のマイナスが増えて、営業ＣＦを悪化させるし、売上高が減少して、利益が低下した年度には、運転資本要素がプラスになって、営業ＣＦを良化させる。その結果、ＣＦで業績を判断すると、業績とは反対の評価をすることも起こりうる。

図表10(2)は、ファーストリテイリングの平成20年度から同23年度まで（第２期とする）の営業ＣＦ区分の要旨である。

平成21年度と同22年度には売上高が大きく増えたのだが、運転資本要素はマイナスになっている。これは、同社では、第１期から第２期までの間に、棚卸資産残高を増やしたり、仕入債務の支払期間を短縮するなどで、回収先行型から支払先行型に体質が変わっていることによる。

図表11は、売上債権、棚卸資産、仕入債務及び３要素総合残高の第１期及び第２期における残高の推移表であり、残高の右側のカッコ内に回転期間（月）を記載してある。３要素総合残高は第１期にはマイナスだが、第２期にはプラスになり、回収先行型から支払先行型に変わったことが分かる。

ファーストリテイリングでは、平成15年度末には借入金がゼロになっている。同社が、回収先行型から支払先行型に変わったのは、業績が好調の年度には、利益以上にＣＦのプラスが増えることを避けるために仕入政策などを変えたの

第4章 キャッシュ・フロー計算書

図表11 ファーストリテイリング社3要素総合残高推移表

(単位:百万円,月)

年度	売上債権	棚卸資産	仕入債務	3要素総合残高
第1期				
12／8	1,823(0.10)	20,646(1.08)	42,833(2.25)	−20,364(−1.07)
13／8	3,684(0.11)	30,415(0.87)	63,533(1.82)	−29,434(−0.84)
14／8	3,143(0.11)	30,995(1.08)	48,146(1.68)	−14,008(−0.49)
15／8	4,277(0.17)	20,867(0.81)	43,236(1.68)	−18,092(−0.70)
16／8	3,223(0.11)	28,803(0.81)	44,706(1.58)	−12,680(−0.45)
第2期				
20／8	13,411(0.27)	53,778(1.10)	57,035(1.17)	10,154(0.21)
21／8	15,213(0.27)	74,580(1.31)	56,930(1.00)	32,863(0.58)
22／8	15,371(0.23)	74,079(1.09)	54,098(0.80)	35,352(0.52)
23／8	17,796(0.26)	92,750(1.36)	59,395(0.87)	51,151(0.75)

かもしれない。いずれにしても,第2期には,売上高増減による利益とCF間の変動幅が小さくなっている。

　前に,売上げを無理に増やした上で,回収を急ぎ,支払いを遅らせることで,資金調達を図る自転車操業のことを紹介したが,CFについては,CFが好調なときの資金使途にも注意する必要がある。

　ファーストリテイリングでは,運転資本や法人税支払いのタイミングのずれなどで,資金が一時的に余った場合には,仕入債務の支払いを早めたり,現金・預金や流動資産の有価証券などの手許流動性を高めることなどで対処している様子が読み取れる。

　③　利益要素による業績評価

　CFで業績評価をする場合には,営業CFから運転資本要素を除いた利益要素により評価をするべきなのだが,企業が自由に処分できる利益はFCFである。

　FCFを正確に計算するには,投資CFを事業継続のための最低必要投資支

出とその他に分ける必要があるので，外部の分析者にはこのような分別を行うのは困難なことが多い。そこで，本書では，営業ＣＦ＋投資ＣＦの概算値で代用することにしたのである。

概算値を使うのなら，会計上の利益の方が手っ取り早く利用できて，使い勝手がよいとの見方もできる。

利益要素の利点は，本来の事業とは関係のない固定資産売却損益や評価損などが除外されていて，より純粋な営業の成果が示される可能性のあることである。また，損益計算における予想の誤差などの不確実な要素が除外されるのもメリットの一つである。

営業ＣＦによる評価には，利益要素と運転資本要の上記のような性格を考慮する必要がある。

(2) 投資・財務ＣＦ区分の見所

投資ＣＦは，本来はマイナスが常態の区分である。マイナスが減少した場合や，プラスになった場合には，企業継続に不可欠な更新投資や，必要な開発費用などを節約したり，資金繰りのため，事業継続に必要な資産までを処分する売り食い状態になっていることもあるので，むしろ，投資ＣＦが良化した場合を警戒する必要がある。ここで，ＣＦの良化とは，マイナスが減るか，プラスが増えるかのどちらかの場合をいう。

ＣＦは，ＣＦの計算期間におけるたまたまの収支状況を示すものであり，将来の資金繰りの予想に役立つとは限らない。また，運転資本要素が大幅なマイナスになった場合の原因や，必要な更改投資を実施しているかなどは，ＣＦ計算書では分からないのが普通であり，貸借対照表の残高推移などから推定する方が便利なことが多い。

財務ＣＦは，ＣＦ計算期間における財務活動状況を知るのには便利だが，資金調達余力や将来における資金繰りの予想などは，むしろ，貸借対照表の短期借入金の残高や，１年以内に返済期日の到来する長期借入金の残高などによる方が便利なことがある。

財務分析では，業績は損益計算書で，財政状態は貸借対照表で，資金繰りや資金構造はＣＦ計算書で見るべきである，などという先入観にとらわれず，貸借対照表，損益計算書，ＣＦ計算書やその他入手できるすべての資料から読み取れる情報を総合して，業績，資金繰りや財政状態を評価する態度が必要である。

(3) 粉飾発見のための見所

ＣＦはうそをつかないといわれている。利益を水増ししても，実際には現金の収入が増えるわけではないので，資金の収入まででっち上げしない限り，ＣＦは水増し前のありのままの姿が示される。

費用を隠した場合でも，資金の支出が減るわけではないので，ＣＦでは誤魔化せないのが普通である。

損益とＣＦの食い違いを追求することによって，粉飾発見できることが多い。

(4) 連結ＣＦ計算書の例

連結ＣＦ計算書の実例を以下に掲載する。

図表12は，ファーストリテイリング社の平成23年度の有価証券報告書に記載された連結ＣＦ計算書である。同社のＣＦは図表9で既に紹介しているが，営業ＣＦ区分だけのものだし，営業ＣＦ区分を2区分に分けるなどの改造が加えられた様式のものなので，ここでは，会社側が公開しているＣＦそのものを掲載する。

注記事項は省略してある。

図表12 連結キャッシュ・フロー計算書の例

④【連結キャッシュ・フロー計算書】

(単位：百万円)

	前連結会計年度 (自　平成21年9月1日 至　平成22年8月31日)	当連結会計年度 (自　平成22年9月1日 至　平成23年8月31日)
営業活動によるキャッシュ・フロー		
税金等調整前当期純利益	116,867	93,881
減価償却費及びその他の償却費	12,229	18,755
減損損失	4,433	832
のれん償却額	7,534	6,596
資産除去債務会計基準の適用に伴う影響額	－	2,913
貸倒引当金の増減額（△は減少）	510	62
退職給付引当金の増減額（△は減少）	△245	18
その他の引当金の増減額（△は減少）	3,932	371
受取利息及び受取配当金	△344	△408
支払利息	500	532
為替差損益（△は益）	5,237	314
固定資産除却損	772	567
売上債権の増減額（△は増加）	△578	△2,097
たな卸資産の増減額（△は増加）	△1,478	△21,051
仕入債務の増減額（△は減少）	△1,878	5,767
その他の資産の増減額（△は増加）	△2,177	2,067
その他の負債の増減額（△は減少）	829	3,455
その他収支	1,051	1,563
小計	147,197	114,141
利息及び配当金の受取額	347	408
利息の支払額	△521	△526
子会社再生債務返済による支出	△475	△916
法人税等の支払額	△62,810	△69,043
法人税等の還付額	4,886	13,093
営業活動によるキャッシュ・フロー	88,623	57,158
投資活動によるキャッシュ・フロー		
定期預金の増減額（△は増加）	△1,299	1,465
有価証券及び投資有価証券の売却及び償還による収入	14	498
有形固定資産の取得による支出	△17,150	△18,902
有形固定資産の売却による収入	6	164
無形固定資産の取得による支出	△4,172	△6,636
無形固定資産の売却による収入	63	171
敷金・保証金の増加による支出	△5,689	△7,080
敷金及び保証金の回収による収入	4,538	5,002

建設協力金の増加による支出	△1,005	△1,373
建設協力金の回収による収入	2,247	2,137
預り保証金の増加による収入	381	209
預り保証金の減少による支出	△541	△434
貸付金の増加による支出	-	△812
貸付金の回収による収入	1	0
関係会社株式の取得による支出	△662	△598
その他投資活動による収支	△123	△453
投資活動によるキャッシュ・フロー	△23,389	△26,643
財務活動によるキャッシュ・フロー		
短期借入金の純増減額（△は減少）	△3,647	△3,814
長期借入れによる収入	-	11,484
長期借入金の返済による支出	△2,811	△10,608
自己株式取得及び処分による純増減額	△5	△2
長期未払金の減少による支出	△312	-
配当金の支払額	△20,350	△21,370
少数株主への払戻による支出	△652	-
少数株主への配当金の支払額	△4	-
リース債務の返済による支出	△1,111	△1,837
その他	-	△7
財務活動によるキャッシュ・フロー	△28,897	△26,156
現金及び現金同等物に係る換算差額	△5,449	△3,142
現金及び現金同等物の増減額（△は減少）	30,887	1,215
現金及び現金同等物の期首残高	169,574	200,462
新規連結に伴う現金及び現金同等物の増加額	-	427
現金及び現金同等物の期末残高	※1　200,462	※1　202,104

第Ⅱ部

財務分析の方法

- 実数分析法
- 比率分析法
- 粉飾と財務分析
- 粉飾発見チェックポイント

第1章
実数分析法

1　実数分析法と比率分析法

　財務分析の方法には，大きく分けて，実数分析法と比率分析法の2種類がある。

　実数分析法は，文字通り，決算書の数値をそのまま利用して分析する方法であり，比率分析法は，財務諸表の複数の数値を，構成比率や増減比率などの比率や指数などに加工して，比率などで分析を行う方法である。

　財務分析では，売掛金，受取手形，割引手形，裏書譲渡手形の合計額を売上債権としたり，流動資産から流動負債を引いた金額を運転資本とするように，複数の項目間で加減して複合数値に加工することがあるが，本書ではこのような複合数値も実数として取り扱うことにする。

　本書で取り上げる複合数値の主なものを以下に列記する。これら複合数値には，筆者が個人的に使っているもので，名称も使用法も一般的でないものが含まれているので，ご注意いただきたい。

　　売上債権＝売掛金＋受取手形＋割引手形＋裏書譲渡手形
　　当座資産＝現金・預金＋売上債権＋有価証券
　　仕入債務＝買掛金＋支払手形＋裏書譲渡手形
　　借入金＝短期借入金＋長期借入金＋社債＋ＣＰ＋(割引手形)
　　基礎資金＝借入金＋純資産

長期資金＝固定負債＋純資産
３要素総合残高＝売上債権＋棚卸資産－仕入債務
運転資本＝流動資産－流動負債
運転資本要素＝売上債権増加額＋棚卸資産増加額－仕入債務増加額
　　　　　　　±その他資産・負債増減額
利益要素＝営業ＣＦ－運転資本要素

　流動資産，資産合計額（総資産），負債合計額なども一種の複合数値であるが，貸借対照表に合計額として記載されているので，上記の計算には含めていない。

2　実数分析法

(1)　鳥瞰分析法

　実数分析法には，財務諸表の全体を鳥瞰して，調査対象企業の業績の現状，財務の輪郭，規模や特徴などを大づかみに観察する鳥瞰分析法がある。鳥瞰する際に，異常数値や，問題と思われる数値などの有無をも調べておく。

　鳥瞰分析は，何も実数分析に限る必要はない。中核となる主要な項目については，必要な比率も計算しておき，実数と比率を同時に鳥瞰すると，より効率的なことがある。

　鳥瞰分析を効果的に進めるには，調査対象企業の業績や財政状態などについてのあるべき姿を脳裏に描いて，実際の数値と対比するなどの技術やノウハウの習得が求められる。

　このような技術やノウハウは，数多くの企業の財務諸表に触れて，分析の実務を積み重ねることで習得できるものである。しかし，ただ，漫然と数値を見比べるだけではなく，企業の財務の実態をどうしたら正確に掴めるか，などの問題意識を常に持って，分析実務にあたることが大切だし，財務諸表により，調査対象企業の輪郭を頭の中で描く習慣をつけておくことが望まれる。

　初心者でも，問題意識を持って分析にあたることにより，財務諸表のどこを

見れば何が分かるかなどのポイントが分かってくるし，経験を積むことによって，数値間の関連性などが自然と頭の中に知識として蓄積され，バランスの崩れや異常点などを読み取る技術が身に付く。

問題意識を持って，経験を積むことが大切である。場数を踏むことによって，ノウハウとして身に付くことになる。

鳥瞰分析法の主な目的は，全体から細部に進むための準備にあり，鳥瞰分析により全体の輪郭や問題点をあらかじめ掴んでおいて，次の比率分析法などによる細部の分析につなげるのである。

財務分析においては，細部の分析に入る前に，全体像を掴んでおくことが大切であり，全体から細部へが，財務分析での基本的な手順である。この手順を守ることにより，効率的な分析が可能になるし，木を見て森を見ない過ちを防ぐことができる。

(2) 比較分析法

実数による比較分析には，過去の期間の数値と比較する時系列分析法と，同業他社などと比較する会社間比較法がある。

最新期の財務諸表だけでなく，過去の財務諸表も入手できる場合には，過去の数値と比較する時系列分析が可能になる。

比較分析は，増減率や構成比率などの比率を用いる方が，分かりやすいし，効率的なことが多いのだが，ここでの比較分析とは，比率分析に入る前の鳥瞰分析を指す。したがって，鳥瞰分析法で述べたことがそのまま時系列分析法にもあてはまる。ただし，景気変動や政治・経済での動きをも念頭において分析を進めることが肝心である。

時系列分析の主な目的は，過去との対比によって，調査対象企業の動きを趨勢として捉え，将来の姿を予想することである。また，異常が発生していないかを，時系列で捉えることによって，異常が大事に発展する前に対抗策などを打つことが可能になる。

過去の趨勢が，将来にまで続くとは限らない。現在のように，特に変化の激

しい時代では，過去の実績は，将来には通用しないことが多いのだが，企業の風土や体質は将来にも引き継がれるし，コーポレートガバナンスなどが確立した企業は，将来も堅実な経営を続けることが期待できる。したがって，計数面だけでなく，質的要因などにも注意して，将来を予想する必要がある。

調査機関や官庁などが発表する業種別財務指標などとの比較も重要である。

有価証券報告書などを公開していない一般の会社については，最近の財務諸表ですら入手が困難な場合が多いのだが，仮に入手ができた場合でも，はじめての調査の場合には，過去の資料の入手ができないために，時系列分析はできないことが多いと思われる。

民間の調査機関に依頼して，信用調査報告書を入手する方法もある。調査機関でも財務諸表が入手できるとは限らないが，入手できない場合でも，聞き取りや推定などにより作成した損益の推移表や推定貸借対照表などを報告してもらえる。

(3) バランスの調査

売上高などに比べて，総資産が多すぎるとか，少なすぎるなどのバランスを見ることも大切な手続きである。この目的のためには，各種の財務比率が考案されているが，比率分析の前に，鳥瞰分析によって，大まかなバランス状況を掴んでおくことも重要である。バランスの調査は，直感に頼る面が多いので，実数による感触などをも重視するべきである。

(4) 主に実数が問題になる場合

実数分析は，主として，詳細分析につなげる予備調査のために行うのだが，与信管理における取引先の信用調査などにおいては，特に厳格な分析などを必要としない優良会社については，実数による鳥瞰分析や，時系列分析などで，異常が見付からない限り，実数分析だけで済ませることも可能である。

主に，実数が問題になることがある。新聞などでは，会社ごとの業績を伝えるのに，売上高や当期純利益などは実数で報道することが多い。会社の規模や

格付などが周知の事実である場合には，比率などよりも実数の方が直接的で分かりやすい。〇〇社では，売上高が1兆円に達したという方が，前年度より20％増えたなどというよりも直接的で，会社のイメージを描きやすい。

　また，例えば，合理化によって，資産を大幅に削減した会社について，損失の発生により純資産が大幅に減少していても，それ以上に総資産が減った場合には，総資産に対する純資産の構成比率である自己資本比率が上昇することがある。

　この場合，自己資本比率だけを見ていると，自己資本比率が上昇して財政状態が堅固になったような錯覚に陥る恐れがあるのだが，実際には，純資産が大幅に減少して，安全性が低下しているのであり，実数による評価も重要になる。

第Ⅱ部　財務分析の方法

第2章 比率分析法

1 比率分析法の体系

　比率分析法の体系として，ここでは，本書における企業評価法の体系に従って，財務安全性分析，収益性分析，成長性分析，効率性分析に分けて，それぞれについて特に重要な財務比率を選んで検討する。
　財務比率は，大抵のものはテキストなどで詳しく紹介されているが，企業ごとにケースバイケースに特殊な比率を考案して，適用する必要が生じることがある。特殊な比率についても，本書で利用するものは，本章においても取り上げるし，実例によるケーススタディにおいても，適宜考案して，紹介することにする。

2 財務安全性分析

(1) 財務安全性を支える諸要素について

　財務安全性に影響を与える要素に，資金調達などについての調達構造がある。資金繰りも財務安全性を支える重要な要素である。そこで，資金調達構造と資金繰り分析とに分けて，主な財務比率を紹介する。
　また，運用と調達の間のバランス状況も財務安全性に関係するので，バラン

スについても検討する。

(2) 資金調達構造の安全性
① 自己資本比率

　資金調達構造を示す指標の代表的なものは，下の計算式による自己資本比率であり，この比率が高い方が，返済の必要性がない純資産で調達した金額が多いことを意味するので，資金繰りに詰まるリスクが少ないと判断できる。

　また，純資産は，リスクに見舞われたり，不況が長期間続くなどして，損失が発生した場合の，損失に対する引当てになるので，この比率が高いほど，財務の安全性も高いとされる。

　　自己資本比率＝(純資産÷総資産)×100％

　純資産は，これまでは資本の部の名称で呼ばれていたが，会社法施行後は純資産と呼ばれるようになった。

　ただし，従来の資本の部と純資産とは同じではない。これまでは，負債の部に計上されていた新株予約権や，負債の部と資本の部の中間独立の項目として計上されていた少数株主持分が，純資産に含めて表示されることになり，現行の貸借対照表では純資産の項目になっている。

　証券取引所では，現在でも従来通り，少数株主持分などを除いた金額を純資産として取り扱っているし，有価証券報告書での自己資本比率や自己資本利益率の計算における自己資本は，従来通りの少数株主持分などを除外した金額によっている。

　本書では，新しい制度に従って，少数株主持分なども含めて純資産としている。時系列分析などで平成18年度以前の過去の資本の部の金額を利用する場合には，少数株主持分などを加えたものを純資産としている。

　資本の部が，純資産の部と呼ばれるようになったのだから，自己資本比率は純資産比率に名称を変えるべきかもしれないが，現在でも自己資本比率の名称で呼ばれているので，本書でも自己資本比率の名称で通すことにする。

② 負債比率

資金調達構造を見る比率に，負債の純資産に対する倍率を示す負債比率がある。自己資本比率とは反対で，小さい方がよいとされる。

負債比率＝（負債÷純資産）×100％

負債比率は

負債比率＝（100％÷自己資本比率）－100％

と，純資産の関数に変形することができる。上式における自己資本比率には，パーセントの数値ではなく，少数のままの数値を使用する。自己資本比率とは裏腹の関係にある指標であり，両方を計算しなくても，どちらか一方を計算すればよい。

負債比率は，負債がゼロで，負債純資産合計が全額純資産で構成されている場合にはゼロになり，純資産が少なくなるに従って負債比率が大きくなるが，純資産が極めて少ない金額になると，急速に大きな数値になり，自己資本比率がゼロでは無限大に発散するし，債務超過の場合には利用ができないなど，扱いにくい面があるので，本書では自己資本比率を採用する。

③ 固定比率

固定比率は，固定資産の純資産に対する倍率であり，次の計算式で計算される。

固定比率＝（固定資産÷純資産）×100％

財務の安全性は，資金調達と資金運用のバランスにも依存している。調達された資金はさまざまな資産に形を変えて運用されるが，資産の中でも固定資産に投下された資金は，回収に長期を必要とする。回収が終わる前に環境の変化があったり，企業自身の都合などもあって，資金の回収が予定通りには進まないことが起こる。回収が終わらないうちに廃棄しなければならないような事態も起こりうる。

回収におけるリスクに対処するためには，固定資産は，返済の必要のない純資産による調達資金で賄うことが望ましい。固定比率が100％以下であれば，固定資産は純資産の金額内に収まっており，たとえ全損になっても，純資産が

残るので，安全性が高いと評価できる。したがって，この比率は100％以下であることが望ましいとされる。

しかし，この比率を100％以下にすることに固執すると，純資産が足りないために必要な設備投資までもができないことが起こり，積極的な経営ができなくなる恐れがある。固定比率は安全性の指標としては厳しすぎるとの観点から，次の計算式による固定長期適合率が考案されている。

　　固定長期適合率＝{固定資産÷(固定負債＋純資産)}×100％

この比率は，純資産に固定負債を加えた合計を長期資金とし，分母を長期資金に置き換えたものであり，固定資産は純資産の範囲内には収まらない場合でも，長期資金の範囲内に収まれば，まずは財務の安全性は守られるとするものである。したがって，この比率も100％が分岐点になる。

(3) 資金繰りの安全性
① 流 動 比 率

資金繰りが悪化すると，資金調達に労力がとられて，本来の経営が疎かになる恐れがあるし，資金調達が困難になって，先行投資はできなくなるし，差し迫って必要な投資も見送らざるを得ない事態にもなって，経営継続に障害が出る。資金繰りが苦しい会社には，財務内容の悪い会社が多いので，取引先から十分な与信が得られず，仕入れも思うにまかせなくなると，経営破綻の日が近くなる。

資金繰りで大切なのは，資金繰りの予想だが，外部の分析者には，資金繰りを直接予測できる指標など見付からないのが現状である。

そこで，これからの短期間中に支払が予想される流動負債と，短期間中に資金化されて，支払財源になることが期待される流動資産の大きさを比べて，流動資産の方が十分に多いと，支払能力があると見る流動比率が資金繰り安全性の指標として利用されている。

流動比率は下の計算式で計算される。

　　流動比率＝(流動資産÷流動負債)×100％

流動負債は原則として1年以内に支払いが予定される負債であり、流動資産は1年以内に資金化が予定される資産であり、両者は、1年以内ということでは同じだが、例えば、流動負債は4か月後に支払期日が来るものが大部分なのに、流動資産は6か月以上経たないと資金化ができないものが大部分だとすると、流動資産は流動負債の支払いには十分ではなく、決済資金が不足することになる。

また、短期間中に支払いが必要になるのは、現在の負債だけではないので、流動資産が流動負債の2倍以上あれば、当面の返済には支障がないだろうとするのが、流動比率の趣旨であり、したがって、流動比率は200％以上が望ましいとされる。

この比率は米国では重視されているようだが、わが国では、流動比率が200％以上の会社などほとんどなく、大抵の会社は150％程度以下である。100％以下の会社も数多く存在するのが実情なので、流動比率はわが国ではあまり利用されていないようである。

わが国の企業の流動比率が低いのには、資金の効率性を重視することのほかに、次のような理由が考えられる。

まず、優良会社には、純資産が十分に多くて、無借金か、それに近い状態の会社が多いのだが、このような会社は、借入金のための返済財源など考える必要がない。月商高の1か月分程度の現金・預金を手許に置いておけば、当面の支払いには支障がないので、流動比率が100％程度でも、資金繰りの安全性は守られる。

無借金の優良会社以外の通常の会社でも、わが国では、短期借入金を長期借入金の代わりに利用している会社が多い。短期借入金であっても、銀行との間に借入枠を設定しておけば、期日が来ても、借入枠の範囲内なら借り替えにより継続できる。借り替えを繰り返すことにより、長期借入金と同じ効果が得られるのである。

短期借入金の方が長期借入金より金利が低いことが多いし、短期借入金なら、資金需要が少ないときには、借り替え額を減額することで、資金需要の変動に

簡単に対応できるので，短期借入金で長期に資金を調達する会社が多くなる。

流動比率をわが国の企業に適用するには，短期借入金を流動負債から除外して，流動比率を計算する必要があるが，外部の分析者などには，実質的長期借入金を短期借入金から除外することなどできないのが普通である。これが，わが国では流動比率があまり利用されていない主な原因であると考えられる。

短期借入金は借り替えにより長期間利用できるにしても，業績が悪化して，信用状態が低下すると，銀行では警戒を強めて，期日に借り替えに応じてくれないことが起こる。このような場合には，短期借入金はリスクの高い資金調達方法になり，流動比率200％以上が望ましいとする原則が生きてくる。

流動比率の分子には，棚卸資産が含まれているのだが，棚卸資産は販売の過程を通してはじめて資金化が可能になる。棚卸資産は，その時々の経済情勢や，得意先の都合などにより，資金が必要な時期に販売ができるとは限らない。無理に販売をすると，値崩れが起こり，大きな損失を被ることもあって，緊急時の資金調達には適した資産にはならないことがある。そこで，流動資産から棚卸資産を除外した当座資産を分子に置いた当座比率が利用されることがある。

　　当座比率＝(当座資産÷流動負債)×100％

当座資産の範囲は人によって違うが，現金・預金に，売上債権と流動資産の有価証券を加えた合計とするか，棚卸資産を除く流動資産とすることが多い。

1年内返済・償還予定の長期借入金・社債も資金繰りに大きな影響を与えることが多いので，下式の「1年内返済長期負債回転期間」なども有用である。

　　1年内返済長期負債回転期間＝(1年内返済長期負債÷売上高)×12月
　　　長期負債＝長期借入金＋社債＋(リース負債)

② 手許流動性

いつでも支払いに充当できる現金・預金に，直ちに現金化が可能な，流動資産に計上されている有価証券などを加えたものの回転期間を手許流動性として，手許流動性の大小で支払能力を評価する方法がある。

　　手許流動性＝{(現金・預金＋流動資産に計上されている有価証券)
　　　　　　　÷売上高}×12か月

棚卸資産の中で，常時市場が成立していて，いつでも相場で販売ができる商品や原料なども手許流動性に加えることができるし，投資その他の資産の中にも即金性の投資などがある。しかし，外部の分析者などには，資金化の難易度の識別などが困難であり，現金・預金と流動資産中の有価証券などに限定するしかないことが多いと思われる。

③　借入金依存度（有利子負債構成比率）

資産に投下した資金のうち，何パーセントを借入金で賄っているかを測る比率であり，下記の計算式で計算される。財務安全性や資金繰りには，低い方がよいとされる。

借入金依存度＝(借入金合計÷総資産)×100%

借入金合計は，短期借入金，長期借入金，社債，割引手形，ＣＰその他の合計であり，割引手形を加える場合には，分母の総資産にも割引手形の金額を加える必要がある。

借入金には返済期限があり，期日には原則として返済しなければならないので，資金繰りに特に重要な影響を与える負債である。

借入金依存度が高い会社は，資金繰りが苦しい会社に多いので，財務安全性が低いと見なければならない。また，借入金依存度が高いほど，借入金による追加の資金調達余力が少ないと見られるので，不景気が続いて赤字が出ても，赤字のために流出した資金の補填のための資金調達ができずに，資金繰りが破綻する可能性が高いことになる。

借入金依存度は，粉飾発見にも効果的である。

借入金が増えるのは，売上高が増えて，運転資金の需要が増えた場合や，設備投資などに多額の資金を必要とする場合である。損失が発生したときにも，損失資金が流出して資金不足が生じるので，借入金が増加することが多い。

売上高が増えた場合には，仕入高も増えて，仕入債務が増加する傾向がある。したがって，仕入債務の増加分では不足する分だけを借入金を増やせばよい。売上増に伴って売上債権などの資産も増えるので，売上増に伴う借入金増加の場合には，総資産を分母とする借入金依存度は，上昇するよりも，低下する場

合の方が多いと推察される。

　設備投資資金を借入金で賄う場合も同じであり，設備資金のすべてを借入金で賄うことは稀であり，一部は自己資金を充当するか，未払金や支払手形で調達したり，増資により調達するのが普通である。また，分母となる総資産も設備投資分が増えるので，借入金が増えても，借入金依存度が上昇するようなことはあまりないと考えられる。

　結局，借入金依存度が上昇するのは，主に損失の発生により起こることになり，損失を粉飾で隠しても，この比率は低下することなどないので，粉飾の発見にも役立つのである。

　粉飾発見には，借入金依存度とともに，次の基礎資金構成比率を併用すると，効果的であることがある。

　　　基礎資金構成比率＝(基礎資金÷総資産)×100％

　基礎資金とは，借入金と純資産の合計額のことをいう。

　損失が発生した場合には，借入金だけでなく，増資などでも資金調達をする可能性がある。そこで，借入金に純資産を加えた金額を基礎資金とし，基礎資金の増加の程度を測定するのである。

　損失が発生した場合には，借入金や純資産が増えても，損失を正しく損失処理をしていると，純資産がその分だけ減少して，基礎資金の金額は変わらない。したがって，基礎資金構成比率は上昇することはないのだが，粉飾で隠した場合には，純資産が減少しないので，この比率が上昇する可能性がある。そこで，両比率を比べることによって，粉飾の発見ができる可能性がある。

3　収益性分析

(1)　収益性の測定法

　収益性は実数で測定した方が便利なことが多い。しかし，利益は企業の規模によっても違うので，規模の影響を取り除いた数値で評価する必要がある。ま

た，リスクの高い事業には，リスクの少ない事業より多い利益を稼ぐのでないと引き合わないことになるので，リスクの大小も考慮して業績を評価する必要がある。

このような目的に適合する比率として下記の利益率がある。

　　売上高利益率（ROS）＝（各種利益÷売上高）×100％
　　総資産利益率（ROA）＝（各種利益÷総資産）×100％
　　自己資本利益率（ROE）＝（各種利益÷純資産）×100％

売上高や総資産は企業の規模を表す指標と考えられるので，売上高利益率や総資産利益率は規模の影響を捨象した指標に利用できる。また，売上高も総資産もともにリスクの大きさをも表すと考えられるので，リスクの影響をも捨象した指標になる。

両者はほぼ同額になることが多いし，両者間には高い相関関係があるのが普通なので，どちらを使っても同じような結果が得られることが多い。どちらを使ってもよいが，どちらかに統一するのがよいと考える。

売上高に比べて総資産が少ない場合には，売上高利益率を採用し，総資産が多い場合には総資産利益率を利用する方法も考えられる。

自己資本利益率は，主に株主のための指標である。

CFを用いた次の比率も収益性分析に利用される。

　　売上高営業CF率＝（営業CF÷売上高）×100％
　　売上高FCF率＝（FCF÷売上高）×100％

上の算式で，分母に売上収入高を利用する方法があるが，売上収入高は間接法によるCF計算書からは入手できないので，次の計算式により計算する必要がある。

　　売上収入高＝売上高＋期首売上債権残高－期末売上債権残高

(2) 売上高原価率，売上高経費率

利益は，収益と費用の関係で決まるので，収益性の構造を知るためには，両要素の関連性の分析が必要である。

売上総利益は，売上高と売上原価との関係で決まる利益であり，この利益が多いか少ないかの原因は，売上高と売上原価の両面から分析する必要がある。

売上高が原因の場合にでも，販売数量が原因か，販売単価が原因かを調べる必要がある。売上原価が原因の場合には，原材料や外注加工費などの外部購入価格，設備の良否・稼働率，労働生産性，歩留り率などを分析して，原因を究明する必要がある。

外部の分析者には，このような分析は不可能なことが多いと思われるので，下記の計算式による売上高売上原価率や経費率を，過去の実績や，同業他社の数値と比べて，当期純利益が多いか少ないかの原因が，売上原価にあるのか，販売費及び一般管理費にあるのか，あるいは金融費用にあるのか，などを調べること程度しかできないのが普通と思われる。

売上高売上原価率＝（売上原価÷売上高）×100％
売上高販売管理費率＝（販売費及び一般管理費÷売上高）×100％
売上高支払利息率＝（支払利息÷売上高）×100％

製造原価や販売費及び一般管理費から人件費などを抜き出して，人件費やその他の主な費用の効率性を調べるのも，収益性構造を知るのに有効である。

支払利息については，支払利息の原因になった有利子負債に対して何パーセント程度の利息を支払ったかを調べるのは，金融機関の会社に対する評価の高さを知るのにも役立つ。金融機関では，信用度の高い会社には低い金利を提供し，信用度の低い会社に対する金利は高く設定するからである。また，利率が著しく高い場合には，通常の金融機関からの借入れができないので，町の金融業者などの高利の融資を受けていることなどを疑う必要がある。あるいは，借入金を隠す粉飾が行われていることを疑う必要がある。

新製品，新技術や新市場の開発などに，どの程度の費用を投下しているかを，研究開発費などで見るのも，将来性の予想には有効と考えられる。

(3) 損益分岐点

売上高と費用との関連性を見るためには，下の計算式による損益分岐点を調

べるのが効果的である。

　　損益分岐点売上高＝固定費÷（1－変動費率）

　ただ，変動費や固定費についての情報の入手ができないために，厳密な損益分岐点などできないことが多く，販売業の場合には，売上原価を変動費とし，販売費及び一般管理費などを固定費として，計算するしかないことが多いと思われる。

　売上高が損益分岐点に達していない場合や，必要な利益を生み出す水準に達していない場合には，業績不振の原因は，主に販売側にあるし，変動費率が同業他社よりも高い場合には購入側に問題があるなどの判断ができる。

4　将来性分析

　業績などの将来性については，外部の分析者には，情報入手が困難ことから，予想が困難であり，現在の状況から，将来を予想する程度のことしかできないのが普通と思われる。

　現在の業績が好調なら，将来も好業績が続くなどと予想するのだが，これに，最近の業績が上向きか下向きかの趨勢などを考慮して，予想を修正するなどの方法が考えられる。

　上向きか下向きかの趨勢を測定する比率としては，売上高や営業利益などの前年度比増減率や，特定年度の数字を100として各年度の指数で趨勢を見る方法などが考えられる。

　上場会社については，四半期報告書により四半期の売上高や経常利益などの時系列のグラフを将来に延長して予測する方法もある。また，前年度の決算発表時に発表される当年度の業績予想値も趨勢の予想に役立つ。

　従業員数の増減や，製造能力の増減などで，成長性を予想する方法もある。

5 効率性・粉飾性分析

(1) 効率性の測定

効率性を示す比率には，各種の利益率がある。売上高利益率は売上高に対する利益の効率性を示すし，総資産利益率は，総資産の効率性を示すと考えられる。両比率は，収益性の測定にも役立つなど，収益性と効率性とには共通点が多い。

従業員一人当たりの売上高や営業利益なども，人的要素の効率性を示す指標になる。

資産についての効率性の指標に回転期間がある。回転期間は同時に粉飾性の測定にも役立つことが多い。利益水増しの粉飾には，資産の水増しが利用されることが多いので，粉飾が行われると，資産が膨らむことが多い。また，不良資産を正常資産と偽って資産に計上する場合，含み損が資産金額を押し上げて残高が膨らむ可能性がある。したがって，資産回転期間の上昇は，通常は効率性の低下を意味するのだが，粉飾による水増しを疑ってみる必要もある。

ここでは，粉飾発見の目的も兼ねて，資産回転期間を中心に検討を進める。

(2) 回転期間について

① 回転期間の測定法

回転期間の意味

回転期間が分析に役立つのは，分子の資産や負債と分母の売上高の間に相関関係のあることが前提になっている。

売上高と，特に密接な関係にあるのは売上債権であり，売上債権回転期間は，売上代金の回収期間を示すと考えられる。少なくとも，回収状態の大よその傾向を示すことが期待できる。

それに対して，設備資産などは設備投資を実行しても，すぐには売上増には結びつくとは限らないので，投資直後の年度の回転期間は，実態とかけ離れた

ものになることがある。しかし，2年，3年と経つうちには，投資の効果が現れて，売上高が増加して回転期間が低下に向かわなければならない。何年経っても，回転期間が上昇したままで下がらないのは，設備投資が失敗に終わったことを示している可能性がある。

また，企業の規模が大きくなるに従って，各種資産も増加する傾向がある。その結果，売上高とは直接的な相関関係がない場合でも，規模の増減を通して，売上高とは見せ掛けの相関関係が生じることが多い。

回転期間が上昇するのは，規模とは無関係に増えた資産残高が多いことを示しており，効率性の低下か，粉飾や不良資産の増加を示す可能性がある。

回転期間の計算式

資産回転期間は，年単位，月単位，日単位などの別に，次の計算式で計算する。

なお，下の計算式の売上高は年次売上高であり，四半期売上高を利用する場合の計算式については，第Ⅳ部四半期財務諸表分析法で説明する。

　　年単位回転期間＝(資産残高÷売上高)×1年
　　月単位回転期間＝(資産残高÷売上高)×12か月
　　日単位回転期間＝(資産残高÷売上高)×365日

どの単位のものでもよいが，どれかに統一するのがよいと考える。本書では，主に月単位の回転期間を採用する。

分子と分母を逆にした回転率が利用されることがあるが，本書では，回転期間に統一することにする。

期末残高か，期首期末残高の平均値か

財務分析のテキストでは，分子の資産残高に，期首と期末残高の平均値を採用するのが普通のようだが，これは，期間を通しての平均残高により回転期間を計算する意図と，どちらかが異常値であっても，平均すると正常値に近づくとの考えによるものと思われる。いずれも，異常値を避けて，できるだけ正常な状態で評価しようとする意図が窺える。

与信管理が目的の場合には，企業の最新の情報により企業を評価することが

求められる。年間の情報では，期首よりも期末の情報の方が，最近の事情を伝えているので，より大切になる。期首には，業績が隆々としていても，期末には，下降の兆候が見えれば，企業評価においては，期末における下降の兆候の方を重視しなければならない。

　また，異常を発見するのも重要な手続きの一つである。異常値の追跡により不良資産の発生や粉飾の存在などを探知するのである。したがって，期末の残高が異常値であれば，異常値であることが重要なのである。それをわざわざ期首の数字と平均して，異常性を和らげるのは目的に反する。

分母は売上高か，売上原価か，仕入高か

　回転期間計算式の分母は，分子の資産と相関関係の高いものであることが望まれる。売上債権は売上高との相関関係が高いと考えられるが，仕入債務は売上高よりも仕入高の方が関係が深いので，仕入債務回転期間計算式の分母は仕入高にするべきである。棚卸資産回転期間も仕入高，製造原価や売上原価などを使用するべきである。

　しかし，仕入高も売上高の増減に連動して変動する傾向があるので，売上高を分母にしても，それほど違わない結果が得られることが多い。ただし，売上高の方が売上総利益分だけ仕入高より多いので，売上高を分母にして計算すると回転期間は短く計算される。

　しかし，仕入債務回転期間などは正確な支払期間などでなくても，支払状況の傾向を知るだけでも効果がある。売上高で計算した回転期間について支払期間を知る必要がある場合には，商品販売業の場合には売上原価率で割って，支払期間に換算することができる。

　それに，分母を売上高で統一することによって，各資産の回転期間の合計が総資産の回転期間になるなど，複合数値の回転期間分析には便利なことが多い。そこで，本書では，特に必要な場合を除いて，回転期間計算式の分母はすべて売上高によることにしている。

　②　現金・預金回転期間

　現金・預金は売上高との直接的な関係が少ないし，期末近辺における入出金

状況により，残高が大幅に変動することがある。例えば，期末近くに大口の契約ができて，多額の前受金を受け取ったために，大きく膨らんでいる場合などである。

しかし長期的には，現金・預金残高にも一定の正常値があり，規模の拡大や縮小に伴って増減する傾向があるので，回転期間にはそれなりの意味があると考えられる。

現金・預金回転期間が短すぎるのは，資金繰りが逼迫していることを示す可能性があるし，常に長いか，毎年度上昇を続けている場合などは，粉飾による水増しを疑ってみる必要がある。

特に，借入金が多くて，資金繰りの苦しいことが推察されるのに，現金・預金回転期間が常に長いのは，粉飾によることが多い。

③ 売上債権回転期間

売上債権は，売上高との相関関係が特に高いと考えられるので，回転期間分析には最適の資産である。取引先や製商品ごとに回収期間が違う場合でも，回転期間は全体としては一定の数値の範囲内で変動するのが普通であり，回転期間は，回収期間の傾向を見るのに効果的である。

ただ，通常の取引に混じって，長期延払条件で回収する取引が多い場合，長期延払条件の取引高の増減により，回収期間が大きく変動することがあるので注意を要する。例えば，通常の取引では，回収期間は3か月程度が普通だが，長期延払条件の取引では平均回収期間が3年程度であるとすると，長期延払条件の取引は，売上高回転期間の計算において，通常の取引の10倍以上の影響力を持つ。

売上債権回転期間が伸びるのは，回収期間の長い取引や取引先が増えたことや，既存の取引で回収期間が取引先の資金繰りの都合などで長期化したことなどが原因として考えられる。いずれの場合でも，取引の質や，取引先の信用状態の低下によることが多いので，要注意事項になる。滞留債権の発生や，粉飾による水増しによることも疑ってみる必要がある。

売上債権回転期間は，期末近辺の売上高の変動の影響を大きく受ける。

例えば，年度末近くに大口の売上げがあり，大口の売上高が全額，年度末の売掛金として残っている場合を考える。この場合，年度末の売上債権は大幅に増加するが，分母の売上高は，年間の平均的な売上高になるので，それほどは増えない。したがって，年次売上高で割って計算する回転期間では，実態よりも長く計算されることになる。

また，分母の売上高に，年次売上高をとるか，四半期売上高をとるかなどによっても違ってくる。

第Ⅳ部で紹介するが，売上債権のように回転が比較的早い項目の回転期間の計算には，四半期売上高を採用すると，より正確な回転期間が得られることが多い。年次売上高を採用する場合には，月単位の回転期間を計算するには，売上高で割った数値に12か月を掛けるのだが，四半期売上高を採用する場合には，3か月を掛けて月単位に換算する。

極端な例で，年間の売上高100が全額年度末に集中していて，年度末には売上高全額がそのまま売上債権残高で残っているとすると，年次売上高による回転期間は

　　（売上債権残高100÷売上高100）×12か月＝12か月

により12か月になるし，四半期売上高による場合には，四半期売上高100を用いて

　　（売上債権残高100÷売上高100）×3か月＝3か月

により3か月になる。実際には，1か月後に回収するものであっても，5か月後に回収するものであっても，年次売上高をとると回転期間は一律に12か月になるし，四半期売上高をとると一律に3か月と計算されるのである。このような，計算方法の違いによって結果が違ってくる回転期間の性質に注意する必要がある。

期末近辺の売上高の増減による売上債権回転期間の増減は，そのまま流動資産や総資産回転期間に反映する点にも注意する必要がある。

④ 棚卸資産回転期間

棚卸資産は短期的には，必ずしも売上高との相関関係が高いとは限らず，売

上高とは反対の動きをすることがある。例えば，期末近くに売上高が急増した場合，在庫の補充が間に合わずに棚卸資産残高が減少することがあるし，売上高が減少した場合には，逆に，棚卸資産残高が増えることが多い。

しかし長い目で見ると，棚卸資産は売上高に合わせて増減する傾向があるので，長期的に観察をする必要がある。

また，戦略的に在庫量を増やすとか，合理化で在庫量を削減するなどで，回転期間が長期的にも上下することがあるが，総じてこの回転期間が伸びるのは，滞留在庫などの不良資産の増加や粉飾による水増しのケースが多いので，長期化には注意が必要である。

⑤ 流動資産回転期間

現金・預金，売上債権や棚卸資産などの異変は総合して流動資産の異変となって表れるし，各種の流動資産に分散して資産水増しの粉飾をした場合には，個々の粉飾は目立たない程度のものであっても，流動資産全体では，回転期間が大幅に上昇することがあるので，回転期間による粉飾発見が容易になる可能性がある。

また，粉飾は，前払費用，未収入金，繰延税金資産や仮払金などのその他の流動資産に分散して行われることも多いので，流動資産回転期間の分析は重要である。

⑥ 固定資産回転期間

固定資産については減価償却を少なくするなどの粉飾が多いし，不良化した固定資産を減損などの処理をしないで，正常資産として計上するなどの粉飾が多いが，いずれの場合でも，固定資産回転期間が全体として上昇する。ただし，設備投資などによる設備資産増加の効果はすぐには現れず，何年かのタイムラグを経て売上増などにつながるのが普通なので，回転期間分析には長期的な観察が必要である。

また，最近は，ソフトウエアやのれんを水増しする粉飾が増えているので，無形固定資産回転期間の上昇にも注意する必要がある。

⑦ 総資産回転期間

　個々の資産ごとの異変や，粉飾による水増しなどは，総合して，総資産回転期間の上昇となって現れることが多い。業種や業界での平均的な回転期間と比べて，異常に総資産回転期間が長い場合や，毎年度上昇を続けている場合には，資産ごとには特に目立った異常がない場合でも，どこかに異常が隠されていると見て，細部の分析を慎重に行う必要がある。

　最近は，各企業とも合理化のため資産残高をできるだけ削減して，借入金などを減らす努力をする企業が増えていて，総資産回転期間が目立って低下する会社が多い。その結果，売上債権などの資産を水増しする粉飾を行っていても，合理化による資産削減効果に打ち消されて，総資産回転期間では水増しによる上昇が目立たなくなることがある。資産削減額の方が多いために，回転期間が低下する場合もあるので，総資産回転期間などでは目立った上昇などがない場合でも，個々の資産の異常な増加に注意して，削減による低下と粉飾などによる上昇とを見分ける必要がある。

⑧ 3要素総合回転期間

　第Ⅰ部財務諸表の構造，第2章貸借対照表で紹介した3要素総合残高の回転期間も，分析には効果的であることが多い。この回転期間は

　　3要素総合回転期間＝売上債権回転期間＋棚卸資産回転期間
　　　　　　　　　　　－仕入債務回転期間

によるか，回転期間計算式の分母を売上高に統一している場合には

　　3要素総合回転期間＝（3要素総合残高÷売上高）×12か月

によっても計算できる。

　3要素総合回転期間は企業ごとに安定的であることが多いので，粉飾などのチェックに利用できる。

　利益水増しの粉飾には3要素が利用されることが多いのだが，3要素それぞれについて粉飾が施された場合には，3要素総合回転期間では，粉飾が累積されて回転期間を上昇させるので，個々の科目の分析よりも効率的な分析ができることが多い。

また，期末近辺の売上高が急増したことなどで，売上債権回転期間が上昇した場合には，同時に，仕入高が増えて，仕入債務回転期間も上昇するか，棚卸資産が減少して棚卸資産回転期間が低下することが多い。棚卸資産が増加した場合でも，仕入債務も増加するので3要素総合回転期間はそれほど上昇しないなど，3要素総合回転期間では相互に増減が相殺されて，回転期間の上昇にはならないことが多い。

　このように，売上増などによる正常性の回転期間の上昇の場合には，3要素総合回転期間では上昇とはならないことが多いので，異常な上昇か，正常性の上昇かを見分けるのに役立つことが多い。

　3要素総合回転期間が，期間ごとには安定的である場合には，3要素は運転資本の主要要素であり，3要素で，運転資本全体の動きを推定することができることが多い。3要素総合回転期間が安定的な企業では，この回転期間がプラスの企業は，支払先行型の企業であり，マイナスの企業は回収先行型の企業と定義できる。3要素総合回転期間に月商高を掛けると，大よその運転資本の金額の推定ができる。

　例えば，3要素総合回転期間が＋2か月であるとすると，支払先行型の企業になるので，売上高が10億円から12億円に増えると，3要素総合残高は12億円×2／12＝2億円になる。これまでの10億円×2／12＝1.67億円よりも0.33億円だけ増えることになるし，運転資本も同程度増えたことが推察できる。

第3章
粉飾と財務分析

1 企業倒産と粉飾

　財務分析の目的の一つに倒産予知がある。
　特に，与信管理が目的の場合には，倒産予知が最重要課題の一つになる。
　取引先は収益の源泉であり，企業の顔でもあるので，単に倒産しないというだけで取引先を選ぶことはできない。
　取引先の将来性も取引先選択の重要要件になる。企業の繁栄は取引先とともにある。いったん取引先を選んだら，半ば永続的に取引ができる相手であることが望まれる。そのためには，現在だけでなく，将来にわたって，良好な取引先であり続けるような企業を選ぶ必要がある。取引先とともに成長し繁栄するのが企業の理想の姿である。
　取引先の品格，社会性なども，取引先選別の重要要件になる。取引先が不祥事を頻繁に起こしたり，反社会的な行動で悪評が立つと，不買運動が起こるなどして，経営基盤が一挙に崩壊する危険もあるし，そのとばっちりを受けてこちらのステイタスにも悪影響を及ぼす。
　しかし，与信管理の立場からいうと，やはり倒産が最大のインパクトを持つ要因である。与信管理の担当者にとって，もっとも忌むべきことは，取引先が倒産して不良債権を発生させることであり，倒産予知による不良債権発生の防止が目下の関心事になる。

企業の将来性や社会性などは，質的要因に属する事項ではあるが，何らかの形で財務の数値に表れるので，財務分析においても留意すべき事項ではあるが，当面の業績に大きな影響を及ぼす，取引先倒産による不良債権発生の防止に関心が集まる。したがって，極端ないい方をすると，倒産さえしなければ，取引先として適格ということになる。

　財務分析による倒産予知における最大の障害は粉飾である。粉飾で歪められた財務諸表を信用して，真実でない数字で分析しても意味がないことが多い。

　そこで，調査先の財務諸表の分析にあたっては，財務諸表が適正に作成されていて，信用のできるものであることをまず確認する必要がある。

　財務諸表は完全なものでなく，適正に作成されたものでも，常に真実の姿を示すとは限らないのだが，少なくとも，適正に作成されたものであることが前提条件になる。

　上場会社などについては，財務諸表の適正性は監査法人などの監査が行われているので，一応は信用できるのだが，過去においては監査法人などが粉飾の指南を行った事例もあったし，最近でも，監査人のチェックを長年にわたって潜り抜けてきた粉飾事例も出て来ている。

2　最近の上場会社粉飾の特徴

(1) 企業規模による粉飾の二極化現象

　ここでは，財務情報入手上の制約から，上場会社など，有価証券報告書を作成している企業のみを取り扱う。

　平成20年頃から，大規模会社における会社ぐるみの大規模粉飾は影を潜めている。

　最近注目を浴びているオリンパスでの粉飾でも，1990年頃までに発生した財テク事業での失敗による損失を，代々引き継いで隠蔽しているうちに更に膨れ上がったものであり，古い時代の粉飾の残り滓である。

大規模会社における，会社ぐるみの粉飾は影を潜めているが，社内のスタッフ，部門や関係会社などが会社に隠れて行う局地型の粉飾は跡を絶たない。これらの粉飾は，会社規模に比べて小規模なもので，会社の屋台骨を揺るがすほどのものではない。大規模会社における局地型の小規模粉飾は昔からあったのだが，社内でもみ消されて公表されることなどなかったのが，最近の開示制度の改善により表向きにされるようになっただけであり，最近の大規模会社における現象とはいえない。とすると，大規模会社では，会社ぐるみの大規模粉飾が減少していることだけを，最近の大規模会社における特徴として挙げるべきなのかもしれない。

他方，中小規模の会社，特に新興市場での上場会社では，会社ぐるみの大規模粉飾が多発しており，粉飾の発覚により，倒産に至る例も多い。

最近の粉飾の特徴として，大規模会社における粉飾の小型，局地化と，中小規模の会社における会社ぐるみの大規模粉飾の慢性化という，会社規模による粉飾の二極化現象をあげることができる。

大規模会社における局地型粉飾は，全社の財務数値に表れる影響も限定的であって，財務分析では発見できない程度のものが大部分である。

平成22年2月に公開されたコンビニエンスストア，ローソンの子会社役員によるチケット販売代金の不正流用事件での不正流用額は150億円であり，最近の粉飾事例としては，最大規模のものだが，平成22年2月期の当社連結総資産の3％，純資産の7％程度に過ぎない。

したがって，ここでは，最近の粉飾の特徴を，主に，中小規模の企業における会社ぐるみの粉飾に絞って検討する。

(2) 売上高の急成長が続いた末に倒産

会社倒産の典型的なパターンは，損失の発生により純資産を食い潰し，債務超過に陥るか，債務超過が避けられない状態になった末に倒産するものである。したがって，倒産に向かって，売上高の減少傾向が続くのが普通である。

しかしながら，最近は，年度ごとに売上高を大幅に伸ばし，順調に利益を上

げてきた会社が，突然倒産するケースが増えている。これには，最近における循環取引による売上高水増し粉飾の流行が関係している。

循環取引の粉飾では，取引に参加する仲間になる会社を集め，これら会社の間で架空売上を循環させるのである。もっとも単純な循環取引は，会社Aが実在の会社Bに商品を販売するが，その商品が循環して実在の会社Bから会社Aに戻ってくる仕組みのもので，キャッチボール取引と呼ばれるものである。

しかしこの仕組みでは，販売先と仕入先とが同じになるので，簡単に粉飾を見破られてしまう。そこで，間にC社を介入させて，

A　→B　→C　→　A

の経路で取引を循環させるいわゆる三角取引による循環取引が考案された。仲介者を増やすことにより，4社間，5社間取引も成立する。仲介者の数を増やすほど，発見が困難になるし，複数の循環経路によって取引を増やせる。

循環取引では，実在の商品を販売した形にして循環させるのと，架空の商品を循環させるのとがあるが，いずれの方法でも，売買の双方で正規の契約書を締結し，納品書や請求書を発行し，売買ともに通常の取引条件に従って代金の決済も行うことにすると，形式的には実在取引と違いがないので，会計監査人も発見が困難になる。

(3) 資産回転期間が上昇しない粉飾の増加

利益水増しの粉飾には，資産の水増しか，負債隠蔽を伴う。資産水増しの粉飾が多いので，通常の粉飾では資産の回転期間が上昇することが多い。毎年粉飾を繰り返すと年々資産回転期間が上昇するので，資産回転期間により粉飾を発見できることが多い。

しかし，最近の粉飾事例では，資産回転期間が上昇しないか，場合によっては低下する例が増えている。これには次の3つの理由を挙げることができる。

① 循環取引による粉飾

前述の循環取引で，売買代金を通常の支払条件に従って決済し合うと，売上高と売上債権残高とは正常な状態に保たれ，売上債権回転期間を常に正常値に

維持することができる。

　利益水増し額や循環取引の仲介者に支払う手数料が回収できないので資産を膨らませることになるが，循環取引により売上高が著しく水増しされているので，水増しされた資産の回転期間は上昇することにはならず，むしろ低下するケースもある。

② **不良資産査定の厳格化**

　会計ビッグバンにおける開示制度に関する法規の整備，時価主義会計の採用，それに伴う監査の厳格化などにより，不良資産をいつまでも正常資産に残したり，取得価額のまま据え置くことが困難になっている。

③ **合理化運動によるスリム化の影響**

　高度成長下のインフレ時代には，資産の保有が利益につながったが，デフレ経済の下においては，資産保有は損失につながる。また，経営環境が厳しくなったために，各企業ともに資産のスリム化による合理化に骨身を削っており，資産の減少傾向が進んでいる。その結果，粉飾により一部の資産が水増ししても，全体としては水増しは表面化しない。

(4) 自己資本比率が高い状態での倒産

　典型的な倒産は，損失による純資産の食い潰しにより債務超過に陥るか，債務超過が不可避の状態になって起こるのだが，最近は自己資本比率が高い状態で倒産する会社が多い。

　この理由としては，まず，粉飾の動機の変化を挙げることができよう。

　銀行からの間接金融が主流であった時代には，銀行からの融資が受けられる限り経営を継続できた。銀行からの融資を受けるには，自己資本比率をそれほど高い水準に維持する必要がなく，粉飾をする場合でも，債務超過にならない程度の規模で留まることが多かった。株式市場での直接金融が主流の時代では，自己資本比率を高めて，株価を高水準に維持することが必要になる。

　新興市場に上場して多額の資本を調達した新興企業などでは，収益性が伴わず，赤字の期間が続いても，粉飾により高い自己資本比率を維持しようとする。

従来の粉飾では，粉飾により純資産の減少を阻止しても，総資産が膨らむので，自己資本比率は低下することが多かった。最近では粉飾企業でも，合理化のための資産削減などにより総資産がむしろ減少傾向にあるので，粉飾により純資産を減らさなければ，いつまでも高い自己資本比率を維持することができる。

最近は金融機関の粉飾に対する態度が厳しくなり，粉飾が発見されると，直ちに融資を打ち切るので，粉飾が発覚した時点で倒産することが多い。このことも自己資本比率が比較的高い会社が倒産する原因の一つと思われる。

(5) 上場前からの粉飾で，上場後短期間内に倒産する

新興株式市場では，粉飾により上場基準を備えた企業が上場審査を通過して上場される事例が増えている。

これらの事例では，循環取引で売上高と利益を水増しする例が多いのだが，上場により信用が高まり，循環取引の仲間を増やしやすくなる。その結果短期間に循環取引による粉飾取引が膨れ上がる。そのため，仲介者に支払う手数料などが，粉飾による利益の水増し額に上乗せされるので，粉飾額が加速度的に増えていく。その結果，短期間内に限界が来て，経営破綻に追い込まれることになる。

以下において，循環取引の粉飾などにより売上高を急上昇させている企業を似非成長企業と呼ぶことにする。

(6) 「死に体企業」の増加

損失が続いて，純資産を食い潰しても，すぐに増資をして，債務超過を解消しては生き延びる会社がある。

財力のある有力な親会社の支援のもとに，新製品や事業の開発などに取り組んでいる企業を除き，例えば，5年間も赤字が続いて，なお，黒字化の期待が持てない企業は，将来性がない「死に体企業」としてビジネスの社会から消え去るべき存在と考えられる。

自己資本比率はそこそこに高い水準を維持していて，会社の体裁を整えてい

ても「死に体企業」には将来性はなく，いつかは消滅する会社なので，取引などはするべきではない相手である。

3　優良成長企業と似非成長企業の識別ポイント

　過去においては，売上高の減少，赤字の継続，自己資本比率の低下，売上債権，棚卸資産や総資産回転期間の上昇などが，倒産予知の重要なチェックポイントであったが，このチェック法は，最近の粉飾には通用しないことが多くなり，優良成長企業と似非成長企業との識別が困難になっている。最近の似非成長企業に伝統的な財務分析の手法を適用し，総合指数法などで評点すれば，高得点を獲得する会社の多いことが推察される。

　これら似非成長企業については，倒産会社に特徴的な欠点を探るよりも，「過ぎたるは猶及ばざるが如し」の観点から，通常では長所であることを示す数値の裏に隠された弱点を探ることなどが必要である。そのためのチェックポイントを以下に掲げる。

　① 年率30％以上の売上増が3年以上も続く会社には要注意

　低成長時代においては，売上高が年率20％もの伸び率で成長を続ける企業は少ない。まして30％もの成長率を達成する企業は少なく，大型M＆Aなどで1～2年間は30％以上の売上増が続いたとしても，3年間も30％もの増収率を維持できる企業は稀であり，このような場合には，まず，粉飾による売上高の水増しを疑って見るべきである。

　② 営業キャッシュ・フローが赤字続きの会社には要注意

　経常利益や当期純利益が黒字でも，運転資本要素が大きなマイナスになり，その結果，営業CFが赤字になっている企業には粉飾を疑ってみる必要がある。

　ただし，粉飾でない場合でも，支払先行型の企業では，売上高の増加時には，運転資本要素がマイナスになる傾向があるので，次の4で説明するチェック法により，正常性のマイナスか，粉飾性のものかを判断する必要がある。

③ 自己資本比率が高くても内部留保率が低い会社には要注意

似非成長会社の特徴の一つとして、自己資本比率が高い場合でも、利益剰余金が少ないか、マイナスになっていることが挙げられる。

資本金や資本準備金を利益剰余金に振り替える会社があるので、利益剰余金が利益の内部留保であるとは限らないが、資本金などから振り替える場合でも、利益剰余金のマイナスを消すのが目的であり、利益剰余金を大きくプラスにするような振替は見られないので、ここでのチェックに利用できると考える。

利益剰余金の純資産に占める比率である内部留保率が、優良会社では少なくとも50％を超えているのが普通だが、似非成長会社では30％以下かマイナスの会社が多い。純資産の半分程度以上は自力で稼いだ利益の留保で構成されているとの実績が優良会社の条件になると考えられる。

④ リスク推定額が高い会社にも要注意

平成22年9月に出版した拙著「リスク重視の企業評価法」(税務経理協会刊)において、成長会社における計数によるリスク推定法を提案した。この推定法はまだ叩き台の段階にあり、今後の検討により改善を加える必要があるが、この推定法を適用すると、優良成長会社ではリスク推定額が純資産の範囲内に収まっているが、似非成長会社では、自己資本比率が高い会社でも、リスク推定額が純資産を超えている。

上記の推定法では、粉飾による資産の水増しがリスク推定額に加わる仕組みになっているので、リスクの推定は粉飾の規模を推定するのにも役立つ。

成長を持続するには、高いリスクを負担する必要があるし、開発費、創業費や先行投資などに多大の負担を強いられるので、収益力があり、そこそこの財務内容の会社でないとこの負担には耐えられない。高い収益力と良好な財務内容が成長持続の条件になるとすると、著しく高いリスク率は、粉飾の存在を示す可能性があると考えるべきである。

4　CFによる粉飾チェック法

　CFによる粉飾のチェック法を紹介する。

　まず，営業CFの運転資本要素による粉飾チェック法を取り上げる。

　利益の水増しをすると，貸借対照表では，資産が水増しになるか，負債が過少表示になって，現れるのだが，運転資本要素を構成する資産や負債が粉飾の目的に利用されることが多い。これは，運転資本要素を構成する売上債権，棚卸資産や仕入債務などは，常時，残高が多く，変動が激しいのが普通なので，水増しや隠蔽の粉飾をしても，目立ちにくいことによるものと考えられる。

　利益水増しの粉飾を行われると，営業CFの利益要素が粉飾額だけプラスが増える。利益水増しを，運転資本要素を構成する資産の水増しや負債の隠蔽により実行した場合には，資産の増加は，CFではマイナスになるし，負債の隠蔽も，CFのマイナスになるので，運転資本要素では利益要素でのプラスの増加額と同額のマイナスが増える。結局，両要素の合計額である営業CFの増減は，プラスとマイナスが中和されてゼロになり，営業CFは粉飾前の正しい金額になる。

　投資CFを構成する項目を利用して粉飾をした場合には，投資CFでのマイナスが増える結果，営業CFと投資CFの合計であるFCFでの増減はゼロになる。

　粉飾をすると，運転資本要素や投資CFがマイナスになるか，マイナスが増えることになるので，マイナスの増加状態から粉飾を推定するのである。

　設例により説明する。

　設例1は，売掛金を30，棚卸資産を20水増しして，合計50だけ利益を水増ししたケースを想定している。

　図表13(1)の設例1の列に示したとおり，粉飾により税引前当期純利益は50だけプラスが増えるので，利益要素も50だけプラスが増える。運転資本要素では，売上債権が30増えるのでマイナスが30増えるし，棚卸資産が20増えるので

マイナスが20増える。合計して運転資本要素ではマイナスが50増えるので，営業ＣＦの増減はゼロになる。

設例2は，売上債権30，棚卸資産20の水増しのほかに，固定資産を40だけ水増ししたケースである。

利益要素は利益水増額の90だけプラスが増えるが，運転資本要素は粉飾例1と同じで，売上債権30と棚卸資産20の増加により，マイナスが50増える。その結果，営業ＣＦは40だけプラスが増えることになる。設例2では，固定資産も40水増しされているので，投資ＣＦのマイナスが40増える。その結果ＦＣＦの増減はゼロになる。

別表13(1) ＣＦによる粉飾発見のモデル

設例1：売掛金30水増，棚卸資産20水増
設例2：売掛金30水増，棚卸資産20水増，固定資産40水増

	設例1	設例2
税引前当期純利益	＋50	＋90
減価償却費		
諸調整		
利益要素	＋50	＋90
売上債権増減	－30	－30
棚卸資産増減	－20	－20
仕入債務増減		
その他資産増減		
その他負債増減		
運転資本要素	－50	－50
営業ＣＦ	0	＋40
投資ＣＦ	0	－40
ＦＣＦ（両ＣＦの合計）	0	0

設例1では，運転資本要素の－50が，設例2では，運転資本要素と投資ＣＦの合計値－90が粉飾値になるのだが，運転資本要素は売上増によっても，マイナスになるし，投資ＣＦは本来がマイナスになるＣＦなので，マイナスになったからといってすべてが粉飾によるものとは限らない。売上増などによる正常なマイナス値を除去した残りが，粉飾の疑惑が持たれる金額になる。

第3章 粉飾と財務分析

そこで設例3を**図表13**(2)に用意した。

別表13(2)　ＣＦによる粉飾発見のモデル

設定条件：3要素総合回転期間：＋2か月

	00年度	01年度	02年度	03年度	01～03合計
売　上　高	100	110	120	130	3年間増加額30
利益要素小計		10	8	12	30
運転資本要素小計		−20	−18	−25	−63
営　業　ＣＦ		−10	−10	−13	−33

- 3年間合計では，運転資本要素が−63
- 3年間の売上増による3要素総合残高増加推定額は　30×2/12＝5
- 3要素総合正常増減高≒運転資本正常増減高と仮定すると，売上増による運転資本の正常増減高は−5と推察される。
- 粉飾疑惑額：63−5＝58
- 売上増も粉飾によるもので，実際には3年間の増減はゼロとすると，−5の正常運転資本増加推定額も粉飾によるものであったことが疑われる。
- 投資ＣＦの−40については，投資ＣＦ区分における支出の内容から，粉飾による水増しでないかを推察する。

　ＣＦは，年度ごとの事情で変動することが多いので，できるだけ長期間の数値で観察することが求められる。粉飾チェックのためなら，粉飾の疑惑が濃厚な期間の合計値をとるなどである。設例3では3年の合計値をとることにしている。

第4章 粉飾発見チェックポイント

1 主な粉飾チェックポイント

　粉飾発見には計数情報の分析だけでなく，質的情報の分析が重要な役割を果たす。そこで，粉飾発見につながると思われるチェックポイントの主なものを紹介する。
　前章で，優良成長企業と似非成長企業との識別のためのチェックポイントを紹介したが，ここでは，粉飾全般についてのチェックポイントを紹介する。

○ **売上高・利益などが業界での趨勢とは違った動きをしていないか**
　－　特別な事情がない限り，同業他社の業績がよいときには当社の業績も好調だし，他社の業績が低迷しているときは当社の業績も低迷するなど，似たような動きをするのが普通である。
　　　当社だけが違った動きをしている場合には，何らかの操作のあることを疑う必要がある。

○ **長期間極めて低い利益率の黒字が続いているが赤字にはならない**
　－　通常の会社では景気変動の影響を受けて好況の時期には利益が増えるが，不況になると利益が減るか，赤字になるのが普通である。好況時においても，ごく僅かな利益しか計上できないのに，不況になっても赤字にならないのは，不況時に利益を水増しして黒字にしている疑いがある。

第4章 粉飾発見チェックポイント

○ **特定四半期の売上高が異常に多く，次の四半期に激減し，売掛金回転期間が大幅に上昇するパターンを繰り返していないか**
  - 第4四半期の売上高が，年次売上高の50％を超える状態が続いている場合には，年度末における翌年度売上高先食いの疑いが持たれる。

○ **雑収入やその他特別利益などの内容不明の収益が急増していないか**
  - 未上場会社などの粉飾の常套手段である。

○ **売上債権回転期間が異常に長くないか，又は毎期伸びていないか**
  - 通常の企業では売上債権回転期間は一定の範囲内で変動しており，著しく上昇した場合（例えば1か月以上）や，少しずつでも毎期上昇を続けている場合には，不良債権の発生か，粉飾による水増しを疑ってみる必要がある。

○ **棚卸資産回転期間が異常に長くないか，又は毎期伸びていないか**
  - 上の売上債権のケースと同じだが，棚卸資産の場合には，事情によっては正常な場合でも，かなりの振幅で変動することがあるので，長期的に見る必要がある。

○ **固定資産回転期間が異常に長くないか，又は毎期伸びていないか**
  - 建設仮勘定や無形固定資産のソフトウエアやのれんの回転期間の増加にも注意が必要である。

○ **総資産回転期間が異常に長くないか（例えば16か月程度以上）又は毎期伸びていないか**
  - 複数の項目で，不良化が進んでいたり，粉飾による水増しが行われている場合には，全体として総資産回転期間が膨らむことになる。ただし，合理化による資産削減効果により隠されて，表面化しないことがある。

○ **低い自己資本比率（1ケタ台又は債務超過）が続いていないか。**
  - 粉飾により利益の水増しをする場合でも，ようやく黒字になる程度の操作に終わり，純資産を大幅に増やすところまでは行かないのが普通である。それに，粉飾により総資産が膨らむので，純資産水増しの効果が薄れて，自己資本比率はそれほど上昇しない。粉飾により債務超過を隠

している場合では，10%以下の自己資本比率になることが多い。
- ○ **借入金依存度（又は回転期間）が上昇を続けていないか**
  - 借入金は規模の拡大によっても増えるが，借入金回転期間が増えるのは，損失発生の場合に多い。損失を粉飾で隠しても，借入金の増加も粉飾で隠さない限り，借入金依存度や回転期間の上昇になる。
- ○ **基礎資金構成比率（又は回転期間）が上昇を続けていないか**
  - 基礎資金＝借入金＋純資産である。損失が発生した場合，増資などにより純資産を増やすことで資金調達をすることがあるので，借入金を基礎資金に拡げたものである。基礎資金の総資産に占める比率や，回転期間が上昇するのは損失発生の場合に多い。損失が発生しても，正しく損失処理をしていると，基礎資金の増加と純資産の減少とが相殺されて，基礎資金は増えない可能性がある。借入金依存度と合わせて利用すると効果的なことがある。
- ○ **借入金が多いのに，現金・預金残高が多すぎないか**
  - 借入金が多いのは，資金繰りが苦しいことを意味するのが普通である。借入金が多いのに，必要以上の現金・預金を手持ちしているのは不自然である。
- ○ **仮払金，前払費用，貸付金，投資有価証券，繰延税金資産などが多くないか，増加していないか**
  - 監査法人などによる監査を受ける義務のない一般の会社では，特に注意が必要である。
- ○ **特定の資産の回転期間が高すぎないか，上昇を続けていないか**
  - 最近は，ソフトウエアやのれんなどを大幅に水増しするケースが増えている。
- ○ **繰延税金資産が多すぎないか**
  - 赤字体質の企業には特に注意が必要である。
- ○ **流動的な科目なのに，残高が長年変動しないものがないか**
  - 長期貸付金を短期貸付金と表示したり，長期滞留債権を流動資産に計

上している場合に多い。
- ○ **営業ＣＦの赤字が続いていないか**（特に，売上債権，棚卸資産，仕入債務などの増減収支の赤字が異常に多くないか）
  - 売上増に伴って増える分以外は，不良資産の増加，資産水増しや仕入債務の隠蔽の粉飾を疑ってみる必要がある。
- ○ **フリー・キャッシュ・フローの赤字基調が続いていないか**
  - 設備投資や財テク投資などにより赤字になっている場合には，実力以上の投資が行われていないかに注意する必要がある。

    反対に，必要な投資を行わず，ＦＣＦが黒字になっている場合にも注意が必要である。
- ○ **事業用資産が少なすぎないか**
  - 循環取引による粉飾の場合には，有形固定資産などの規模以上に売上高が大きく増えることがある。また，売り食いにより，資産規模が縮小している場合もある。
- ○ **売上高の増加に比べ，固定資産，人員などの増加が少なすぎないか**
- ○ **主要株主の変動が激しくないか**
  - 新興株式市場での上場会社で，業績が勝れない会社には特に注意が必要である。
- ○ **監査人が交替していないか**
  - 大手監査法人から小監査法人へ，小監査法人間の交替には特に注意である。

第Ⅱ部　財務分析の方法

2　チェックリストの記載例

　次に，チェックリストの記載例を図表14で紹介する。

　図表14のチェックリストは，高い成長率が続いている企業についてのチェックポイントのうち6項目を選んで，該当する項目には「✓」マークを付けるし，該当しない項目には「−」マークを付けることにしてある。また，中間の項目には「△」マークを付ける。

　図表14(1)は，成長会社と似非成長会社を見分けることに焦点を当てたチェックリストである。このリストでは，③自己資本比率が20％以下でないか，としていて，自己資本比率が20％以下を危険会社と見ている。筆者は通常の会社については，自己資本比率が10％以下を危険会社と見ているのだが，急成長会社では，少なくとも自己資本比率が20％程度を超えていないと，成長を続けるのには物理的に無理があるし，将来破綻する危険性が極めて高いと考えられるので，成長会社に対しては特に20％としたものである。

　図表14(2)では，急成長会社以外の一般の優良会社2社と，後に本書のケーススタディで紹介する，オリンパス，大王製紙，王子製紙を取り上げる。残り5社は，倒産会社又は，上場廃止会社である。図表14(2)では，③は自己資本比率を10％以下にしている。

　チェックリスト作成の基準年度は，図表14(1)表では平成23年度，図表14(2)の倒産又は上場廃止会社は，倒産又は上場廃止前々年度とする。

第4章 粉飾発見チェックポイント

図表14(1) チェックリスト(成長企業用)

(1) ヤマダ電気

①	利益率が低すぎないか(例えば,総資産当期純利益率が2%以下)	－
②	年率30%程度以上の売上伸び率が3年以上続いていないか	－
③	自己資本比率が20%以下でないか	－
④	純資産中の利益剰余金の構成比が30%程度以下でないか	－
⑤	総資産回転期間が著しく長くないか(通常の企業で16か月程度以上)	－
⑥	監査人が変わっていないか	－

(2) ニトリ

①	利益率が低すぎないか(例えば,総資産当期純利益率が2%以下)	－
②	年率30%程度以上の売上伸び率が3年以上続いていないか	－
③	自己資本比率が20%以下でないか	－
④	純資産中の利益剰余金の構成比が30%程度以下でないか	－
⑤	総資産回転期間が著しく長くないか(通常の企業で16か月程度以上)	－
⑥	監査人が変わっていないか	－

(3) ヤフー

①	利益率が低すぎないか(例えば,総資産当期純利益率が2%以下)	－	
②	年率30%程度以上の売上伸び率が3年以上続いていないか	△	
③	自己資本比率が20%以下でないか	－	
④	純資産中の利益剰余金の構成比が30%程度以下でないか	－	
⑤	総資産回転期間が著しく長くないか(通常の企業で16か月程度以上)	△	
⑥	監査人が変わっていないか	－	中央青山→トーマツ

(4) ジュピターテレコム

①	利益率が低すぎないか(例えば,総資産当期純利益率が2%以下)	－	
②	年率30%程度以上の売上伸び率が3年以上続いていないか	－	
③	自己資本比率が20%以下でないか	－	
④	純資産中の利益剰余金の構成比が30%程度以下でないか	✓	
⑤	総資産回転期間が著しく長くないか(通常の企業で16か月程度以上)	✓	業種の特殊性による
⑥	監査人が変わっていないか	－	

(5) DeNA

①	利益率が低すぎないか(例えば,総資産当期純利益率が2%以下)	－
②	年率30%程度以上の売上伸び率が3年以上続いていないか	✓
③	自己資本比率が20%以下でないか	－
④	純資産中の利益剰余金の構成比が30%程度以下でないか	－
⑤	総資産回転期間が著しく長くないか(通常の企業で16か月程度以上)	－
⑥	監査人が変わっていないか	－

(6) アイ・ビー・イー（マザーズ，上場前から循環取引で売上・利益水増し，21年5月上場廃止）

①	利益率が低すぎないか（例えば，総資産当期純利益率が2%以下）	−	
②	年率30%程度以上の売上伸び率が3年以上続いていないか	✓	
③	自己資本比率が20%以下でないか	✓	
④	純資産中の利益剰余金の構成比が30%程度以下でないか	✓	
⑤	総資産回転期間が著しく長くないか（通常の企業で16か月程度以上）	✓	
⑥	監査人が変わっていないか	−	新日本

(7) プロデュース（ジャスダック，20年9月不適切会計処理で強制捜査を受け，直後に倒産）

①	利益率が低すぎないか（例えば，総資産当期純利益率が2%以下）	−	
②	年率30%程度以上の売上伸び率が3年以上続いていないか	✓	
③	自己資本比率が20%以下でないか	−	
④	純資産中の利益剰余金の構成比が30%程度以下でないか	✓	
⑤	総資産回転期間が著しく長くないか（通常の企業で16か月程度以上）	−	
⑥	監査人が変わっていないか	✓	東陽→隆盛

(8) ゼンテック・テクノロジー（ヘラクレス，20/3期利益修正で上場廃止）

①	利益率が低すぎないか（例えば，総資産当期純利益率が2%以下）	△	
②	年率30%程度以上の売上伸び率が3年以上続いていないか	✓	
③	自己資本比率が20%以下でないか	−	
④	純資産中の利益剰余金の構成比が30%程度以下でないか	✓	
⑤	総資産回転期間が著しく長くないか（通常の企業で16か月程度以上）	−	
⑥	監査人が変わっていないか	✓	あずさ→ウイング→個人

(9) プロパスト（ジャスダック，バブル崩壊で経営悪化，平成22年5月民事再生法申請）

①	利益率が低すぎないか（例えば，総資産当期純利益率が2%以下）	−	
②	年率30%程度以上の売上伸び率が3年以上続いていないか	✓	
③	自己資本比率が20%以下でないか	✓	
④	純資産中の利益剰余金の構成比が30%程度以下でないか	−	
⑤	総資産回転期間が著しく長くないか（通常の企業で16か月程度以上）	✓	
⑥	監査人が変わっていないか	✓	新日本→明誠

(10) エフオーアイ（21/11マザーズ上場，証券取引監視委員会の強制捜査を受け，22/6/15上場廃止）

①	利益率が低すぎないか（例えば，総資産当期純利益率が2%以下）	−	
②	年率30%程度以上の売上伸び率が3年以上続いていないか	✓	
③	自己資本比率が20%以下でないか	−	
④	純資産中の利益剰余金の構成比が30%程度以下でないか	✓	
⑤	総資産回転期間が著しく長くないか（通常の企業で16か月程度以上）	✓	
⑥	監査人が変わっていないか	−	

第4章 粉飾発見チェックポイント

図表14(2) チェックリスト（一般企業用）

(1) トヨタ自動車

①	利益率が低すぎないか（例えば，総資産当期純利益率が2%以下）	－	
②	営業ＣＦの赤字が続いていないか	－	
③	自己資本比率が10%以下でないか	－	
④	改定自己資本比率が大幅赤字でないか（－10%以下）	－	
⑤	総資産回転期間が著しく長くないか（通常の企業で16か月程度以上）	✓	金融債権を除くと正常
⑥	監査人が変わっていないか	－	

(2) ファーストリテイリング

①	利益率が低すぎないか（例えば，総資産当期純利益率が2%以下）	－	
②	営業ＣＦの赤字が続いていないか	－	
③	自己資本比率が10%以下でないか	－	
④	改定自己資本比率が大幅赤字でないか（－10%以下）	－	
⑤	総資産回転期間が著しく長くないか（通常の企業で16か月程度以上）	－	
⑥	監査人が変わっていないか	－	

(3) 王子製紙

①	利益率が低すぎないか（例えば，総資産当期純利益率が2%以下）	✓	
②	営業ＣＦの赤字が続いていないか	－	
③	自己資本比率が10%以下でないか	－	
④	改定自己資本比率が大幅赤字でないか（－10%以下）	－	
⑤	総資産回転期間が著しく長くないか（通常の企業で16か月程度以上）	✓	
⑥	監査人が変わっていないか	－	

(4) 大王製紙

①	利益率が低すぎないか（例えば，総資産当期純利益率が2%以下）	✓	
②	営業ＣＦの赤字が続いていないか	－	
③	自己資本比率が10%以下でないか	－	
④	改定自己資本比率が大幅赤字でないか（－10%以下）	✓	
⑤	総資産回転期間が著しく長くないか（通常の企業で16か月程度以上）	✓	
⑥	監査人が変わっていないか	－	

(5) オリンパス（粉飾訂正前）

①	利益率が低すぎないか（例えば，総資産当期純利益率が2%以下）	✓	
②	営業ＣＦの赤字が続いていないか	－	
③	自己資本比率が10%以下でないか	－	
④	改定自己資本比率が大幅赤字でないか（－10%以下）	✓	
⑤	総資産回転期間が著しく長くないか（通常の企業で16か月程度以上）	✓	
⑥	監査人が変わっていないか	✓	あずさ→新日本

第Ⅱ部　財務分析の方法

(6) アリサカ（ジャスダック，監査法人の指摘で粉飾判明，20／3期決算書未提出のまま倒産）

①	利益率が低すぎないか（例えば，総資産当期純利益率が2％以下）	✓
②	営業ＣＦの赤字が続いていないか	✓
③	自己資本比率が10％以下でないか	✓
④	改定自己資本比率が大幅赤字でないか（−10％以下）	✓
⑤	総資産回転期間が著しく長くないか（通常の企業で16か月程度以上）	✓
⑥	監査人が変わっていないか	—

(7) シニアコミュニケーション（マザーズ，上場前から架空売上計上などで約22億円の利益水増し）

①	利益率が低すぎないか（例えば，総資産当期純利益率が2％以下）	—	
②	営業ＣＦの赤字が続いていないか	△	
③	自己資本比率が10％以下でないか	—	
④	改定自己資本比率が大幅赤字でないか（−10％以下）	✓	
⑤	総資産回転期間が著しく長くないか（通常の企業で16か月程度以上）		
⑥	監査人が変わっていないか	✓	新創→クラリティ

(8) 小杉産業（東証2部，日本新興銀行倒産により資金繰り破綻して平成21年2月破産申請）

①	利益率が低すぎないか（例えば，総資産当期純利益率が2％以下）	✓
②	営業ＣＦの赤字が続いていないか	—
③	自己資本比率が10％以下でないか	—
④	改定自己資本比率が大幅赤字でないか（−10％以下）	✓
⑤	総資産回転期間が著しく長くないか（通常の企業で16か月程度以上）	
⑥	監査人が変わっていないか	

(9) トミヤアパレル（東証2部，平成21年2月会社更生法申請）

①	利益率が低すぎないか（例えば，総資産当期純利益率が2％以下）	✓
②	営業ＣＦの赤字が続いていないか	△
③	自己資本比率が10％以下でないか	
④	改定自己資本比率が大幅赤字でないか（−10％以下）	—
⑤	総資産回転期間が著しく長くないか（通常の企業で16か月程度以上）	
⑥	監査人が変わっていないか	—

(10) ラ・パルレ（ヘラクレス，日本新興銀行倒産により資金繰り破綻して平成22年10月民事再生法申請）

①	利益率が低すぎないか（例えば，総資産当期純利益率が2％以下）	✓
②	営業ＣＦの赤字が続いていないか	✓
③	自己資本比率が10％以下でないか	
④	改定自己資本比率が大幅赤字でないか（−10％以下）	✓
⑤	総資産回転期間が著しく長くないか（通常の企業で16か月程度以上）	—
⑥	監査人が変わっていないか	

第Ⅲ部

企業評価の進め方

- リスクの評価
- 企業評価法

第 1 章
リスクの評価

1　リスクの本質

(1) リスクの定義

　最近のわが国の経営環境を眺めると，リーマンショックに続く金融危機，トヨタを襲った風評被害，東日本大震災と津波の災害，原発事故，タイ国洪水災害など，さまざまなリスクに見舞われていて，現在はまさにリスクとの戦いの時代ということができる。リスクの時代においては，企業はリスクに対する抵抗力を備える必要がある。高リスク時代における，企業評価には，企業ごとのリスクの大きさと，リスクに対する抵抗力の大きさが，重要な評価の要素になる。予想されるリスクの大きさと比べて，抵抗力が十分に大きいことが企業の生き残りの条件になる。

　そのため，企業評価にはまず，企業が抱えるリスクの種類と大きさを知る必要がある。そこで，リスクの本質について検討し，リスクの発現による損失額を予想する方法を考える。

　リスクは本来予測不能なものである。確実に予測ができるものはリスクとはいえない。予測は困難だが，どの企業でもリスクに見舞われる可能性がある。

　リスクが発現した場合でも，企業の財務諸表などでは，リスク発現による損失も通常の損益と交じり合った形で公表されるので，外部の分析者には，両者を見分けるのは不可能であることが多く，リスクによる損失を正確に計測する

のは困難である。

　本書では，1年間に年度初資産合計額の20％を超える当期純損失を計上した場合や，3年間程度当期純損益の赤字が続き，損失累計額が資産合計額の30％を超える場合には，赤字の原因や内容などのいかんにかかわらず，当期純損失額のすべてをリスク発現による損失とみなして，「リスク損失」と呼ぶことにする。

　年間20％を超える損失をリスク損失としたのは，通常の業績低下による期間損失では，年間20％を超えることはあまりないとの想定に基づいている。

　年間20％以上，または，3年間30％以上の損失を「リスク損失」とするのは，これまで利益を出していた企業が突然多額の損失を計上した場合，その原因が何であれ，このような事態をこそリスクと呼ぶべきと考えるからである。また，リスクの発現とともに，通常の事業まで赤字になるのであれば，リスクのショックの大きさを計測するためには，すべての損失をリスク損失に加えるべきとの考えによる。

　つまり，そこそこの財務内容の会社を存亡の危機に追い込む可能性のある程度の規模のものをリスク損失と定義し，この規模に達しない損失は，たとえ予期しないリスクの発現によるものであっても，リスク損失とは呼ばず，通常の期間損失とするのである。

　また，3年間も大幅損失が続いていて，なお，赤字が続く場合には，4年目以降の損失はリスク損失とはみなさないで，再生のための準備損失と見ることにする。5年も損失基調が続いているのに，黒字化の見通しが立たないような企業は，再生の見込みはほとんどなくなった「死に体」状態にあると考えるべきである。それでもなお，事業を続けるのは，再生が目的ではなく，別の特殊な目的のためであると解釈され，通常の継続企業の基準では評価できない特殊な会社に多いと考えられる。

　しかし，強力なスポンサーがついていて，長期を要する開発事業などに取り組んでいる特殊な企業もあるので，6年後も経営を続けている会社は，一応は，再建を目指している会社と見て，6年目を再生初年度と見るのである。

次に問題になるのは，リスク損失の大きさの予測である。リスクの種類や大きさは，業種や取引形態や立地条件などによって異なる。企業のリスクに対する挑戦の姿勢や，対応の巧拙によっても大きく異なることが予想される。ただ，これまで優良会社とみなされてきた会社は，将来のリスクにも強い抵抗力を持つことが推察される。

 長い伝統のある優良会社では，規模も大きくなっているのが普通であり，事業は多角化されているので，一事業にリスク損失が生じても，全社的には大きな金額にならないなど，リスクに強い体質になっている。

 また，長い伝統のある優良会社でも，過去に何回も大きなリスクに見舞われていると思われるが，これまで優良会社として生き続けているのは，リスクを巧みに処理して，被害を最小に押さえてきたからであると考えられる。リスクに対するノウハウのようなものが蓄積されていて，これからのリスクにも強いことが期待できるのである。したがって，企業ごとのリスクの大きさの予測には，企業のこれまでの経営実績の評価も重要になる。

 しかしながら，リスクの予測が困難であるのと同様に，これまでの実績やノウハウなどが将来のリスクにどの程度通用するかは不明であり，リスク抵抗力の推定において，企業規模や過去の実績などを過度に重視するのは危険である。

 以上のような前提のもとに，リスク損失の予測法を検討する。

(2) 損失の実態と損失の発生源

 損失には，貸倒損失や棚卸資産の廃棄・評価損，あるいは固定資産の売却・滅失・廃棄・評価損や減損損失などのように，主に保有資産との関連で発生するものと，減価償却費を除く一般の経費や人件費，損害賠償金などのように，保有資産の残高などとは直接的な関係なしに発生するものとがある。

 前者の損失は，資産の簿価とは厳密な比例関係がないまでも，少なくとも，関連する資産の簿価以上の損失が発生しないのが普通である。それに対して，後者の損失には，損害賠償金などのように，損失額に上限がなく，理論的には，無限に損失が膨らむ可能性のあるものもある。

後者の損失は，資産には無関係に発生することが多いのだが，資金の支出を伴う。損害賠償などによる損失は，公害訴訟などで見られるように，金額が無限大に膨らむ可能性があるのだが，支払いには資金調達上の制約がある。損害賠償金や臨時費用などが巨額に上る場合には，資金調達をする必要があるが，損害賠償金支払いのような見返りのない後ろ向き資金の調達は，極めて困難であることが予想される。増資により多額の資金を調達するのは無理と思われるし，銀行から借り入れる場合には，強力な保証人でもつかない限り，担保に余力がない場合には，追加借入れは困難な場合が多いと思われる。

資金調達ができないと，支払いができないので，結果として，資産合計額や純資産額などがリスクの上限になることが考えられる。特に上場会社の場合には，債務超過になれば，1年間の猶予期間を経て上場廃止になる。その結果，経営破綻に追い込まれることが多いので，純資産額がリスクの事実上の上限になることが多いと思われる。

以上から，リスクについては，資産合計額を上限とし，その範囲内でリスク額を推定することにしたい。ただし資産には，現金・預金や未収還付法人税などのように，無リスクと考えられる資産がある。無リスク資産を除いた資産を「リスク資産」と呼び，リスク資産についてリスクの上限値を推定することにする。

(3) リスク損失の実態について

以下においては，不祥事の発覚により，信用を失墜させた結果，多額の損失を発生させた雪印乳業株式会社と，株式会社不二家のケースから，リスクによる損失発生の実態を調べ，リスク損失の推定法を検討する。また，最近の5年間において多額の損失を計上した上場会社についての損失の計上状態からも，リスク損失の上限値を推定する。

① 雪印乳業株式会社のケース

雪印乳業株式会社（現在の雪印メグミルク株式会社，以下，雪印という）は，大阪工場で製造した低脂肪乳が原因で，平成12年6月から7月にかけて近畿地方

において戦後最大の食中毒事件を起こした。その上，翌年10月には子会社の雪印食品株式会社が，国内産牛肉の買い取り制度を悪用して，国外産の牛肉を国内産と偽って，農林水産省に買い取り費用を不正に請求していた事実が明るみに出た。連続して不祥事が発覚したのに，会社側の対応が遅れたこともあって，消費者の怒りを買って，グループの信用が失墜した。各地で雪印製品の不買運動が起こり，雪印製品の陳列をやめる販売店が続出するなどで，同社グループは大きな損害を受けた。その結果，雪印食品は平成14年4月には解散に追い込まれている。

図表15は平成12年3月期から同15年3月期までの，主要業績と資産合計額の推移を示した表である。

図表15　雪印乳業の主要業績等推移表

(単位：億円)

	12／3	13／3	14／3	15／3	13／3～15／3合計
売　上　高	12,878	11,408	11,647	7,271	
経　常　利　益	218	－589	－353	－268	－1,210
特　別　利　益	29	419	285	547	1,251
特　別　損　失	－717	－435	－434	－672	－1,541
税等調整前純利益	－470	－605	－502	－393	－1,500
当　期　純　利　益	－285	－529	－717	－271	－1,517
資　産　総　額	5,768	5,679	5,814	2,849	

雪印では，不祥事発覚前の平成12年3月期から当期純損益の赤字が始まっているが，これは退職給付引当金の積み立て不足額を一時に損失に繰り入れたためのものであり，不祥事件とは無関係のものである。

平成16年3月期には僅かだが経常損益，当期純損益はともに黒字になっていることから，平成13年3月期から同15年3月期までの3年間がリスク発現期間であり，その間の当期純損失の累計額がリスク損失であったと推察する。

しかしながら，当期純損失には当期の業績とは関係のない過去の税金の還付金や調整額などが含まれているので，税金等調整前当期純損失の3年間合計額1,500億円をリスク損失の金額であると推定する。

税金等調整前当期純損失額は特別利益により薄められている。特別利益には

含み益の吐き出しによるものなど，リスクとは関係のないものが多いので，リスク損失から除外する必要がある。また，特別利益の大部分は資産に隠されていた含み益が実現したものと考えると，平成13年3月期初における資産合計額は実質的には含み益分だけ過小表示されていたことになる。

3年間の特別利益合計額1,251億円がすべて含み益の吐き出しによるものとして，税金等調整前当期純損失額の1,500億円に加算する同時に，資産合計額の5,768億円にも加えて計算すると，リスク損失の資産合計額に対する比率（リスク構成比）を計算すると，39.2%になる。

3年間の特別損失にもリスクとは無関係のもののあることが推察されるし，平成15年3月期の損失には，再建のための準備費用などが含まれている可能性がある。これらを勘案すると，リスク構成比は更に低下する可能性がある。

② 株式会社不二家のケース

株式会社不二家は平成19年1月に期限切れ原料使用の不祥事が明らかになったことから，信用が低下し，販売が落ち込んで，製造の全面中止に追い込まれた。そのため，巨額の損失が発生し，経営危機に直面した。

図表16は，不二家の平成17年3月期から同22年3月期までの主要業績及び資産合計額の推移を示した表である。

図表16　不二家の主要業績等推移表

（単位：百万円）

	17／3	18／3	19／3	20／3	21／3	22／3
売　　上　　高	87,687	84,843	63,912	58,784	73,778	79,556
経　常　利　益	840	−147	−7,219	−10,327	−5,035	905
特　別　利　益	1,588	378	14,251	9,688	24	123
特　別　損　失	691	1,234	13,830	628	611	184
税等調整前純利益	1,737	−1,003	−6,798	−1,268	−5,622	844
当　期　純　利　益	1,314	−1,797	−8,090	−1,075	−5,497	590
資　産　総　額	51,797	49,111	39,292	46,380	46,309	47,464

不二家では，平成18年3月期から同21年3月期まで赤字が続いているのだが，リスク損失は，不祥事が発覚した平成19年3月期の第4四半期以降に始まっている。しかしながら，平成19年3月期においては第3四半期までの経常損益の

赤字は138百万円に過ぎないし，第３四半期までの特別利益は133百万円，特別損失も451百万円に過ぎない。経常損益及び当期純損益での赤字の大部分は第４四半期に発生したものなので，平成19年３月期の損失がすべてリスク損失であるとみなすことにする。

　平成21年３月期には経常損益が5,035百万円の赤字になっているが，売上高は平成21年３月期には上昇に転じているし，平成22年３月期には経常損益から黒字に転換していることから，リスク損失は平成20年３月期で終わり，平成21年３月期の赤字は，再建準備のためのものであって，リスクとは無関係であると見ることができる。したがって，平成19年３月期と同20年３月期の税金等調整前当期純損失の合計値8,066百万円がリスク損失であると推定する。

　しかし，この２年間における特別利益23,939百万円の大部分は，過去の含み益の蓄積の吐き出しである固定資産，投資有価証券の売却益であり，リスクとは無関係のものであると考えられる。

　特別損失のうち，固定資産売却・廃棄損及び減損損失の合計額2,471百万円，店舗閉鎖・事務所移転に伴う損失1,079百万円，棚卸資産評価損6,851百万円（合計10,401百万円）などはすべてリスク発現によるものとは限らず，過去の含み損の整理や，再建のための合理化費用が含まれていると考えられる。10,401百万円の３分の１の3,467百万円がリスクとは無関係のものとして，これらを調整すると，リスク損失額は28,538百万円になる。

　リスク開始期の平成19年３月期の年度初の資産合計額は49,111百万円だが，実質資産総額は，含み益と考えられる平成19年及び20年３月期の特別利益の合計額23,402百万円を加えた72,513百万円であり，リスク損失の28,538百万円はこの39.4％になる。また，資産のうち現金・預金1,616百万円を無リスク資産とすると，実質的なリスク資産合計額は70,897百万円になり，リスク資産に対するリスク損失額の割合は40.3％になる。

　③　一般のケース

　日経会社情報2011新春号に掲載されている上場会社3,650社について最近の５年間における業績推移を調べた。ただし，金融業者，資産合計額が30億円程

度以下の小規模会社及びバブル崩壊に伴い在庫の評価・売却損で膨大な損失を計上した不動産開発会社などは，特異な動きをする可能性があるので，調査の対象から除外した。

総資産の20％以上の当期純損失を計上した会社は77社であった。なお，総資産は損失発生年度の年度初の残高によるが，損失が連続している場合で，後の年度の総資産や損失が大きく膨らんでいる場合には，膨らんだ年度の年度初の総資産を基準にする。これは，リスク損失は年度初の資産について発生するとの仮定による。また，検討対象の会社数が膨大に上るため，雪印や不二家のケースで行った特別利益の調整などは行わないし，税金等調整前当期純損益ではなく，当期純損益をリスク損失にしている。

1年間に総資産の30％以上の当期純損失を計上したことのある会社に限ると34社になる。34社のうち，15社では，5年間以上も当期純損益での赤字基調が続いており，常識による評価が困難な会社が多いと考えられる。

残りの会社の中には，新しい会計基準を採用する前の準備として，新基準に合わせて1度に多額の特別損失を計上したために，大幅赤字になったが，他の年度では黒字が続いている優良会社がある。粉飾などの意図的なものか，合法の範囲内の処理によるものかは分からないが，資産などに蓄積されていた含み損を一度に整理したために多額の赤字になった会社も多く，厳密な意味でのリスクの発現により総資産の30％以上の当期純損失を計上した会社は数社に留まる。

また，赤字基調が5年以上も続いていて，当初の純資産はすっかり食い尽くしているのに，増資に応じる株主がいて，経営を続けている恵まれた会社もある。このような例外の会社を除くと，3年間の当期純損失の累積値でも，総資産の30％以下の会社が多く，40％を超えるような会社はまれである。

調査期間の5年間には，サブプライムローンの破綻や，リーマンショックによる金融危機の時代が含まれている。リーマンショックは未曾有の経済危機であったといわれており[注2]，大きなリスクが発現した期間とみなすことができるので，リスク損失の調査には適した期間であると考えられる。平成23年3

月に発生した東日本大震災後の業績推移を加えることができればなおよいのだが，それは今後の課題になる。

　以上から，通常の企業については，リスク発現による損失額は，総資産の30％程度以内に収まるケースが大部分であることが推察される。そこで，多少の余裕を見て，リスクの上限値を総資産の35％に設定する。

　リスクは，資産に比例して発生すると仮定し，総資産の中には，現金預金や未収還付税などの無リスク資産があるので，総合して総資産の85％程度をリスク資産の金額とすると，リスク資産については35％÷0.85＝40％程度のリスク損失を見ておけば，大部分の企業にあてはまることになる。

　雪印や不二家の例からも，リスク損失はリスク資産簿価の40％程度の範囲内に収まることが推察できる。

（注1）　税経通信2011年7月号，拙稿「最近の倒産と粉飾について」
（注2）　伊藤邦雄氏はリーマンショックに伴う需要の消滅によって日本企業は「回復不能」とまでいわれた大きく深刻な打撃を受けたとして，リーマンショックに伴う事態を「未曾有」の危機と呼んでいる「危機を超える経営，日本経済新聞出版社2011年9月刊」。

(4) リスク推定法

　以上の検討結果をもとに，企業ごとのリスク損失の規模の推定法を考える。

① 資産残高によるリスク推定法

　これまでの検討の結果，通常の企業で，リスク損失がリスク資産合計額の40％程度を超えるのは，特殊な場合を除いて稀であることが推察されることから，リスク損失の上限を，年度末におけるリスク資産残高合計額の40％に設定する。

　リスクは年度初の資産残高にかかるとも考えられるが，ここでは，自己資本比率などの計算法と合わせて，年度末残高をとることにする。また，資産の種類によりリスクの程度に違いがあると思われるが，種類別のリスクの測定など，外部の分析者などには技術的に困難と思われるので，ここでは，一律に40％を適用することにする。

リスク資産残高による企業ごとのリスク上限の推定値を「資産リスク額」と呼ぶことにする。なお、リスクはマイナス要因なので、リスク推定額はマイナスで表示することにする。この方が、後に説明するＣＦ計算書を利用した成長リスク額の計算では、ＣＦ計算書の符号と一致するので、便利である。

リスク資産として、まず、売上債権、棚卸資産と固定資産が考えられる。

流動資産に計上されている有価証券は、相場変動のリスクがあるので、原則としてはリスク資産だが、通常の会社では残高がそれほど多くないのが普通だし、四半期ごとに価格の洗い替えをしていてリスクが比較的少ないと考えられるので、現金・預金類似資産として無リスクにすることも可能と思われる。

その他の流動資産のうち、リスクの影響を受けやすいと思われる資産をリスク資産に加えるのを原則とするが、判定が困難な場合は、その他の流動資産は無視するか、全額をリスク資産にするなどの簡便法をとるのもやむを得ないであろう。資産合計額から現金・預金などを除いた残りの金額を、リスク対象資産の金額にするなどの簡便法もある。

負債には、未成工事支出金と未成工事受入金、棚卸資産と仕入債務などのように、資産、負債が一体となって変動する傾向のあるものがある。中でも、未成工事受入金は、注文主が倒産した場合でも、未成工事支出金と相殺して、資産に生じた損失のヘッジ役を果たすことができることもあるが、確実に損失のヘッジ役に利用できる負債はそれほど多くないと考えられる。

したがってここでは、資産のみに限り、売上債権、棚卸資産、有価証券、その他の流動資産などを総合して「運転資産」と呼ぶことにする。そして、運転資産と固定資産の合計額をリスク資産額とする。

② 資産増減高によるリスク推定法

成長を続けている企業は、一般の企業よりも大きなリスクを負っていると考えられるので、成長企業を対象にしたリスク推定法を別に考案する必要がある。

成長企業には、成長に伴うさまざまなリスクがある。急成長による無理な経営のつけが将来突然回ってきて、大きな損失を被ることがある。

また、成長企業では成長を維持するために、常に先行投資をする必要がある。

先行投資の結果が失敗に終わると，投資額が全損になることもある。特に，新製品のための投資の場合などでは，新製品が市場で受け入れられなかったり，競争者が現れて計画通りには売上げが伸びないなど，さまざまなリスクに直面する危険性がある。

そこで，成長企業については，新規投資に対して投資額全額のリスクを負うことを前提にリスク推定法を考察する。ただし，成長が続いていて，売上高の上昇が続いているし，純利益を計上している期間については，投資後一定の期間が過ぎればリスクが解消されると考えられる。ここでは，その期間を4年と見ることにする。

つまり，投資後4年間も，成長が続いていて，利益を計上できている場合には，新規投資の稼働が軌道に乗り，順調に投資の役割を果たしていることが推察される。それに，減価償却が必要な資産については，4年間には減価償却で帳簿価額が低下しているので，リスクが低減している。

この推定法では，投資後4年間は投資金額全額がリスクの対象になるし，成長が続いていて，利益を計上している間は，4年以上を経過した資産はすべてリスクがゼロであると見る。4年以上経過した資産でも，廃棄損や減損損失などが発生する可能性があるが，利益を計上できている時期においては，一部の事業においてリスク損失が発現しても，それほど大きな金額にならないことが多いと思われる。全体の利益で消化できるので，問題にする必要性が少ないと考えられる。

この方法では，リスクの大きさを，リスク資産の増減額により推定する。

売上債権，棚卸資産やその他の流動資産中のリスク資産の運転資産と，固定資産の年度中の増減額の合計額が当該年度中のリスクの発生額であると考え，発生額の4年間分の累積額が，当該年度末におけるリスクの大きさであるとする。4年間のリスク発生額の累積額を「成長リスク額」と呼ぶことにする。

成長リスク額の計測には，貸借対照表の残高増減値から計算する方法と，間接法によるＣＦ計算書を利用する方法がある。

間接法によるＣＦ計算書を利用する方法は，運転資産の増減額には，営業Ｃ

Fの売上債権増減額，棚卸資産増減額，その他流動資産増減額を利用し，固定資産の増減額には投資ＣＦと減価償却費の合計額を利用する。算式で示すと下記のとおりとなる。

　　各年度リスク発生額＝売上債権増減額＋棚卸資産資産増減額
　　　　　　　　　　　＋その他の流動資産増減額＋投資ＣＦ＋減価償却費

　上の計算式では，投資ＣＦの全額をリスク資産としているのだが，投資ＣＦには，長期の定期預金のような無リスクと見られる資産が含まれている可能性がある。

　これら項目は，投資ＣＦからは除外すべきなのだが，外部の分析者には，識別が困難なことが多いし，収支差額がそれほど大きな金額にはならないのが普通なので，除外せずに投資ＣＦ全体を，リスク計算の対象にしたものだが，収支差額が大きい場合には，除外するべきである。

　資産残高による資産リスク額をマイナスで表示することにしたので，成長リスク額もマイナスで表示することにする。その方がＣＦ計算書の符号とも一致して便利である。

　ＣＦ計算書では，資産の増加額はマイナスで，減少額はプラスで表示されるし，減価償却費はプラスで表示される。ここでは，ＣＦ計算書でのプラスマイナスをそのままの形で計算することになる。

　例えば，減価償却費が20，売上債権が30増加し，棚卸資産が15増加し，その他の流動資産が10減少し，投資ＣＦが－40であったとすると，

　　年間リスク発生額＝売上債権増減額（－30）＋棚卸資産資産増減額（－15）
　　　　　　　　　　＋その他の流動資産増減額（10）＋投資ＣＦ（－40）
　　　　　　　　　　＋減価償却費（20）＝－55

となる。

　上の計算式では，減価償却費を固定資産に加えているのは，減価償却費は貸借対照表では，固定資産から控除されているので，貸借対照表の増減額による推定値では，減価償却費分だけ増加額が減額されている。ＣＦによる推定計算では，有形固定資産などについては，資金の収支だけでリスクの発生額を推定

するので，非資金費用である減価償却費はリスク発生額計算の対象にはならない。両計算の条件を揃えるために減価償却費を加えることにしたものである。

　減価償却費は帳簿上の操作に過ぎず，実質的には資産についてのリスクを減らすものではないので，ＣＦによる計算の方が正しいとの考えも成り立つ。しかし，減価償却費も損益計算では損失として処理され，貸借対照表の純資産が実際に減額されている。したがって，リスクにより資産が減失するようなことがあっても，減価償却済の部分は損失に計算されることはないし，純資産を減らすことにはならない。リスクに数える必要はないとの考えから，ＣＦによる発生額には，減価償却費を調整することにしたものである。

　ＣＦによる推定計算には，固定資産については売却損や廃棄損，債権については貸倒損失などについて，同様の問題があるが，修正が困難と思われるので，減価償却費だけの調整に留めている。

　ＣＦによる推定法には，上記のような問題があるが，ＣＦの利点もある。筆者は，計算が簡単なことから，専らＣＦによる計算法を利用している。ＣＦ計算書の数値をそのまま利用して推定できるからである。

　リスクの期間を４年間に限定するのがよいかどうかも問題になる。筆者は，これまではこの期間を３年間としていたが[注3]，３年では，成長期においても増減高方式によるリスク推定額が，資産ベースによる推定額を下回ることが，たびたび起こるので，４年に延長したものである。何年がよいかを理論的に決めることが困難なので，今後のリスクの発現事例の研究などにより試行錯誤を繰り返して，最適の年数を模索する必要がある。

　資産リスク額と成長リスク額の推定における共通の問題点として，資産だけを取り扱って，負債を無視している点を指摘することができる。

（注３）　拙著「リスク重視の企業評価法」税務経理研究会，平成22年９月刊

③　両推定額の混合適用

　成長企業でも，やがては成長が止まることもあるし，先行投資を続けていても売上高が増加しない企業もある。通常の企業でも成長企業に転じることもある。

そこで，資産リスク額と成長リスク額の両リスク推定額を比べて，多い方をリスク推定額とする。成長期には新規投資が盛んなために，リスクが高まるので，成長リスク額が資産リスク額を上回るし，停滞期には新規投資が減って，成長リスク額が資産リスク額を下回るのが普通である。リスク推定額がプラスになることも起こる。プラスのリスクなどは非現実的なので，この場合にはゼロにするのがよいだろう。

これまで調べた例では，成長が止まった翌年度あたりからリスク発生額が減少し，遅くとも翌々年度には資産リスク額と逆転することが多いようだ。

リスク推定額を総資産で割った比率を「リスク構成比」と呼ぶことにする。純資産額からリスク推定額を控除した金額を「改訂純資産額」と呼び，改訂純資産による自己資本比率を，「改訂自己資本比率」と呼ぶことにする。

改訂自己資本比率がプラスの場合には抵抗力があると評価するし，改訂自己資本比率が高いほど，抵抗力が強いと評価する。

リスク推定値やリスク構成比は，リスクや効率性の面からは少ない方がよいが，将来の成長性を犠牲にしている場合もあるので，一概には望ましいとはいえないことに注意する必要がある。

④　粉飾発見への利用

大規模な粉飾をすると，資産が大きく膨れ上がることが多い。その結果，資産の回転期間が上昇するので，回転期間により粉飾の兆候を掴むことができる可能性がある。

回転期間による粉飾発見法については，本書では第Ⅱ部で詳しく解説している。しかし，最近流行の循環取引などによる粉飾では，回転期間では発見できないことが多く，粉飾発見が極めて困難になっている。

循環取引による粉飾では，売上げと同時に仕入れも計上される。売り先及び仕入先とはそれぞれ売買契約書が締結され，納品書や請求書なども作成されている場合には，会計監査においても粉飾が発見できないことがある。

手の込んだ粉飾では，それぞれに，売買代金の支払いまでもが実行される。この際，売買代金の支払条件を通常の取引での条件に合わせて設定すると，売

上債権，仕入債務の残高はともに，正常な取引における残高と同じ動きをするので，回転期間は正常値を維持することが可能になるのである。それでも，利益の水増分や取引への参加者に対する手数料などの支払額だけ資産が水増しになることが多い。粉飾利益分を棚卸資産の残高に上乗せした場合，棚卸資産が膨らむが，売上高がそれ以上に膨らむのが普通なので，回転期間の異常にはならないことが多い。

　売上げの水増しにより，粉飾の発見が困難になる例として，ケーススタディで，フタバ産業の例を取り上げる。

　このような粉飾には，資産残高増減額によるリスク推定法が効果的と考えられる。

　粉飾では損失が既に発生しているが，リスクではまだ損失は発生していないので，両者は全く別物であり，両者を同一に論じることはできないとの考えもある。

　しかし，上手に仕組まれた粉飾は，外部の利害関係者が全く気づかないうちに大きく膨れ上がり，ある日突然，巨額の損失となって企業を襲う。この点では粉飾はリスクと類似している。

　粉飾が行われると，資産が膨らむ。粉飾は麻薬のようなもので，一度粉飾に手を染めると，続けて粉飾を繰り返すことになり勝ちである。その結果，資産が毎年度膨張を続けるので，丁度，先行投資により毎年，資産が増える成長会社と同じ外観を呈することになる点でも，成長会社のリスクとは共通点がある。

　粉飾の場合には，リスク推定値が異常に高まる可能性がある。健全な経営戦略により成長を続けている企業では，先行投資の実施などによりリスク推定値は増加するが，増加の程度には一定の節度が見られる。ときには，一発勝負の冒険に挑むことも必要だが，長期的には，自社の財務実力に見合った金額の投資に抑えているので，改訂自己資本比率が一時的にマイナスになることがあっても，比較的短期間内にプラスを回復するのが普通である。

　粉飾の場合，特に循環取引による粉飾などでは，資産回転期間が正常でも，リスク推定値が異常に高い期間が続くことが多いので，リスク推定値の異常が

粉飾発見の糸口になる可能性がある。粉飾発見につながらない場合でも，改訂自己資本比率が著しく低いか，マイナスになるため，リスクが高い会社として要注意会社に指定することで，効果的な管理ができる可能性が高くなる。

ただし，粉飾の場合には，4年を経過しても粉飾が取り消されるわけではないので，リスク期間を4年間に限ることはできないが，4年間も大規模な粉飾を続けると，5年目には経営破綻する会社が多いと思われるので，大きな障害にはならないと考える。それに，粉飾を始めた初年度などでは，粉飾額がそれほど大きな金額でないのが普通なので，4年を経過して取り消されても，影響は少ないと考えられる。

改訂自己資本比率が大きなマイナスになるのは，たとえそれが粉飾によるものでない場合でも，放漫経営か無謀な成長戦略を続けている会社に多いし，近い将来経営破綻に陥る危険性が高い会社に多いので，粉飾会社と同じ目で見ても間違いがないことが多い。

2 実例によるリスク推定

(1) 株式会社ファーストリテイリングの例

図表17は，ユニクロを展開する株式会社ファーストリテイリングの平成18年8月期から同23年8月期までの6年間の各年度末におけるリスク推定額の推移を，計算過程とともに示した表である。

第1章　リスクの評価

図表17 株式会社ファーストリテイリングリスク計算

	18/8	19/8	20/8	21/8	22/8	23/8
（貸借対照表）						
現　金　預　金	121,950	64,091	67,248	43,876	62,466	64,386
有　価　証　券	25,237	55,237	102,912	125,875	139,472	137,728
売　上　債　権	8,396	9,849	13,411	15,213	15,371	17,796
棚　卸　資　産	42,862	55,173	53,778	74,580	74,079	92,750
資　産　合　計	379,655	359,770	404,720	463,285	507,287	533,777
純　資　産　合　計	240,479	243,283	264,014	261,413	287,987	319,911
（自己資本比率）	63.34	67.62	65.23	56.43	56.77	59.93
（CF計算書）						
税　前　利　益	72,752	62,713	81,994	95,487	116,867	93,881
減　価　償　却　費	5,364	6,567	8,523	9,765	12,229	18,755
諸　　調　　整	-24,140	-37,128	-21,918	-26,707	-35,191	-43,619
利　益　要　素　計	(53,976)	(32,152)	(68,599)	(78,545)	(93,905)	(69,017)
売上債権増減額	-2,108	-1,132	-3,505	63	-578	-2,097
棚卸資産増減額	-4,465	-11,809	1,851	-17,576	-1,478	-21,051
仕入債務増減額	4,368	-2,529	15,378	-1,150	-1,878	5,767
その他資産増減額	-152	6,408	-2,104	-1,061	-2,177	2,067
その他負債増減額	5,858	-4,243	7,117	393	829	3,455
運転資本要素計	(3,501)	(-13,305)	(18,737)	(-19,331)	(-5,282)	(-11,859)
営　業　C　F	57,477	18,847	87,336	59,214	88,623	57,158
投　資　C　F	-41,907	-28,783	-15,421	-34,273	-23,389	-26,643
F　　C　　F	15,570	-9,936	71,915	24,941	65,234	30,515
財　務　C　F	1,932	-12,759	-19,054	-16,847	-23,897	-26,156
（リスク計算）						
運　転　資　産　計	-6,725	-6,533	-3,758	-18,574	-4,233	-21,081
リ　ス　ク　発　生　額	-43,268	-28,749	-10,656	-43,082	-15,393	-28,969
リ　ス　ク　累　計　額	-78,185	-110,802	-95,148	-125,755	-97,880	-98,100
資　産　リ　ス　ク	-103,082	-118,272	-134,989	-167,764	-177,928	-187,756
リ　ス　ク　推　定　額	-103,082	-118,272	-134,989	-167,764	-177,928	-187,756
リ　ス　ク　構　成　比	-27.15	-32.87	-33.35	-36.21	-35.07	-35.18
改　訂　純　資　産　額	137,397	125,011	129,025	93,649	110,059	132,155
改訂自己資本比率	36.19	34.75	31.88	20.21	21.70	24.76

第Ⅲ部　企業評価の進め方

　図表17では，下段のリスク計算欄には，上から順に，運転資産計，リスク発生額，リスク累計額の行が設けられている。

　運転資産計には，ＣＦ計算書の売上債権増減額，棚卸資産増減額，その他資産増減額の収支合計額を記載する。

　リスク発生額には，上の運転資産計にＣＦ計算書の投資ＣＦと減価償却費を加えた金額を記載する。

　成長リスク額は，当該年度を含めた過去４年間のリスク発生額の合計額を記載する。この金額が成長企業についてのリスク推定額になる。

　成長リスク額の下の資産リスク額には，貸借対照表から算出されるリスク資産合計額に40％を掛けた金額を記載する。

　ここでは，資産合計額から現金・預金を控除した金額をリスク資産額としている。

　資産リスク額の下の，リスク推定額には，成長リスク額と資産リスク額のいずれかマイナスの多い方の金額を記載して，これを当該年度末におけるリスク推定額とする。

　リスク推定額を貸借対照表の純資産額に足した金額を改訂純資産額に記載する。改訂純資産額を総資産で割った比率を改訂自己資本比率に記載する。

　ファーストリテイリングでは，リーマンショック後も利益は順調に計上している。売上高は平成20年度には多少伸び率が鈍ったし，同23年８月期には微増に留まっているが，その他の年度では，年率16％以上の成長率が続いている。

　高い伸び率で成長が続いているのだが，リスク発生額は比較的少なく，常に，資産リスク額が成長リスク額を上回っている。当社の成長は，主に新しい店舗の開設によっていると思われるが，店舗は賃借すれば，それほど大きな投資にはならないし，商品在庫もそれほど保有する必要がないので，比較的投資額が少なくて済むことが推察される。

　資産リスク額は，年々上昇しているが，これは当社では，有価証券を増やしていることに関係する。それでも，リスク構成比は，平成23年度末においても35.2％であり，成長企業としてはリスクが低く抑えられている様子が窺える。

それに対して，自己資本比率は最低の平成21年8月期においても56.43％の高率であり，したがって，改訂自己資本比率も，常に20％を上回っており，安全性は極めて高いと評価できる。

(2) フタバ産業株式会社の例
① フタバ産業の粉飾

次に，粉飾会社の例として，フタバ産業株式会社の例を取り上げる。

フタバ産業は，トヨタ系の自動車部品メーカーであり，平成21年3月期の第1四半期までの間，不適切会計処理が行われていたことを公表して，平成16年3月期から同20年3月期までの財務諸表と，平成21年3月期の第1四半期の四半期財務諸表を訂正している。

図表18(1)は，フタバ産業の，平成16年3月期から同20年3月期までの，粉飾訂正前の主要財務諸数値の推移表と，リスク推定額の計算表であり，上段には損益計算書と貸借対照表の主な数値とその回転期間などの推移を記載し，中段にはＣＦ計算書，下段にはリスク推定額の計算過程とリスク推定額や改訂純資産額などの推移を記載してある。

なお，参考までに，平成15年度の損益計算書と貸借対照表の主要数値も記載してある。

リスク資産額には資産合計額から現金・預金を控除した残高を採用している。

第Ⅲ部　企業評価の進め方

図表18(1)　フタバ産業主要財務数値及びリスク計算表(訂正前)

	15／3	16／3	17／3	18／3	19／3	20／3	5年間合計
(損益計算書，貸借対照表項目)							
売　　上　　高	197,757	219,484	263,590	325,181	394,859	447,854	
当 期 純 利 益	9,768	8,520	9,708	11,499	12,770	11,046	
現　金・預　金	25,266	17,770	21,868	22,800	13,436	13,918	
売　上　債　権	44,175	46,438	53,325	63,714	73,132	68,800	
棚　卸　資　産	16,904	21,513	26,067	34,408	39,069	46,846	
固　定　資　産	116,525	133,103	150,534	195,388	251,136	276,804	
総　　資　　産	214,530	226,927	265,318	325,238	387,487	418,013	
総資産回転期間(月)	13.02	12.41	12.08	12.00	11.78	11.20	
純　　資　　産	135,760	143,273	153,182	167,862	189,122	198,030	
自 己 資 本 比 率	63.28	63.14	57.74	51.61	48.81	47.37	
(ＣＦ計算書)							
税金等調整前利益		13,781	16,165	19,512	23,466	23,632	96,556
減 価 償 却 費		14,316	17,015	21,949	30,310	38,725	122,315
諸　　調　　整		-5,688	-5,256	-8,709	-6,702	-6,026	-32,381
利　益　要　素		(22,409)	(27,924)	(32,752)	(47,074)	(56,331)	(186,490)
売　上　債　権		-1,715	-6,301	-9,992	-9,073	3,518	-23,563
棚　卸　資　産		-7,516	-6,891	-5,727	-4,231	-7,976	-32,341
仕　入　債　務		8,819	4,273	13,834	5,059	3,549	35,534
そ　の　他		-1,245	2,248	-7,119	296	-647	-6,467
運 転 資 本 要 素		(-1,657)	(-6,671)	(-9,004)	(-7,949)	(-1,556)	(-26,837)
営　業　ＣＦ		20,752	21,253	23,748	39,125	54,775	159,653
投　資　ＣＦ		-24,961	-32,680	-47,420	-80,351	-69,924	-255,336
Ｆ　Ｃ　Ｆ		-4,209	-11,427	-23,672	-41,226	-15,149	-95,683
(リスク計算)							
運 転 資 産 計		-9,231	-13,192	-15,719	-13,304	-4,458	
リ ス ク 発 生 額		-19,876	-28,857	-41,190	-63,345	-35,657	
成 長 リ ス ク 額			-83,260	-118,123	-153,268	-169,049	
資 産 リ ス ク 額		-83,663	-97,380	-120,975	-149,620	-161,638	
リ ス ク 推 定 額		-83,663	-97,380	-120,975	-153,268	-169,049	
リ ス ク 構 成 比		-36.87	-36.70	-37.20	-39.55	-40.44	
改 訂 純 資 産		59,610	55,802	46,887	35,854	28,981	
改訂自己資本比率		26.27	21.03	14.42	9.25	6.93	

当社では平成15年度以前でも粉飾が行われていたが，それほど大きなものでなかった模様であり，平成16年度において一括して訂正している。

また，平成21年度第1四半期まで粉飾が行われていたが，年次財務諸表での粉飾は平成20年度までなので，図表18(1)では，粉飾期間として，平成15年度と，粉飾年度の同16年度から同20年度までの計6年間の推移を記載してある。また，ＣＦについては，粉飾期間である平成16年度から同20年度までの5年間の合計値も右端に記載してある。

② 粉飾のチェック

まず，訂正前の図表18(1)から，粉飾のチェックを行う。

総資産回転期間は，粉飾スタート前の平成15年度では13.0か月であり，製造業者として正常なものと見ることができる。平成16年3月期からは回転期間は低下傾向にあり，同20年度には，11.2か月になっていて，5年間の動きも正常と見られる。

売上債権や棚卸資産などの主な流動資産の構成要素の回転期間も，横ばいか，低下傾向にあるし，流動資産全体では6.0か月から3.8か月に大きく低下している。

固定資産回転期間は7か月前後で推移していて，やや高めだが，年度を通じてほぼ安定的である。

回転期間から見ると，当社の資産の変動状況は正常であり，大規模な粉飾の兆候は感じられない。

借入金依存度が年度ごとに上昇しているが，基礎資金構成比はほぼ一定で安定的である。自己資本比率が低下していることから，当社では，売上増による資金需要の増加に純資産の増加が間に合わずに，主に借入金で賄っているために，借入金依存度だけが上昇したものと解釈される。基礎資金回転期間が特に上昇していないことから，借入金依存度の上昇は粉飾の兆候ではないと推察される。

ＣＦ計算書では，運転資本要素が5年間の合計で268億円のマイナスになっているが，売上高は平成15年度の売上高1,978億円に比べ，平成20年度までの

5年間に2,501億円も増加している。

　当社の3要素総合回転期間を1.5か月とすると，売上増による3要素総合残高の増加高は313億円程度になると推定できるので，3要素総合残高で運転資本全体の動きを代用できるとすると，運転資本要素のマイナスは，売上増によるものであることが推察できる。

　投資CFが5年間の合計で2,553億円も増加しているが，この期間中に1,223億円の減価償却を実施しているので，純増額は1,330億円であり，売上高の増加から見て，特に異常な増加と決め付けることはできない。

　以上から，この5年間において，大規模な粉飾が行われていたことは，CF計算書からも発見は困難と思われる。

　当社の粉飾発見のポイントは，5年間における売上高の増加を粉飾と見るか否かにかかっていると考えられる。

　当社の訂正後の数値によるリスク推定額は，常に資産リスク額が成長リスク額を上回っているが，それでも，平成21年度まではリスク発生額はマイナスになっているし，平成20年度までは，成長リスク額は，資産リスク額に近いマイナスの金額になっている。それが，平成21年度以降はリスク発生額がプラスになり，平成22年度には成長リスク額もプラスになっている。このことから，粉飾期間の5年間においては，粉飾訂正後の真実の売上高でもある程度の増加のあったことが推察できる。

　ただ，訂正後のCF計算書では，5年間における運転資本要素の合計額は76億円のマイナスに過ぎないことから，売上増はそれほど大きなものでなかったことが推察される。

　売上増の大部分を，粉飾ではないにしても，実体のない形式的なものであったと見ると，運転資本要素のマイナスの大半は粉飾によるものと判断できるし，投資CFのマイナスも固定資産の水増しによるものが多く，仮に水増しではないにしても，投資が失敗に終わり，減損処理が必要な含み損が増えていることが推察できていたと思われる。

　しかし，当時は，自動車業界は絶好調で，トヨタをはじめ，自動車関連業者

も揃って売上高が大幅に伸びていた時期だし，日本を代表する大監査法人が監査をして適正の意見を表明しているものを，粉飾と判断するのは困難であったと思われる。

③　リスク推定額による企業評価法について

図表18(2)は粉飾訂正後のもので，平成16年度から同21年度までの期間の推移表である。

図表18の(1)と(2)を比べてみると，平成20年度末の純資産額が，粉飾訂正前では1,980億円であったものが，粉飾訂正後では942億円に減少していて，減少額1,038億円が，平成20年度までの粉飾累計額ということになる。平成21年度にも381億円の当期純損失を計上しており，この中には，粉飾の訂正額が含まれている可能性もあるが，確認が困難なので，ここでは詮索はしない。

平成20年度末の訂正前と訂正後の資産合計額では，訂正前の方が959億円多いことから，大部分の粉飾は資産の水増しで行われていたことが推察される。

資産水増しの主なものは，固定資産762億円，棚卸資産180億円である。

平成20年度末の粉飾訂正前の数値で見ると，リスク推定額は1,690億円であり，粉飾額1,038億円のほかに652百万円のリスクを抱えていたことを示している。他方，同じ時点の粉飾訂正後の推定計算では，リスク推定額は資産リスク額の1,233億円である。この資産リスク額に粉飾額を足した2,271億円が，平成20年度末における訂正前のリスク推定額でなければならないのだが，実際にはこれより581億円だけ少ない。これは，訂正前のリスク推定額は成長リスク額であり，4年間のリスク資産増加額であるのに対して，訂正後のリスクス推定額は，リスク資産額残高の40％として推定していることから出てきた誤差である。

訂正前のリスク推定額1,690億円には，粉飾金額は全額含めることができるし，粉飾金額のほかに，過少ではあるが，資産リスク額が652億円を含んでいる。このことから，本章におけるリスク推定法により，粉飾額も含めてリスクの大枠を把握できることが期待できる。

当社の場合，粉飾初期の平成16年度においては，粉飾も含めたリスクが全額

図表18(2) フタバ産業主要財務数値及びリスク計算表(訂正後)

	16／3	17／3	18／3	19／3	20／3	21／3
（損益計算書，貸借対照表）						
売　　上　　高	219,484	263,792	325,523	394,739	447,825	385,892
当　期　純　利　益	7,699	2,478	−12,194	−33,176	−13,061	−38,054
現　金　・　預　金	17,770	21,868	22,800	13,436	13,918	12,479
売　　上　　債　　権	47,004	52,711	63,168	73,042	68,860	42,861
棚　　卸　　資　　産	20,153	24,807	26,132	26,284	28,850	18,476
固　　定　　資　　産	133,254	146,739	180,339	194,425	200,607	173,882
総　　資　　産	226,029	257,518	300,790	316,465	322,103	257,525
総資産回転期間(月)	12.36	11.71	11.09	9.62	8.63	8.01
純　　資　　産	142,452	145,131	136,515	111,254	94,219	46,375
自　己　資　本　比　率	63.02	56.36	45.39	35.16	29.25	18.01
（ＣＦ計算書）						
税金等調整前利益	13,218	9,292	3,315	−22,433	285	−36,480
減　価　償　却　費	14,477	18,112	23,907	54,837	36,780	51,831
諸　　　調　　　整	−5,580	−5,256	−7,860	−6,191	−7,333	−6,609
利　　益　　要　　素	(22,115)	(22,148)	(19,362)	(26,213)	(29,732)	(8,742)
売　　上　　債　　権	−2,199	−5,730	−10,025	−8,950	4,098	22,232
棚　　卸　　資　　産	−7,946	−4,991	−712	278	−2,765	9,119
仕　　入　　債　　務	10,423	4,273	13,834	5,139	3,930	−30,107
そ　　の　　他	−1,254	2,275	−6,969	409	−767	5,029
運　転　資　本　要　素	(−976)	(−4,173)	(−3,872)	(−3,124)	(4,496)	(6,273)
営　　業　　Ｃ　　Ｆ	21,139	17,975	15,490	23,089	34,228	15,015
投　　資　　Ｃ　　Ｆ	−25,347	−29,403	−39,163	−64,315	−49,378	−50,251
Ｆ　　　Ｃ　　　Ｆ	−4,208	−11,428	−23,673	−41,226	−15,150	−35,236
（リスク計算）						
運　転　資　産　計	−10,145	−10,721	−10,737	−8,672	1,333	31,351
発　生　リ　ス　ク　額	−21,015	−22,012	−25,993	−18,150	−11,265	32,931
成　長　リ　ス　ク　額	−68,015	−77,554	−97,220	−87,170	−77,420	−22,477
資　産　リ　ス　ク　額	−83,304	−94,260	−111,196	−121,212	−123,274	−98,018
リ　ス　ク　推　定　額	−83,304	−94,260	−111,196	−121,212	−123,274	−98,018
リ　ス　ク　構　成　比	−36.86	−36.60	−36.97	−38.30	−38.27	−38.06
改　訂　純　資　産	59,148	50,871	25,319	−9,958	−29,055	−51,643
改訂自己資本比率	26.17	19.75	8.41	−3.15	−9.02	−20.05

損失になっても，なお，改訂自己資本比率は，ほぼ安全水準にあり，急速に経営破綻に至るようなことはないと判断できる。

本章でのリスク推定による企業評価法は，粉飾のケースにも効果的であるとする仮定は，フタバ産業に関する限り，あてはまる可能性が高いと思われる。

フタバ産業の粉飾について，粉飾発見を困難にした原因に，売上高が実質的に水増しされていたことのほかに，当社の財政状態が優良であったことを上げることができる。平成16年度末の自己資本比率が63％を超えていて，無借金状態に近い会社が，大掛かりな粉飾などするとは誰も考えないだろう。

自己資本比率が高いことについても粉飾を疑う必要があったのかもしれないが，粉飾で自己資本比率を63％にまで水増しする必要性などないので，それほど大きな粉飾はなかったと考えるのが普通である。

しかし，財政状態が至って健全であったおかげで，フタバ産業では1,038億円もの粉飾を訂正しても，なお純資産が943億円も残ったし，訂正後の自己資本比率も29.3％であり，標準値に近い水準を維持できている。したがって，粉飾を見逃したにしても，取引先などは実害を受けないことになる。

もし当社の平成15年度末における純資産が半分の678億円で，自己資本比率が32.1％程度であったとすると，32.1％でも標準値に近い立派な数値なのだが，5年後に1,038億円の損失が出ると，大幅の債務超過になる。

この意味では，自己資本比率をリスクの抵抗力としたリスク評価法は的を射ていて，粉飾の場合にも適用できることが推察される。

④ 業績優先主義の落とし穴

問題は，粉飾などする必要性など感じられないのに，なぜ，大掛かりな粉飾に走ったのかにある。

当社では，社長が業績優先主義に徹していて，経理部などの非営業部門には十分な人員を配置せず，経理部員には過重な負担を課していたとのことである。また，社内情報収受システムの不備により，経理部には会計処理上必要な情報が伝わっていなかったようだ。

営業部などの現業担当者は，社長の号令に応えるために，できるだけ利益を

多く出すのに都合のよい会計処理を要求するし，経理担当者も営業部や製造部門に協力して，不適切会計処理に走った。建設仮勘定を本勘定に移さずに放置したり，仕掛品の売上原価への振替をしなかったり，減損処理を怠るなどで，5年間に不適切会計処理によるつけが1,000億円を超えてしまった。

粉飾の意図などなかったが，一部の経理担当者は不適切な会計処理の内容を理解せずに，独自の簡便な処理法が適切なものと誤認していたとのことである。

会社側の言い訳はどの程度信用できるかは分からないが，社長の強欲か，行き過ぎた業績優先主義が原因で，会社をあげて不必要な粉飾に走ることになり，結果として，信用失墜という大きな対価を支払う結果になったものと推察できる。

当社の訂正前の数値では，売上高には，ほとんど粉飾がなかったようで，平成20年3月期においても，売上高は僅か34百万円の減額修正を行っているだけである。

粉飾と決め付けるほどの水増しはなかったが，実体を伴わない売上高で膨らんでいて，それが，資産の増加にもかかわらず，資産の回転期間を低く抑える作用をしたことが推察できる。

当社は，その後，トヨタ自動車の管理下に入って再建に着手し，平成21年，22年度には当期純損益の赤字が続いたが，平成23年度には黒字化を果たし，平成24年度も9億円の当期純利益を計上する予定になっている。

第 2 章

企業評価法

1　企業評価法について

(1)　企業評価の前提

　本章の目的は，財務情報により，企業の安全性を評価することにある。

　企業の究極の目的は，安定的に経営を続けることにある。

　従業員が安心して仕事を続けるため，あるいは，取引先が安心して取引を続けるためなどには，将来にわたって企業が安定的に存続することが条件になる。それも，だんだん内容が悪くなって，程度を落としながら継続するのではなく，少なくとも，現状を維持しながら事業を継続するのでなければならない。企業の安全性は，企業を安定的に継続させることによって守られる。

　しかし，これは安全性の最低の条件である。次の目標として，将来性にも注目しなければならない。現状を維持できるだけではなく，今後，成長を続けて，更に上を目指せるかどうかをも，安全性の基準に加える必要がある。

　ただ，本書は，主に外部の利害関係者や分析者による企業評価を前提にしているので，不確実性の多い将来のことまで予測するのは困難と思われることから，少なくとも，予測できる期間の範囲内において，現状程度の経営を安定的に続けられるかどうかに焦点を当てることにする。

　企業の社会貢献も，これからの企業経営の重要な目的の一つになる。雇用維持や社会貢献なども企業評価に加えたいのだが，現状では，これを評価する適

当な指標や方法が見付からないので，将来の課題として残しておくことにし，ここでは，取り上げない。

(2) 企業評価の骨組みについて
① 企業の安全性と自己資本比率
　企業の継続を脅かすのは倒産である。企業を倒産に追い込むのは，財務の破綻である。財務の破綻は，主に業績の悪化による赤字の発生により起こる。

　企業は業績が順調な間は，倒産などの心配はない。しかし，景気の悪化，競争の激化，先行きの読み違い，などさまざまな原因で，業績が悪化に向かうことがある。また，リスクが発現して，巨額の損失を被ることもある。

　企業の安全性を守るためには，企業はリスクや損失に対する抵抗力を持たなければならない。企業の安全性は，リスクや損失に対する企業の抵抗力で決まることになる。中でもリスクに対する抵抗力が重要である。通常の損失は，景気の動向などによりある程度は予想がつくし，突然，巨額の損失が発生することなどは，粉飾が発覚した場合などを除いてそれほど多くはない。他方，リスクによる損失は，予想ができないし，突然襲ってきて，しかも，金額も巨額に上ることがある。

　リスクの種類や大きさは，業種ごと，地域ごと，会社ごとなどで違うので，会社ごとに推定することが必要だが，外部の分析者などには，企業ごとのリスクの大きさなど推察するのは困難なので，ここでは，一般論としてリスクを取り扱うことにする。

　リスクが大きくても，それ以上に，会社のリスクに対する抵抗力が大きいと安全性は維持できるとの考えにより，リスクと会社のリスク抵抗力とを比較することで安全性を評価する方法をとることにする。

② 企業安全性の構造
　通常の企業倒産は，損失が続くか，リスクに見舞われて巨額の損失を出した結果，債務超過に陥ることで起こる。

　損失が続いても，純資産が多く，自己資本比率が高いと，当分の間は純資産

を食い潰して生き延びることができる。赤字が続いても，自己資本比率がそこそこの段階にある間は，金融機関も融資を続けてくれることが期待できる。

結局，自己資本比率が高いほど，安全性が高いことになるので，純資産が安全性の防波堤になるし，自己資本比率が，安全性測定の尺度になる。

しかし最近は，自己資本比率がまだ，そこそこに高い会社が倒産する黒字倒産の事例が増えている。

通常，黒字倒産とは，損益がプラスなのに倒産することをいうようだが，筆者は，資産超過の状態での倒産を黒字倒産と呼ぶことにしている。

黒字倒産の多くは，粉飾か，粉飾類似の操作により，純資産を水増ししているケースが多く，実質的には，債務超過に陥っている会社に多い。

粉飾ではなく，実質的にも，資産超過の状態で倒産する会社でも，業績低迷状態が続いていて，このままでは損失が増えて，遠からず債務超過に陥ることが予想される会社に多い。したがって，黒字倒産とはいっても，やはり，基本的には債務超過が倒産の前提条件になっていると考えられる。

そこで，リスクや損失の抵抗力の中心に自己資本比率を置き，これを支えるものとして，収益性を考える。自己資本比率が一定水準以上で，かつ，収益力がプラスの企業は，当面の安全性は高いと評価するのである。

現在，収益力がプラスの企業でも，業績が下降傾向をたどっているのなら，やがては収益力が低下して，純資産を補強する役割を果たせなくなる。収益性と同時に将来性が備わってこそ，企業の安全性が守られる。

企業の安全性を守るのは，純資産であり，それを支えるものに，収益性と将来性があることになる。

③　1年ごとの評価の見直し

会社にとっては，長期的な安全性が大切なのだが，変化が激しい現在においては，長期的な予想は困難である。いつ何どき，環境の変化などについていけずに落伍したり，リスクに見舞われて，優良会社が突然，倒産危険会社に転落する可能性があり，長期の安全性などの予測は不可能に近い。

そこで，企業評価では，できるだけ調査の頻度を増やして，業績や財務にお

ける変化を早期にキャッチすることが必要になる。

　企業経営の良否は，財務情報を通してしか測定することができないことが多い。それも，過去の実績についての情報が中心になるので，遠い将来のことなど推察するのは困難である。結局，当面の安全性で評価しておいて，変化を察知すれば，素早く評価を引き下げることで対応するのが現実的な評価法になる。そのためには，適当な時期における安全性の見直しが必要になる。

　そこで，見直しの頻度が問題になるが，ここでは1年ごとに見直しを行うことを前提にする。1年というのは会社の決算期間に合わせたものである。

　財務の安全性は，会社が発表する財務諸表の数値により評価することになるのが普通だが，有価証券報告書など公開していない一般の会社では，財務諸表は1年に1回しか入手できない。有価証券報告書を公開している上場会社からは四半期報告書により，四半期ごとに財務諸表の入手ができるが，詳しい情報は年に1回公開される有価証券報告書によることになる。しかも，四半期の財務情報には，いわば仮決算の要素が強いし，損益などは年次決算によらないと，正規の数値が分からないことが多いので，年に1回の決算期の財務情報が特に重要になる。

　財務の安全性を，年に1回の年次財務諸表により評価し，その後1年ごとに見直すことにする。そのため，財務安全性の評価は，少なくとも1年間は通用するものである必要があるのだが，1年間では不十分なことが多い。

　取引先との取引や与信方針などについて，次の年度の財務諸表による見直しの結果，与信限度額の大幅減額や，取引中止などの方針が決まったとしても，方針変更の効果が実現するまでには，通常は半年程度の期間が必要である。

　取引を中止する決定がなされたとしても，商談中の取引を途中で打ち切ることなどできないことがある。契約残を消化して，代金の回収を済ませるのには少なくとも半年程度の期間が必要である。したがって，一度安全性の評価を下したら，少なくとも1年半程度は安全性が維持できていることを前提に評価をする必要がある。

　実際問題としては，1年半でも短すぎるので，1年半といわず，できるだけ

長期間維持できるものであることが望ましい。自己資本比率と収益性の評価に加え，収益性や，収益の将来性にも留意し，人材の育成，新製品や新市場の開発状況などにも注目して，できるだけ長期の予想ができるようにする努力が必要である。

　財務諸表の数値は，粉飾により歪められている可能性がある。粉飾により歪められた数値で評価するのは意味がないどころか，有害でもある。

　そこで粉飾調査が企業評価には不可欠の手続きになる。利益粉飾は資産水増しにより実行されることが多い。資産の水増しは資産効率性の悪化となって表れるのが普通なので，ここでは，粉飾性の調査を資産効率性の調査に含めることにする。

④　財務安全性の構造

　以上を総合して，**図表19**の財務評価の体系を，本書でも基本的な評価体系に設定する。財務安全性の中心に自己資本比率を置き，自己資本比率を支える柱として，収益性，将来性，効率性，その他，を設置するのである。

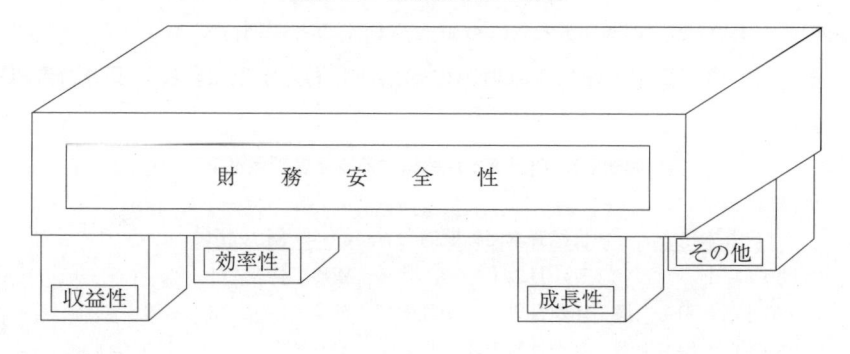

図表19　財務安全性の構造

2 企業評価法各論

(1) 財務安全性の評価
① 自己資本比率について

前章で説明したとおり，通常の企業では，当期純損益が赤字になった場合でも，年間の赤字額は総資産の20％を超えることは少ないし，3年程度も損失が続いても，累積損失額が総資産の30％を超えることは稀である。自己資本比率が30％程度以上あれば，1年半程度は債務超過にならずにもちこたえられることが期待できる。したがって，例えば与信を伴う取引先について，1年後の見直しにより取引中止を決めた場合でも，契約残を履行して回収まですませられよう。

また，大規模なリスクに見舞われた場合でも，リスクによる損失額は，リスク資産の40％程度に収まるし，総資産中に占めるリスク資産の比率が90％程度とすると，総資産の36％程度に収まることが多い。したがって，自己資本比率が40％もあれば，大抵のリスクにも耐えられることが期待できる。

そこで，自己資本比率により財務の安全性を測定するために，下の**図表20**の基準を設定する。

図表20 自己資本比率による安全性評価基準

評価基準

自己資本比率	自己資本回転期間	評　　価	格付	
50％以上	5か月以上	極めて健全	Ⅰ	
40％以上50％未満	4か月以上5か月未満	健全	Ⅱ	
30％以上40％未満	3か月以上4か月未満	やや健全	Ⅲ	↑ 安全領域
20％以上30％未満	2か月以上3か月未満	やや脆弱	Ⅳ	
10％以上20％未満	1か月以上2か月未満	脆弱	Ⅴ	
10％未満	1か月未満	危険	Ⅵ	↓ 危険領域

自己資本比率のほかに，自己資本回転期間を評価の基準に加えたのは，総資産が比較的少ない会社に適用するためである。総資産が少ない会社では，通常

の会社に比べて相対的に自己資本比率が高くなる。売上高もリスクの対象になるのが普通なので，売上高に比べ総資産が少ない会社は，自己資本回転期間で評価をするべきであるとの考えから，自己資本回転期間も評価の尺度に加えたものである。

　回転期間の方がややゆるめになっているのは，リスクは売上げよりも資産に関係するとの考えによる。

　自己資本比率と，自己資本回転期間のそれぞれにⅠからⅥまでの6段階のランク付けをして，どちらか低い方のランクを採用する。

　自己資本比率10％未満，又は自己資本回転期間1か月未満を危険としたのは，10％程度では，少しの損失でも債務超過に陥る危険性が大きいし，10％にも満たない会社には，実際には，債務超過になっているのに，粉飾で，資産超過を装っている会社が多いからである。10％又は1か月未満は，債務超過と同等に扱って，最低の格付に評価する。

② 30／10の法則

　筆者は，以上に述べた自己資本比率の性質から，自己資本比率について"30／10の法則"を会社の安全性評価の大まかな基準に利用している。

　自己資本比率が30％以上であれば，当面のところは，まずは安全と評価できるし，10％未満なら危険と見るのである。10％と30％の中間はグレーゾーンであり，更に詳細な調査により，評価を決めるのである。

③ **内部留保率**

　自己資本比率による評価を補強する指標に内部留保率なる比率を利用する。内部留保率は，利益剰余金の純資産に占める比率のことであり，下記の計算式で求める。

　　内部留保率＝(利益剰余金÷純資産)×100％

　自己資本比率が高い会社でも，内部留保率が低いのは，業歴が新しく，まだ，利益を安定的に計上できるところまでいっていないので，利益の内部留保が進んでいないか，古い会社でも，利益と損失が交互に続くなどで内部留保がたまらない会社である。あるいは，過去に損失が続いたり，リスクの発現などで，

多額の損失を計上して，内部留保を食い潰したかのどちらかの会社である。

前者の会社は，現在は自己資本比率が高くても，収益性についての実績がないために，将来にわたって現在の自己資本比率を維持できるかどうかが未知数の会社であり，自己資本比率が高くても，安全性が高いとは評価できない。

後者には，斜陽の会社が多く，このまま赤字体質が続けば，資本金も食い潰して債務超過に至る恐れのある会社である。これから収益性を回復させて内部留保を増やす必要があるのだが，長期間赤字が続いている会社は，そのままジリ貧状態が続いて，倒産に至る危険性が高い。

利益剰余金が大幅赤字になっているのに，自己資本比率を依然として高い水準に維持している会社には，新興株式市場に上場して多額の資本を調達したが，赤字が続いて，資本金を食い潰している会社に多い。このような会社では，赤字の継続により，取引が尻すぼみになって，総資産も縮小しているので，資本金の食い潰しが続いても，比較的高い自己資本比率を維持できるのである。

売上高が増加を続けていて，利益も上がっている会社では，総資産が増えるが，利益の内部留保により純資産も増えるので，自己資本比率は上昇するか，少なくとも横ばい状態を続けるのが普通である。主に内部留保の増加により純資産を増やしている場合には，内部留保率も上昇する。

売上増が続いても，利益の増加が伴わないと，純資産の増加は専ら増資などによることになるので，自己資本比率は下がらない場合でも，内部留保率は低下を続ける。

自己資本比率がそこそこに高いのに，内部留保率が低い水準に留まっている会社には，粉飾により，売上高増を装っている会社がある。売上高の水増しにより，利益を水増しして，赤字を表に出さないが，内部留保を増やすほどには，利益の計上ができない。他方，成長性を宣伝して，増資を募り，資本金を増やすので，自己資本比率は下がらない。

順調に利益を上げている会社では，内部留保率は少なくとも50％程度以上であるのが普通である。逆にいうと，純資産の半分程度は，自前で稼いだ利益を積み上げたものでないと一人前の会社とはいえない。

内部留保率が50％程度以下の会社は，人間に例えると，成人になったが，能力的にはまだ一人前とは認められない状態に留まっているか，何年経っても一人前にはなれない人物である。あるいは，大病を患って，体力が衰えたままの状態にある人物である。

　自己資本比率が高くても，内部留保率30％以下の場合には，図表20によるランクを下げることも考慮する必要がある。

④　借入金依存度

　自己資本比率が高い会社でも，資金繰りが破綻して，黒字倒産する可能性がある。そこで，資金繰り状態を示す可能性のある指標として，借入金依存度などを取り上げる。自己資本比率が安全領域にあっても，例えば借入金依存度が55％程度を超えている場合には，格下げを考える必要があるなどである。

　借入金依存度が55％程度を超えている企業は，通常では，自己資本比率は低いのだが，自己資本比率が30％以上であっても，資金繰りが忙しいため，経営が不安定になるし，資金不足が生じた場合にでも，既に限度枠一杯に借りているために，調達余力の少ない会社と見ることができ，黒字倒産の危険性のある会社と見ることができる。

⑤　改訂自己資本比率

　自己資本比率が安全領域以上であっても，改訂自己資本比率が10％以上のマイナスの会社は1階級格下げを検討する必要がある。

　リスク推定額が40％程度を超えている企業については，無理な成長戦略をとっていないかを調べるとともに，粉飾による資産の水増しでないかを，効率性の調査において，慎重に調べる必要がある。

　改訂自己資本比率でも30％以上の会社は，2度の大規模リスクにも耐えられる会社であり，長期的にも安全と見られる会社である。

(2)　収益性の評価

　財務安全性についての自己資本比率による評価手続により，収益性のテストは既に一応は終了している。自己資本比率が30％以上なら，安全領域にあると

するのは，自己資本比率が30％程度あれば，通常の損失では1年半程度はもちこたえられるとの前提によるものだからである。

したがって，ここでのテストは，この前提の確認のためのものであり，売上高（又は総資産）経常利益率と売上高（又は総資産）当期純利益率などの2つの比率などがよいだろう。

経常利益により経常的な収益力を見るし，当期純利益により，最終損益を見るとともに，特別利益や特別損失を通して，リスクの発現状況や含み損益の状況などを推測する。次節の実例による評価では，経常利益には，売上高利益率をとり，当期純利益には，総資産利益率を採用しているが，これは，売上高と総資産の間に大きな違いがあるときには，両方による計算結果を見比べて，適当な方を選ぶことなどに便利と考えたからである。

経常損益と当期純損益が黒字基調にあるが，当期だけが赤字であり，しかもそれほど大きな赤字でない場合には，自己資本比率による安全性の評価は修正する必要はない。

内部留保率もある意味では，収益性の指標でもある。この比率が高いのは，少なくとも過去のある期間収益性が高かったことを示しているし，現在の経常利益が黒字であるのなら，現在も収益性が高いことを示している。

(3) 将来性の評価

将来性についても，(2)の収益性と同じで，財務安全性の自己資本比率による評価手続により，一応は終了している。評価の有効期間を1年半程度に限定する評価では，短期間に収益性の方向が変わっても，大事に至ることはないとの前提で評価をしている。

それに，将来性など予測できるのは，1年後程度までで，それ以降は，現在上向きなら，将来も上向くし，現在が下降傾向にあるのなら下降傾向が続くだろうといった観測しかできないことが多いと思われる。

将来性を測定する指標としては，試験研究費や社員研修費の大きさ，新規設備投資や新入社員採用状況などが考えられるし，有望な新製品の存在，新事業

や新市場への進出計画の有無などの質的情報も将来性を推定するのに役立つが，いずれも，外部の分析者には正確な情報を入手するのは困難である。試験研究費や新規設備投資などは，有価証券報告書の記載から金額や大まかな内容程度は分かるが，それが，将来性にどの程度結びつくものかまでは正確には判断できないことが多い。その他の質的要因については，計画などが分かってもその評価は困難であるなど，効果的な情報が入手できないことが多いと思われる。

　ただ，主力商品の最盛期が過ぎて，将来は，収益力の低下することが確実に予想されたり，規制の緩和により，将来性が脚光を浴びている場合のように，将来の趨勢を決める具体的な要因がある場合には，中期的な展望から，現在の評価を変えることが必要になることもあるだろう。

(4) 効率性（粉飾性）の評価

　効率性の良否は，端的には利益率と資産回転期間に表れる。

　利益率の主なものに，売上高利益率と総資産利益率がある。前者は売上高に対して利益が多いか少ないかを示し，後者は運用している資産に対して利益が多いか少ないかを示すし，資産回転期間は，運用している資産に対して売上高が多いか少ないかを示す。

　利益率などにより示される収益性の良否などは，現時点における効率性を示すのだが，資産回転期間などによる資産の効率性は，将来の収益性を示す可能性がある。資産効率性は，例えば設備の効率性などは，長期にわたって発揮するものだし，企業の体質に関係するものでもあるからである。企業体質は短期間に変わるものではなく，将来にも受け継がれることが多い。

　資産効率性は，将来の収益性などを示す指標になる可能性があるのだが，粉飾の可能性を示す指標としても重要である。大規模な粉飾がある場合には，資産が著しく膨らむことが多いからである。

(5) そ の 他

　その他にはさまざまなものが考えられるが，ここでは，リスク推定額とリス

ク抵抗力を取り上げたい。リスクは資産の保有高に関係するし，粉飾にも関係するので，本書では(4)の効率性に含めて，評価することにする。

第Ⅳ部

四半期財務諸表分析法

- ● 四半期財務諸表分析の利点
- ● 四半期分析法各論

第1章
四半期財務諸表分析の利点

1 四半期財務諸表について

　金融商品取引法の成立により，上場会社等は，平成20年4月1日以降に始まる会計年度から四半期報告書を公開することになった。それ以前においても，各証券取引所では自主ルールにより，上場会社に四半期財務・業績の概況の開示を義務付けており，これには，四半期貸借対照表や四半期損益計算書などが記載されていたのだが，すべての会社が開示しているわけではなかった。

　法律により作成を義務付けられてからでも，既に3年半を経過し，3月決算の会社では，平成23年9月末の平成24年度第2四半期までには，年次財務諸表を含め，合計で14四半期分の四半期財務諸表が入手できたことになる。年次財務諸表も，第4四半期財務諸表として，四半期財務諸表に数えることができるからである。

　四半期財務諸表の構造は，やや簡略化されているほかは，基本的には年次財務諸表と同じであり，簡略化されている分だけ情報量が少ないが，3か月間という短期間に入手できるメリットがある。また，四つの時点や期間の財務情報の入手ができるので，年次財務諸表ではできなかったさまざまな分析手法の利用ができる。また，決算日後45日以内に公表されることになったことのメリットは大きい。

2　四半期財務諸表の特徴

　四半期財務諸表を財務分析に利用することによる主なメリットを挙げると，以下のとおりである。

① 情報の迅速な入手が可能になる

　財務諸表を入手できる頻度が多くなったし，決算日後45日以内に公開されることになった結果，情報入手の時期が早くなった。

　有価証券報告書を作成していない通常の会社では，例えば，3月決算の会社で，年度初の4月に発生した取引についての情報は，外部の分析者などは，翌年の3月末に決算が締め切られてから早くて3か月後の6月末にしか財務諸表を入手できない。

　四半期財務諸表は，各四半期末から45日以内に公開されるので，4月に発生した取引の情報は，その年の8月14日までには入手できる。

　迅速な情報の入手により，景気変動などの影響を早期にキャッチできるなどのメリットがある。

② 分析結果の追跡調査が短期間に頻繁にできる

　財務分析においては，事後の追跡調査が大切である。

　年次財務諸表しか入手できない場合には，次の財務諸表が入手できるまでに1年の期間があるので，追跡調査は1年後にしかできない。

　四半期財務諸表が入手できる場合には，3か月後には追跡調査の実施ができる。

　例えば，前年度に比べ売上債権回転期間が著しく伸びていることから，売上債権水増しの粉飾が疑われた場合でも，外部の分析者では，それが粉飾によるものと断定することができないのが普通である。相手方の経理責任者に問い合わせても，たまたま回収期間の長い得意先向けの売上高が多かったためなどと上手に言い逃れをされると，それ以上は追求できない。

　その場合には，翌年度の財務諸表を見て，回転期間が正常な期間に戻ってい

れば，たまたまの伸張であったと納得できる。ところが，翌年度も回転期間が伸びたままであったとすると，粉飾の疑いはますます濃厚になるが，2年続けて，たまたま回転期間が高くなるということもありうるので，粉飾と断定することができないこともある。3年目でも長期化したままだすると，その時点でやっと，何か異変が起きていることが確信できることになるのだが，2年間も待って粉飾が確定するのでは，手遅れになってしまうことが多いだろう。

四半期財務諸表が入手できる場合は，3か月後には次の四半期財務諸表で確認できるし，次の四半期財務諸表で確認できなくても，更にその次の四半期財務諸表で確認できるなど，追跡調査が，短期間に，頻繁に実施できる。

売上債権のように，3か月程度の期間で回転する資産や負債などについては，前の四半期での出来事は，次の四半期には結末がついているのが普通なので，異常性のものか，偶発性のものかなどは，四半期後の追跡調査により確認できることが多い。

③　異常が目立つので異常の発見が容易になる。

特定の経費が急増した場合など，年単位では，全体の金額が大きいので，異常が目立たないが，四半期では，全体の金額が少ないので，異常を発見しやすくなることがある。

また，あるシーズンにだけ現れる現象が，そのシーズンの四半期財務諸表により，より鮮明に捕らえることができる。例えば，冬のボーナスの支払状況や，ビルの屋上のビヤガーデンの売上高などである。

④　年度末における利益操作などの発見が容易になる

年度末に，売上高を水増しした場合などでは，年間の売上高では目立たなくても，当該四半期の売上高が大きく膨らむので，粉飾を発見できる可能性が大きくなる。

また，年度末に，翌年度の売上高の先行計上を行った場合，第4四半期の売上高が著しく増えるが，翌年度第1四半期の売上高が激減することが多いので，第4四半期に発見できなくても，次の第1四半期で発見できる可能性がある。

⑤ 季節ごとの変動の影響が分かる

四半期財務諸表により，季節変動の影響が分かる。

年次財務諸表しか入手できない場合には，貸借対照表では，決算期末の状態しか示さないし，損益計算書などは，1年単位のものしか入手できない。

四半期財務諸表が入手できる場合には，1年間の四つの異なる時点と四つの異なる期間の情報が入手できる。

夜空に浮かぶ月については，これまでは地球から見える表側だけしか観測できなかったが，人工衛星のおかげで，月の裏面はもちろん，側面も極地もくまなく観測できるようになった。四半期情報が開示されるようになったおかげで，これまでは年に1回の決算日の財務の状態しか分からなかったのが，裏面も側面も観察できるようになった。

企業の業績や財政状態は季節ごとに変化をすることが多いのだが，四半期財務諸表により四季の変化による影響を観察することができる。

繁忙期と閑散期の別がある企業でも，2シーズンだけなら，中間財務諸表によっても目的を達することができる。

しかし，繁忙期と閑散期のそれぞれの初期と終期で，業績や財政状態などに違いがあるのが普通である。

四半期財務諸表により，シーズンごとの初期と終期の四つの時点の財務の実態などを観察することにより，1年間を通じての業績の変化や財政状態の構造などを，より正確に知ることができる。

借入金残高などは，季節ごとに残高が大きく変動することがある。シーズンに入る前に商品在庫や材料を揃えてシーズン入りに備える必要があり，シーズンはじめには借入金が増えるのだが，シーズンが終わって回収が終わった時点では，回収金で借入金を返済して残高が少なくなるのが普通のパターンである。

シーズンが終わった時点の貸借対照表を見て，借入金が少なくて，財政状態が健全だなどと判断すると，誤った評価をしてしまう可能性がある。

⑥ 流動資産・負債についての回転期間分析がより正確にできる

売上債権などは通常2〜3か月程度の期間で回転する。したがって，四半期

末の売上債権残高の大部分は期末近くの2～3か月間の売上高で構成されていることになる。

図表21は期末における売上債権残高と，直近の各月の売上高との関係を示した図であり，売上高の大部分は3か月後に回収されるとの前提によるものである。

図表21　四半期売上高と四半期末売上債権残高

	売上高	未回収残
0年8月	330	15
0年9月	250	40
0年10月	310	250
0年11月	280	265
0年12月	360	350
合計		920
四半期売上高	950	

売上債権回転期間＝（売上債権残高920÷四半期売上高950）×3か月＝2.91か月

0年8月から同年12月までの各月の売上高と売上高のうちの未回収部分を棒グラフで並べて示してある。12月が四半期の決算月であり，12月の売上高と未回収残高の棒グラフの右側に，売上債権残高を示す棒グラフが描かれているが，これは，各月の売上高の未回収部分の合計額である。

図表21で分かるとおり，期末における売上債権の大部分は，10月から12月までの四半期3か月間の売上高により構成されている。当該四半期以前の売上高は，先に行くほど期末売上債権との相関関係は低くなる。

売上債権回転期間などは，相関関係が高い当該四半期売上高で計算するのが望ましい。年次売上高には，当該四半期とは遠く離れた売上高が含まれていて，四半期末の売上債権とは相関関係が低くなる。

⑦ 予算の進行度が分かる

上場会社では，前年度の決算発表時に翌年度の売上高や経常利益，当期純利益などの予想値を発表する。四半期損益計算書により，売上高などの年間予想値が，四半期ごとにどの程度達成されているかを知ることができる。四半期ごとの予算の達成度から，年間売上高や利益などのより正確な予想ができる。

⑧ 季節ごとの時系列分析ができる

季節変動の影響などにより，四半期ごとに一定のパターンで変動するものが多い。このようなパターンを調べておくと，実際の変動をパターンと比べてみて，パターン通りの動きをしているか，よい方向，悪い方向のどちらに向かっているか，などを判定ができる。

また，第4四半期に売上高が大幅に増えるパターンの企業では，第3四半期までの予算達成率が低くても，第4四半期にはキャッチアップできるなどの予想をすることなどができる。

⑨ 統計的手法の適用範囲が広がる

四半期ごとにデータが入手できるので，短期間に多くのデータの入手が可能になる。

変化が激しい現在において，古い期間のデータは，環境や会社の体質が変わっているなどで，最近の数値との比較ができなかったり，将来の予測には向かなかったりする。それかといって，3年や4年程度の期間では，データ数が少なすぎて，信頼性の高い指標にはならないことが多い。

四半期のデータでは，4年間だと16個のデータがとれるので，回帰分析法などの統計的手法の適用が可能になる。

反対にデメリットの方は，作成者側では，作成の手間や費用がかかることを上げることができよう。また，短期的な業績を気にするあまり，長期的な投資や開発がおろそかになるとの意見もある。

しかし，利用者の立場からは，メリットばかりであり，デメリットなどないということができよう。あえていえば，これまでの半期報告書が第2四半期報告書になったために，これまでは半期報告書で得られていた情報も，四半期情

報では，簡略化のために入手できなくなったことなどがある。

3 四半期財務諸表と粉飾発見

　粉飾などは，年度末に行われることが多い。決算期が近づいて，予算の未達が明らかになると，年度末に売上高の水増しをしたり，翌年度の売上げを先行計上するなどの粉飾が行われることが多い。

　この種の粉飾は，年次情報だけでは発見が困難な場合でも，四半期情報が入手できる場合には，第4四半期の売上高が異常に膨らんだり，第1四半期の売上高が異常に減少することなどから，粉飾発見が容易になる可能性が高い。

　実際問題として，四半期情報の開示が始まった後に，この種の粉飾が減少したし，更に，金融商品取引法により四半期情報の開示が法律で義務付けられてからは，その傾向が更に顕著になっていて，四半期情報開示の効果がてきめんに現れている。

第Ⅳ部　四半期財務諸表分析法

第2章
四半期分析法各論

1　回転期間分析

(1)　四半期売上高による回転期間計算について
①　流動資産・負債について

　前章2⑥で説明したとおり，四半期分析では，売上債権などの流動性の高い資産・負債については，四半期売上高により回転期間を計算するとより正確な回転期間の計算ができる可能性が高い。
　四半期売上高による回転期間の計算は，下記の計算式による。
　　回転期間(月)＝(売上債権四半期末残高÷四半期売上高)×3か月
　この計算法は，前述のとおり，3か月前後で回転する売上債権などの流動資産や流動負債の回転期間の計算には効果的だが，以下のような点に注意する必要がある。
　一般的にいって，回転期間は分母の売上高の期間に大きく左右される可能性がある。
　極端な例として，年間の売上高の全額が年度末に集中して，売上高全額が年度末の売上債権として残っている場合を考える。このケースでは，年間売上高も四半期売上高も，年度末売上債権残高のすべてが同額になる。売上高を，例えば100とすると，年間売上高による売上債権回転期間は，

売上債権回転期間＝(売上債権残高100÷年間売上高100)×12か月
　　　　　　　　＝12か月

により12か月と計算されるし，四半期売上高による回転期間は

売上債権回転期間＝(売上債権残高100÷四半期売上高100)×3か月
　　　　　　　　＝3か月

により3か月になり，両方式による計算値は大幅に違うことになる。

　年度末に売上高が集中した場合には，たとえ実際には翌月に全額回収されるものであっても，1年後に回収されるものであっても，一様に，年間売上高による場合は12か月に，四半期売上高による場合には，3か月と計算されるのである。

　回転期間については，分母の売上高の期間の取り方によって大きく違ってくる可能性のあることに注意する必要がある。

　売上債権にさまざまな内容のものが混じっている場合には，年次売上高によっても，四半期売上高によっても，計算結果の誤差が大きくなる可能性がある。

　建設業者のように，工事費の多くは，前受金や未成工事受入金で入金するので，販売時に計上される売掛金や未収入金などは，売上高から未成工事受入金などを控除した金額になる。他方，売上高の一部は，工事保証金として，1～2年間など長期間支払いを留保されるので，工事未収入金の中身は，回収期間がゼロのものから，1年以上の長期のものまで含んでいる。

　住宅販売会社などは，住宅を販売して相手に引き渡すまでに，前受金や住宅ローンにより契約額の全額を入金していることが多いが，一部に年賦払いのような長期延払条件で販売するものがあると，長短両極端の回収条件の取引が並存することになる。

　これらの企業では，長期回収条件の売上げが多いか少ないかなどにより，年次売上高によっても，四半期売上高によっても，計算誤差が大きくなる可能性がある。

② 固定資産・負債について

　固定資産や固定負債については，四半期売上高よりも年次売上高の方が目的にかなっている。したがって，年度末以外の四半期においては，前年度の年間売上高を利用する方法もあるが，当該四半期から遡って4四半期間の売上高合計を分母にして，計算するなどの方法が考えられる。

　耐用年数が5年で，平均年齢が2.5年の資産については，2年半（10四半期）の売上高によることなども考えられる。

(2) 四半期情報による粉飾チェック例

① A社の例

　回転期間を利用した四半期財務諸表の分析例を，A社の例により検討する。

　図表22は，A社の平成13年度から同21年度までの売上高，経常利益，当期純利益，総資産，純資産の推移表である。

図表22　A社業績，総資産，純資産推移表

年度	売上高	指数	経常利益	利益率	純利益	利益率	総資産	回転期間	純資産	自己資本比率
13年	1,053	100.0	24	2.28	9	0.85	1,778	20.26	520	29.25
14年	2,448	232.5	202	8.25	110	10.45	2,412	11.82	1,187	49.21
15年	2,827	268.5	251	8.88	100	9.50	2,845	12.08	1,419	49.88
16年	3,367	319.8	276	8.20	139	13.20	3,649	13.01	1,497	41.02
17年	3,490	331.4	315	9.03	185	17.57	4,698	16.15	2,640	56.19
18年	2,638	250.5	−775	−29.38	−770	−73.12	3,679	16.74	1,831	49.77
19年	3,619	343.7	77	2.13	71	6.74	2,989	9.91	2,089	69.89
20年	3,394	322.3	281	8.28	158	15.00	3,186	11.26	2,378	74.64
21年	3,767	357.7	75	1.99	33	3.13	3,023	9.63	2,414	79.85

　図表22によると，A社は平成17年度までは順調に売上高が上昇し，経常利益，当期純利益はともにプラスで増加傾向にあったが，平成18年度には一転して売上高は減少し，経常・当期純損益は赤字になった。平成19年度には売上高は再

第2章 四半期分析法各論

図表23 A社四半期ごと売上高と3要素残高・回転期間表 （単位：百万円，月）

	売上高		売上総利益		売上債権		棚卸資産	
		構成比		利益率		回転期間		回転期間
15Q1	193	6.8	−59	−30.6	700	10.9	439	6.8
Q2	1,037	36.7	201	19.4	1,202	3.5	254	0.7
Q3	121	4.3	62	51.2	216	5.4	366	9.1
Q4	1,476	52.2	423	28.7	1,441	2.9	150	0.3
年間	2,827	100.0	627	22.2	1,441	6.1	150	0.6
16Q1	207	6.1	−5	−2.4	1,001	14.5	338	4.9
Q2	985	29.3	121	12.3	1,299	4.0	209	0.6
Q3	368	10.9	34	9.2	407	3.3	170	1.4
Q4	1,807	53.7	633	35.0	2,013	3.3	122	0.2
年間	3,367	100.0	783	23.3	2,013	7.2	122	0.4
17Q1	220	6.3	−20	−9.1	585	8.0	260	3.5
Q2	784	22.5	90	11.5	926	3.5	102	0.4
Q3	251	7.2	25	10.0	486	5.8	224	2.7
Q4	2,235	64.0	766	34.3	2,197	2.9	96	0.1
年間	3,490	100.0	861	24.7	2,197	7.6	96	0.3
18Q1	176	6.7	−101	−57.4	1,476	25.2	336	5.7
Q2	946	35.9	−7	−0.7	1,265	4.0	157	0.5
Q3	288	10.9	−143	−49.7	519	5.4	244	2.5
Q4	1,228	46.6	207	16.9	1,335	3.3	60	0.1
年間	2,638	100.0	−44	−1.7	1,335	6.1	60	0.3
19Q1	637	17.6	61	9.6	898	4.2	176	0.8
Q2	1,053	29.1	94	8.9	1,225	3.5	251	0.7
Q3	619	17.1	152	24.6	642	3.1	260	1.3
Q4	1,310	36.2	486	37.1	1,167	2.7	78	0.2
年間	3,619	100.0	793	21.9	1,167	3.9	78	0.3
20Q1	551	16.2	161	29.2	593	3.2	141	0.8
Q2	1,181	34.8	412	34.9	1,171	3.0	104	0.3
Q3	597	17.6	146	24.5	603	3.0	156	0.8
Q4	1,065	31.4	309	29.0	1,006	2.8	54	0.2
年間	3,394	100.0	1,028	30.3	1,006	3.6	54	0.2
21Q1	436	11.6	133	30.5	341	2.3	212	1.5
Q2	1,079	28.6	263	24.4	938	2.6	302	0.8
Q3	569	15.1	121	21.3	512	2.7	474	2.5
Q4	1,683	44.7	388	23.1	1,374	2.4	102	0.2
年間	3,767	100.0	905	24.0	1,374	4.4	102	0.3

び上昇し，経常・当期純利益は黒字に転換，その後は黒字を続けている。

図表23は，A社の平成15年度から同21年度までの7年間における四半期ごとの売上高，経常利益，売上債権残高，棚卸資産残高の金額と回転期間などの推移表である。

なお，以下においては簡略化のために，期間について，例えば，平成21年3月期は，単に平成21年度と書き，平成21年3月期第2四半期は21Q2などと書くことにする。

売上債権，棚卸資産については，四半期ごとの回転期間が記載されているが，この回転期間は，四半期売上高を分母にして計算したものである。年度ごとに最下行には，年度末残高と年間売上高とにより計算した回転期間を記載してある。

下の**図表24**は，平成15年度から同17年度までと，平成19年度から同21年度までの四半期ごと平均売上高と年間売上高に占める各四半期売上高の構成比を計算した表である。平成18年度は転換期と見られるので，除外してある。

図表24　A社四半期ごと平均売上高及び構成比

	前半期（15～17年度）		後半期（19～21年度）	
	売上高	構成比	売上高	構成比
第1四半期	207百万円	6.4%	541百万円	15.1%
第2四半期	935	29.0	1,104	30.7
第3四半期	247	7.7	595	16.6
第4四半期	1,839	57.0	1,353	37.6

A社では，図表24のとおり，前半期の平成18年度までと，後半期の平成19年度以降とでは，四半期ごとの売上高の構成比に変化のあったことが窺える。

図表23によると，売上債権回転期間では，平成17年度までの各年度ともに，第1四半期の回転期間が著しく長いが，平成19年度以降は，他の四半期と同水準近くにまで低下している。

第3四半期の売上債権回転期間は，平成18年度までは，第1四半期ほどではないが，回転期間が第2，第4四半期に比べてかなり長いのだが，平成19年度

以降は低下している。

　第4四半期については，いずれの年度も，年間売上高で計算した回転期間が著しく長くなっている。年間売上高で計算した第4四半期の回転期間が長くなるのは，次の理由による。

　A社では，第4四半期の売上高が著しく多いために，第4四半期末の売上債権残高も著しく多くなっている。他方，年間の売上高は，第4四半期における増加は他の四半期売上高と平均されるのでそれほど大きな数値にはならない。大きく膨らんだ売上債権残高を分子にし，平均的な年次売上高を分母にするので，回転期間は，実態以上に長く計算される結果になったものである。

　売上債権回転期間の計算値が伸びるということは，その分だけ，総資産回転期間の計算値も伸びることになる。年次売上高で計算した総資産回転期間は売上高の上昇期には，実際より長く計算され，下降期には，短く計算される傾向のあることに注意する必要がある。

　A社の売上高は，第1と第3四半期の売上高が著しく少なく，第2と第4四半期の売上高が多いのだが，平成17年度までは，特に第4四半期の売上高が多く，第1四半期の売上高が少ない。

　A社では本来，第2四半期と第4四半期には売上高が増える傾向のあることが推察できるのだが，平成17年度までは，第4四半期の売上高が特に多く，次の第1四半期には激減していることから，平成17年度までは，第4四半期において，売上高の先行計上が行われていたパターンになっている。

　第1四半期に売上債権回転期間が著しく上昇するのには，次のような原因が考えられる。

　A社の売上債権の回収期間は，第1四半期以外の四半期の計算値から3か月前後であることが推察される。したがって，本来なら第4四半期末の売上債権残高の大部分は，次の年度の第1四半期中には回収されるので，第1四半期末の売上債権残高の大部分は，第1四半期の売上高と入れ替わっていなければならない。

　ところが，前年度において売上高の先行計上が行われているとすると，先行

計上分の売上債権には第2四半期以降に回収期日が到来する分が多く含まれている。したがって，第1四半期中には回収されずに，第1四半期末の残高に残ってしまう。他方，第1四半期の売上高は先食いされた結果減少しているので，分子は水増しされているのに，分母は実際よりも過少になっているので，両方の原因により異常に高い回転期間になったことが推察される。

ただ，第4四半期に売上高の先行計上が行われていない場合でも，季節性などで，第4四半期の売上高が多い会社では，次の第1四半期の売上債権回転期間が長くなる傾向のあることに注意する必要がある。

それは，平均して3か月程度で回収されるとしても，3か月を超えて回収されるものも多少は含まれているからである。第4四半期の売上高の中で，回収が3か月を超えるものは売上高の先行計上がない場合でも，次の第1四半期末においては残高として残る。第4四半期の売上高が多い場合，第2四半期にまで繰り越される残高も当然に多くなる。その結果，第1四半期の回転期間は実際よりは長く計算される。

ただ，この場合にはそれほど大きな差にはならないが，売上高先行計上の場合には著しく長くなる。そこで，著しいとはどの程度かということが問題になるが，他の四半期に比べ7～8割以上も多い場合には，著しいと判断してよいことが多いだろう。

A社の四半期売上高及び売上債権残高は，第4四半期に売上高が著しく増えるが，次の第1四半期には売上高が激減する。そして，平成18年度までは，第1四半期の売上債権回転期間が著しく長くなっていて，売上高先行計上のパターンになっている。

また，平成17年度までは，経常利益及び当期純利益が第3四半期までは累積値での損失が続くが，第4四半期には一挙に黒字に転換するのも，売上高先行計上のパターンである。

このパターンが18Q4期以降には改善されて，正常値になっているのは，当時，日本公認会計士協会が，不適切会計処理に対する監査の厳格化を会員に呼びかけており，この頃から監査法人による監査が厳しくなったことが関係して

いるのかもしれない。

　平成18年度においては，第4四半期の売上高構成比は46.6%になっていて，正常値に近づいている。もし前年度に先行計上が行われていたとすると，この年度の利益は，前年度の売上高先行計上によって先食いされて減っているので，通期の経常利益も当期純利益も大幅赤字になったことが推察される。

　売上高などの水増しの粉飾では，粉飾をやめるのには，水増しした利益を取り消して，もとに戻す手続きが必要だが，売上高先行計上の場合には，翌年度において，先行計上を取りやめて，それ以降は先行計上など繰り返さないことにすると，その年度の赤字が増えるが，粉飾は自動的に訂正される。

　A社の場合には，平成18年度に赤字になったが，その後の年度では経常利益も当期純利益でも利益の計上を続けている。

　売上高先行計上は一度実行すると，次の年度の売上高や利益が，先食い分だけ減少するので，収益性が大きく改善されない限り，翌年度も同じ操作をすることが必要になる。つまり，悪循環に陥り，先行計上の金額が年々膨らんでエスカレートする傾向に陥ることが多い。

　A社では，仮に，平成17年度までは，売上高先行計上の操作が行われていたとしても，平成18年度までには収益力が向上して，利益を出せる体質になっていたことが推察される。

　そのため，悪循環を断ち切ることができたし，1年間だけは売上高が大幅に減少し，損益は赤字になったが，その後は，利益の計上を続けることができたものと思われる。

　以上の検討の結果，A社では，前半期の各年度において，仮に売上先行計上の不適切会計処理が行われていたとしても，その後の四半期で自動的に解消されているし，第1四半期以外では売上債権が大きく膨らむことはない。ほかに異常に膨らんだ資産もない模様なので，ほかには不適切会計処理はなかったことが推察される。

　一般論として，第4四半期の売上高構成比が50%を超える企業はあまりないし，それも2年，3年と連続して50%を超える企業は稀であり，常時50%を超

えている企業は，年度末に何らかの操作をしていることを疑ってみる必要があると思う。

　②　JDC社の例

A社の例を，大がかりな粉飾が発覚して上場廃止になったジャパン・デジタル・コンテンツ信託株式会社（以下，JDCという）の場合と比べると，両社の違いが歴然としている。

図表25は，JDCの平成14年度から平成19年度までの四半期売上高，売上債権残高などの推移表である。表の作成要領は，図表23と同じである。

図表25によるとJDCでも，平成18年度までは，第4四半期の売上高が著しく多いし，第1四半期の売上高は少ない。第1四半期末の売上債権回転期間は著しく長いし，各年度とも，年間売上高で計算した回転期間は，四半期売上高で計算したものよりもかなり長くなっている。

平成16年度までは，第1四半期から第3四半期までは経常利益は赤字だが，第4四半期には経常利益は大幅の黒字になり，年間の経常利益は黒字になっている。

平成17年度以降は，年度末には経常損益が黒字になるというパターンが崩れて，第4四半期の黒字が少なすぎるか，赤字が続くなどで，年間での経常損益の赤字計上が続いている。

平成19年度には，経常損失の上に1,001億円の特別損失を出して，当期純損失を膨らませているし，平成20年度にも582百万円の特別損失を計上して，当期純損失を膨らしている。なおJDCは，平成21年11月1日付で上場廃止になっている。

平成21年3月2日付の外部調査委員会の調査報告書によると，JDCでは循環取引などによる売上高の水増しが行われていたとのことだが，売上高先行計上については述べられていない。

図表25の動きなどから，循環取引などの粉飾は，主に，年度末に行われたので，売上高先行計上と同じ外観になったものと推察される。売上高先行計上の場合には，特に修正などの手続きなどしなくても，売上高先行計上をやめるだ

figure25 JDC信託の四半期ごと売上高と3要素残高・回転期間表（単位：百万円，月）

四半期	売上高	構成比	経常利益	回転期間	売上債権	回転期間	棚卸資産	回転期間
14Q1	59	10.7	−36	−61.0	56	2.8	0	0.0
Q2	93	16.8	−20	−21.5	92	3.0	0	0.0
Q3	33	6.0	−49	−148.5	52	4.7	0	0.0
Q4	367	66.5	142	38.7	236	1.9	0	0.0
年間	552	100.0	37	6.7	236	5.1	0	0.0
15Q1	54	6.6	−104	−192.6	80	4.4	0	0.0
Q2	200	24.6	−53	−26.5	126	1.9	0	0.0
Q3	116	14.3	−58	−50.0	122	3.2	0	0.0
Q4	443	54.5	269	60.7	269	1.8	0	0.0
年間	813	100.0	54	6.6	269	4.0	0	0.0
16Q1	72	7.4	−95	−131.9	178	7.4	0	0.0
Q2	116	11.9	−65	−56.0	189	4.9	0	0.0
Q3	110	11.3	−89	−80.9	195	5.3	0	0.0
Q4	675	69.4	340	50.4	597	2.7	19	0.1
年間	973	100.0	91	9.4	597	7.4	19	0.2
17Q1	145	12.0	−125	−86.2	269	5.6	111	2.3
Q2	112	9.2	−296	−264.3	139	3.7	208	5.6
Q3	186	15.3	−502	−269.9	159	2.6	300	4.8
Q4	770	63.5	425	55.2	340	1.3	387	1.5
年間	1,213	100.0	−498	−41.1	340	3.4	387	3.8
18Q1	155	10.2	−309	−199.4	319	6.2	338	6.5
Q2	218	14.3	−147	−67.4	134	1.8	333	4.6
Q3	107	7.0	−215	−200.9	68	1.9	320	9.0
Q4	1,046	68.5	−45	−4.3	850	2.4	237	0.7
年間	1,526	100.0	−716	−46.9	850	6.7	237	1.9
19Q1	169	15.2	−178	−105.3	326	5.8	239	4.2
Q2	379	34.0	−106	−28.0	408	3.2	176	1.4
Q3	262	23.5	−35	−13.4	320	3.7	74	0.8
Q4	304	27.3	−372	−122.4	103	1.0	33	0.3
年間	1,114	100.0	−691	−62.0	103	1.1	33	0.4

けで自動的に解消されるのだが，水増し粉飾の場合には，水増し売上高や利益の取消手続が必要である。

　ＪＤＣの場合には，一度では整理ができず，何回かに分けて整理した模様であり，取消しのため平成19年度以降も特別損失の計上が続いた末に上場廃止に追い込まれた。

　これまでの検討結果により，四半期売上高による回転期間は，売上債権には効果的なのだが，棚卸資産については，四半期売上高とは相関関係が低いために，あまり効果的ではないようだ。

　棚卸資産は，Ａ社のケースでは，四半期売上高が増える第4四半期末には棚卸資産残高が減少するし，四半期売上高が減少する第1四半期末には増加するなど，四半期売上高とは，逆の動きをする傾向があるので，注意が必要である。

2　統計的手法の利用

(1)　時系列分析

　目覚しい躍進を遂げ，最近ではプロ野球球団を買収するなど，最近話題になった株式会社ディー・エヌ・エー（DeNA）を取り上げる。

　図表26(1)はDeNAの21Ｑ1期から，24Ｑ2期までの14四半期の売上高の推移表であり，右列に，4四半期間の移動平均値を記載してある。

　図表26の移動平均値は，季節変動のことを考慮して4四半期間の移動平均値をとっているので，真ん中の月ではなく，3番目の四半期に移動平均値を対応させている。

　図表26のDeNAの四半期ごと推移のグラフによると，22Ｑ2までは売上高はほぼ横ばいの状態が続いていたが，24Ｑ3から急成長が始まり，21Ｑ1の9,320百万円から24Ｑ1の32,687.3百万円へと8四半期の間に3.5倍に増えている。平均年率にして1.75倍の増加率である。ただ，23Ｑ3頃から成長率がやや低下気味であり，24Ｑ1には23Ｑ4に比べ6.1％の伸び率であり，年率に

図表26　DeNA社四半期売上高推移表

（単位：百万円）

	四半期売上高	移動平均値
21Q1	9,010	
Q2	8,692	
Q3	9,393	9,401.5
Q4	10,511	9,351.5
22Q1	8,810	9,320
Q2	8,566	9,885.8
Q3	11,656	12,026.3
Q4	19,073	15,872
23Q1	24,193	20,501.8
Q2	27,085	24,961.3
Q3	29,494	28,182
Q4	31,956	30,796
24Q1	34,649	32,687.3
Q2	34,690	

して約25％の伸び率に留まっている。

　DeNA社では四半期ごとの目立った季節変動はないようである。

　図表27は，図表26の移動平均値のグラフである。

図表27　DeNA四半期移動平均売上高

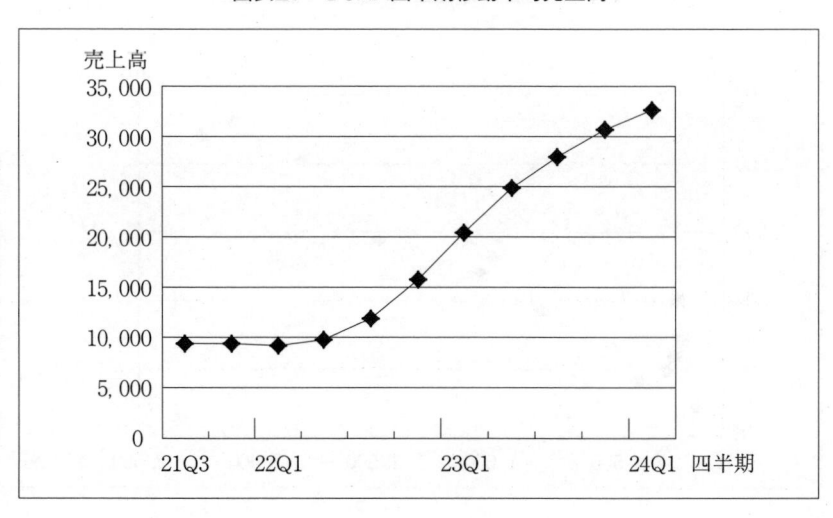

(2) 回帰分析
① 回帰分析について

四半期分析では,短期間内に比較的多くの期間のデータが入手できるので,統計的手法の利用ができる機会が増える。

例えば,四半期売上高とし半期末売上債権残高のデータを利用して,単回帰分析ができる。四半期売上高をXとし,売上債権残高をYとして

$$Y = AX + B$$

のAとBを,最小二乗法により求めるのである。

決定係数が高い場合には,Aは回収期間を示すし,Bは滞留債権の残高を示す可能性がある。

あるいは,四半期売上高をXとし,四半期売上原価や販売費及び一般管理費をYとして,同様の回帰式を求めると,Aは変動費率,Bは固定費金額を示す可能性がある。

② A社の例

図表28は,A社の四半期売上高と四半期末売上債権の分布図である。図表28(1)は前半期(平成15年度~17年度)のものであり,図表28(2)は後半期(平成

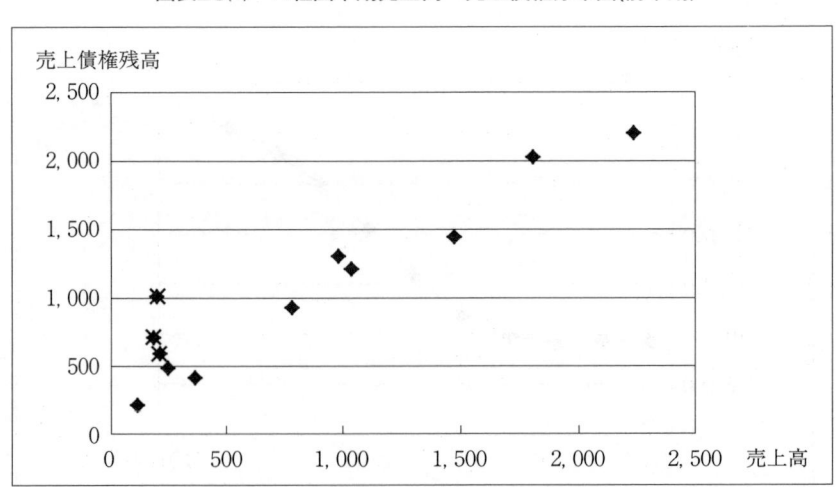

図表28(1) A社四半期売上高・売上債権分布図(前半期)

第2章 四半期分析法各論

19年度～21年度）のものである。

　図表28(1)では，大部分の点が右上がりの直線の周辺に分布しているが，左端の方に直線の情報に×印を付けた3点がほぼ垂直に並んでいる。この点は，上から順に，16Q1，15Q1，17Q1の点であり，いずれも第1四半期の点である。

　前半期16四半期のデータによる回帰直線は

　　$Y = 0.8230X + 375$

　　$R^2 = 0.8937$

であり，決定係数はかなり高い。上記の外れデータを削除して計算すると，決定係数は上昇することが推察される。

　勾配の0.8230は売上債権回転期間を示しているものと解釈され，3か月を掛けた2.47か月が，月単位の回転期間になる。

　切片の375は滞留債権の残高を示していると解釈できる。これも第1四半期の3データが影響しており，切片が大きなプラスの数値になったのは，第1四半期の点がすべて上方に外れていることから，滞留債権と推定されたものと考えられる。

　第1四半期の3データを除いて回帰直線を推定すると，決定係数が上昇するだけでなく，切片はゼロに近づくことが予想される。

　図表28(2)によると，後半期では第1四半期の点は，×印を付けた19Q1を除き，3点とも直線の近辺に分布している。

　後半期のデータによる回帰直線は

　　$Y = 0.7906X + 162$

　　$R^2 = 0.8553$

であり，切片は縮小している。

　図表28の(1)と(2)を比べてみると，前半期には第1四半期の点が上方に外れていること，第4四半期の点が右側に大きく偏っていることなどから，前半期には，第4四半期において，売上高先行計上が行われていたパターンになっている。

　後半期には，第4四半期の点の売上高も，21Q4の1,683が最高であり，残

第Ⅳ部　四半期財務諸表分析法

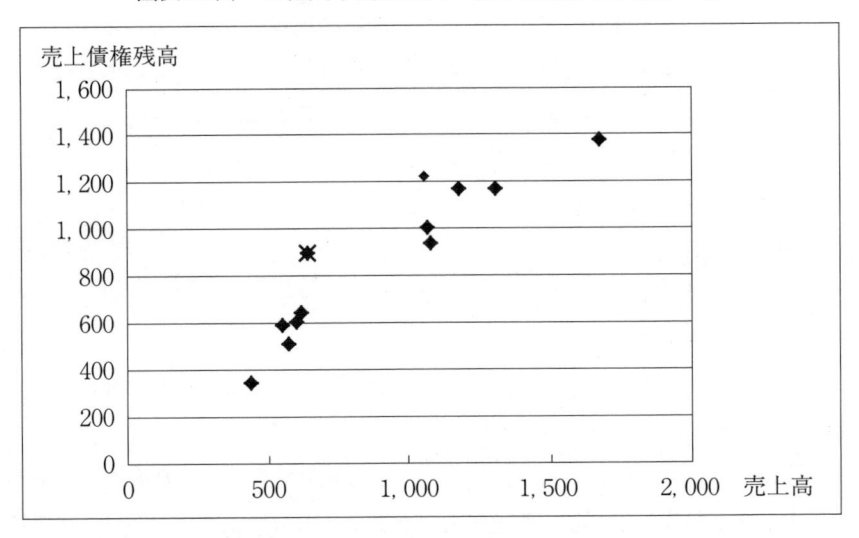

図表28(2)　Ａ社四半期売上高・売上債権分布図(後半期)

りの11点は，436から1,310の範囲内にまとまって分布している。

　第１四半期の点は直線近辺に分布しているし，第４四半期の点もそれほど右側には外れなくなったことから，前半期に，売上高先行計上が行われていたとしても，後半期には，解消されていることが推定できる。後半期においても，回帰式の切片の数値が縮小されているが，まだプラスの数値で残っていて，滞留債権が存在する形になっているのは，図表28(2)で×印を付けた点のように，回帰直線からかなり上方に離れた点があるからと思われる。

③　DeNAの例

　次に，DeNA社の売上高と費用の関係についての回帰分析を試みる。

　図表29はDeNAの21Ｑ１から24Ｑ２までの売上高，売上原価，販売費及び一般管理費の推移表であり，図表30(1)は売上高と売上原価，図表30(2)は売上高と販売費及び一般管理費の関係を示す分布図である。

　図表30(1)によると，売上高と売上原価の関係について，21Ｑ３頃までは，売上原価は売上高とはほとんど無関係に，期間の経過に従って上昇を続けている。それからしばらくは売上高の増加にもかかわらず，売上原価はほとんど増

第2章　四半期分析法各論

図表29　DeNA社の売上高，売上原価，販売管理費推移表

(単位：百万円)

四半期	売 上 高	売上原価	販売管理費
21Q1	9,010	1,801 (20.0)	2,938 (32.6)
Q2	8,692	1,980 (22.8)	3,262 (37.5)
Q3	9,393	2,257 (24.0)	3,174 (33.8)
Q4	10,511	2,759 (26.2)	3,595 (34.2)
22Q1	8,810	2,555 (29.0)	3,118 (35.4)
Q2	8,566	2,410 (28.1)	3,071 (35.9)
Q3	11,656	2,605 (22.3)	3,826 (32.8)
Q4	19,073	3,112 (16.3)	6,141 (32.2)
23Q1	24,193	3,169 (13.1)	9,033 (37.3)
Q2	27,085	3,314 (12.2)	10,147 (37.5)
Q3	29,494	4,070 (13.8)	10,679 (36.2)
Q4	31,956	4,898 (15.3)	11,321 (35.4)
24Q1	34,049	5,959 (17.5)	12,880 (37.8)
Q2	34,690	6,291 (18.1)	12,992 (37.5)

(注)　売上原価右側カッコ内の数値は，売上高売上原価率（％），販売管理費右側は売上高販売管理費率（％）を示す。

図表30(1)　DeNA社四半期毎売上高・売上原価関係図

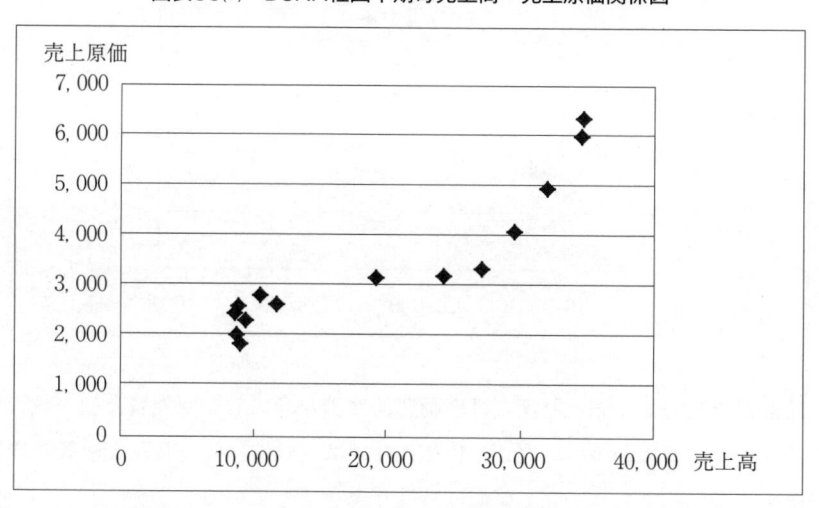

167

えていないが，22Q2あたりから上昇を始め，期間の経過に従って加速度的に増えている。

売上高と売上原価の相関係数は0.915と高いが，これは，図30(1)から推察すると，左側に一塊の集団が密集しているし，右肩上がりで右側に長く伸びていることから，見せ掛けで相関関係が高くなっているのであり，実際には，相関関係はそれほど高くないことが推察される。

他方，売上高と販売費及び一般管理費との相関係数は0.997と極めて高いし，**図表30(2)**から見て，固定費がゼロに近い。これは，販売費及び一般管理費の大部分は，広告宣伝費，支払手数料，販売促進費であり，人件費などの固定費が極めて少ないことによると思われる。

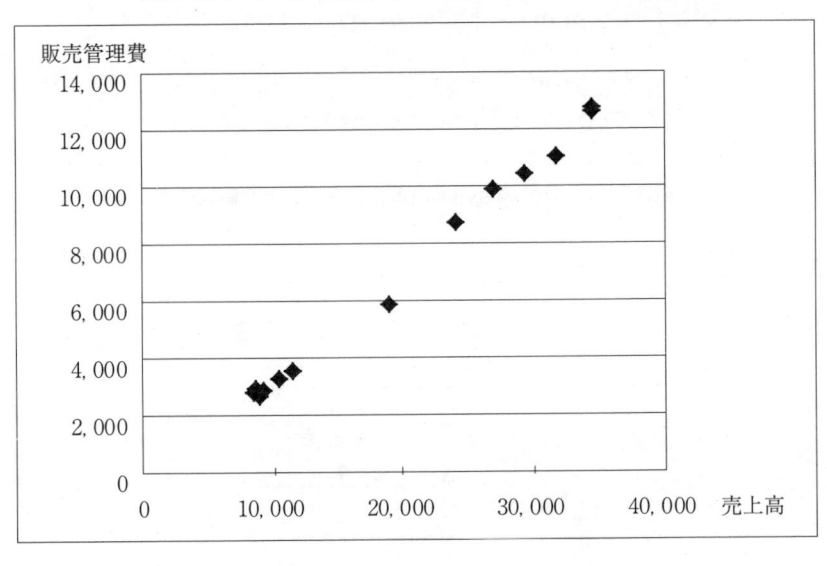

図表30(2)　DeNA社四半期ごと売上高・販売管理費関係図

通常の会社では，売上原価には変動費的要素が多いし，販売費及び一般管理費は固定費的要素が多いのだが，DeNA社では反対に，販売費及び一般管理費が極めて変動的であり，売上原価は特殊な動きをしている。

週刊東洋経済によると，「ビジネスモデルはゲームを有利に進めるために購

入するアイテムへの課金で成り立っている。アイテム課金収入は携帯電話会社などへの手数料を支払った後ゲームの提供会社と分配する。ほかのコストはほとんどかからないため，グリー，DeNAの営業利益率は45〜50％と驚異的な水準にある」（平成23年12月24−31合併特大号，グリー，"DeNA独走"）とのことである。

3　CFによる粉飾分析

(1) A社の例

次に，売上げなどに対して一定のタイムラグでもって実現するCFの性質を利用して，異常を探索する分析方法をA社の例で検討する。

A社では，売上高はほぼ3か月程度で回収するので，正常状態では，当四半期の売上高は次の四半期の売上収入高に近い金額になる。当社の売上高は，第2，4四半期に増えて，第1，3四半期には減少する傾向があるのだが，平成17年度までは，第4四半期の売上高が大幅に増えて，次の第1四半期には大幅に減少する傾向があった。その結果，売上収入は下の図表31(1)のようなパターンをしていたことが推察される。

図表31(1)では，第1四半期には前年度第4四半期の"極めて大"きい売上高が回収の中心になるので，売上収入は"極めて大"きな金額になる。第2四半期には第1四半期の"極めて小"さい売上高が回収の中心になるので，売上収入は"極めて小"となる。第3四半期には，第2四半期の"大"の売上高が回収の中心になるので，売上収入は"大"となる。第4四半期には第3四半期の

図表31(1)　各四半期における売上高と売上収入の大小

	売 上 高	売上収入
第1四半期	極めて小	極めて大
第2四半期	大	極めて小
第3四半期	小	大
第4四半期	極めて大	小

図表31(2) 各四半期の売上高と売上収入との関係（前半期）

(単位：百万円)

	15年度		16年度		17年度	
	売上高	売上収入	売上高	売上収入	売上高	売上収入
第1四半期	1,096	511	1,476	639	1,807	1,648
第2四半期	193	535	207	695	220	443
第3四半期	1,037	1,107	985	1,260	784	691
第4四半期	121	250	368	201	251	524

"小"の売上高が回収の中心になるので，売上収入は"小"となる。

図表31(2)は，平成15年度から同17年度までの期間の四半期ごとの売上高と当該四半期中の売上収入高を並べて示した表である。ただし，売上高と売上収入を対応させるために，売上高は1四半期前の金額にしてある。四半期ごとの売上収入は，四半期ごとの売上高にＣＦ計算書の売上債権増減収支を加減して計算した数値である。

当四半期の売上高の大部分が翌四半期の売上収入になるとすると，図表30の各四半期の左右の数値は近い数値になるはずである。

図表31(2)によると第3四半期と第4四半期には，左右の金額には強い相関関係が見られるが，第1と第2四半期とでは，平成17年度を除き，両者は逆の動きをしている。これは，前第4四半期の売上高の多くが，次の第1四半期には収入とならず，次の次の第2四半期の収入になることを示しており，第4四半期に売上高先行計上が行われたパターンになっている。

図表31(3)は，平成19年度から21年度までの後半期の3年間について，図表

図表31(3) 各四半期の売上高と売上収入との関係（後半期）

(単位：百万円)

	19年度		20年度		21年度	
	売上高	売上収入	売上高	売上収入	売上高	売上収入
第1四半期	1,228	1,081	1,310	1,125	1,065	1,100
第2四半期	637	720	551	601	436	480
第3四半期	1,052	1,192	1,181	1,164	1,079	994
第4四半期	609	726	597	662	568	819

31(2)と同じ要領で作成した表である。

表31(3)では，各四半期での売上高と売上収入が近い金額になっており，前四半期の売上高の大部分が，次の四半期に回収されるとの前提に近い動きをしている。

(2) プロパストの例

次に，四半期のＣＦ計算書による分析例として，平成22年5月14日に，東京地裁に民事再生法適用の申請をして倒産した住宅等開発業者のプロパストを取り上げる。

図表32は，プロパストの，平成19，20年度の半期ごとと，平成21年度と22Ｑ１期の四半期ごとの各種ＣＦと，主要財務指標の推移表である。なお，プロパストでは平成19，20年度の四半期ＣＦ計算書は公開していない。

プロパストの決算期は5月である。

プロパスト社は，業績では上半期型の企業であり，上半期に業績が上昇して，下半期には下降する傾向が見られるのだが，趨勢としては，平成20年度までは売上高は上昇傾向が続いていた。21年度に下降に転じ，損益でも21Ｑ２期以降は売上総利益の段階からの赤字が続いている。

営業ＣＦの中の利益要素収支は，損益に準じた動きをしていて，21Ｑ１期まではプラスだが，21Ｑ２期以降はマイナスが続いている。

運転資本要素は，損益や利益要素とは逆の動きをする傾向があるし，運転資本要素の影響により，営業ＣＦも損益などとは逆の動きをする傾向が見られる。

運転資本要素収支は，主に棚卸資産増減により変動している。業績が好調のときには，更に業績を伸ばすため，利益の源泉である在庫を増やすので，運転資本要素収支の赤字が続く。その結果在庫が増え続け，20年度末には，好調であった20年度の年次売上高を大幅に超えて1,614億円に達している。業績低下が顕著になった21Ｑ１期以降は，在庫は減少に向かうが，在庫の減少に伴い膨大な売却損や評価損を計上した結果，21Ｑ４期には債務超過に陥っている。

同業者の多くは，在庫について発生した膨大な損失に，資金繰りの破綻が加

図表32　プロパストＣＦ計算書　　　　（単位：百万円）

	19上半	19下半	20上半	20下半	21Q1	21Q2	21Q3	21Q4	22Q1
税前利益	6,723	2,418	15,139	3,041	525	-17,462	-3,781	-4,854	-2,792
減価償却費	99	119	71	105	42	34	25	18	7
諸調整	23	172	89	-292	1,047	-2,136	2,427	852	354
法人税等	-1,429	-878	-3,901	-2,143	-67	-1,904	-238	-6	-1
利益要素計	5,416	1,831	11,398	711	1,547	-21,468	-1,567	-3,990	-2,432
売上債権増減額	15	-88	-230	116	194	-106	108	7	-6
棚卸資産増減額	-15,029	-42,517	-3,875	-26,509	12,879	22,502	8,457	19,449	10,949
仕入債務増減額	-5,375	140	1,366	3,106	-3,676	3,389	-1,129	1,088	-2,002
その他	568	1,246	-38	-612	-1,929	915	1,448	-306	-744
運転資本要素計	-19,821	-41,219	-2,777	-23,899	7,468	26,700	8,884	20,238	8,197
営業ＣＦ	-14,405	-39,388	8,621	-23,188	9,015	5,232	7,317	16,248	5,765
投資ＣＦ	263	-249	-350	1,123	-164	4,176	875	163	17
短期借入金収支	278	4,130	4,409	-1,580	-231	-5,857	-2,107	-3,505	-733
長期借入金収入	39,499	50,295	38,083	41,490	3,271	631	0	0	0
長期借入金返済	-23,688	-22,898	-40,420	-26,114	-10,843	-5,868	-8,858	-12,568	-5,477
その他	-1	7,884	-375	-316	-366	-137	-487	-2	0
財務ＣＦ	16,088	39,411	1,697	13,480	-8,169	-11,231	-11,452	-16,075	-6,210
ＣＦ合計	1,946	-226	9,968	-8,585	682	-1,823	-3,260	336	-428
（参考数値）									
売上高	46,090	34,316	74,387	36,396	23,451	16,088	16,503	29,521	9,110
当期純利益	4,016	885	8,207	2,725	313	-18,316	-3,771	-4,822	-2,794
棚卸資産	87,944	130,385	151,428	161,422	148,545	126,045	99,309	79,861	68,910
資産合計	99,037	142,493	165,861	177,282	165,654	136,406	102,404	81,711	70,300
借入金	82,528	114,055	126,204	129,923	122,119	111,027	85,161	69,089	62,877
内1年内支払長期借入金	12,192	30,425	35,479	38,589	46,328	45,561	53,546	53,400	50,983
純資産	7,425	16,226	24,111	26,409	25,588	7,299	3,115	-1,706	-4,501

わって倒産に至ったのだが，好況期には，膨大な在庫は，含み益を蓄えた宝の山であった。この時期には，各社は高い売上総利益率を上げているのだが，これには，在庫の販売が寄与しており，在庫には含み益が隠されていたことが推察されるからである。

4　CFによる業績評価

(1) 営業CF

　営業CFは真実の業績を示すといわれることがあるが，プロパストのようなケースでは営業CFをどう評価するのかが問題になる。

　プロパストでは，バブルが盛んな時期には，業績が良好で，売上高が伸びるし，利益が上がるのだが，在庫（棚卸資産）の購入が増えて営業CFが大幅赤字になる。バブルが弾けて，業績が落ち込むと，在庫を処分して運転資本要素が大幅黒字になるので，営業CFはプラスになる。営業CFは損益とは逆の動きをしている。

　業績が良好でも，リスクの源泉にもなる在庫を大幅に増やしたのでは，単純にはプラスの評価はできないと考えると，運転資本要素収支を含む営業CFが真の業績を示していると見ることができる。

　しかし，在庫を出血販売して資金繰りを維持しているのを，業績のプラスとして評価するのは合理的とはいえない。

　運転資本要素を含む営業CFにより業績評価を行うのは，リスクの増減を業績評価に加えるという観点からは意味があると思うが，運転資本要素を利益要素と同等に扱うのでは実態に合わないことが多いと思われる。運転資本要素のリスクの大きさに従い，例えば評価上，運転資本要素は3分の1程度に減額して利益要素収支に加えて営業CFを計算する，などの工夫が必要と考える。

　また，店頭で現金売りをするスーパーマーケットのような回収先行型の企業では，売上高が増えると運転資本要素収支の黒字が増えて，営業CFの黒字も増える。回収先行型業種の企業では，運転資本要素を除き利益要素だけで業績評価をするとか，運転資本要素の黒字資金の使途に従い，例えば，固定資産取得に充当している場合には，減点することなどが考えられる。

　CFは真実の業績を示すと決めてかかるのではなく，業績とは反対の動きをすることが多いことをも念頭において分析をする必要がある。

(2) 投資ＣＦ

投資は本来長期的なものなので，投資ＣＦには四半期分析が馴染まない面が多い。

ただ，貸付金の増減収支などは，特に関係会社に対する貸付金などは，運転資本要素と共通点が多く，取引先や関係会社の資金繰り事情を反映して増減する可能性があるので，四半期ごとの収支にも注意する必要がある。

関係会社への貸付金が増えるのは，関係会社の業績が悪化して，自力では資金調達ができなくなったか，損失で資金が流出して資金不足が生じている場合などに多い。関係会社などの業績はグループ全体に大きな影響を及ぼすことが多いので，関係会社に対する投融資の収支は，四半期単位できめ細かく監視する必要がある。

年度中に大型のＭ＆Ａがあった場合には，四半期の投資ＣＦにより，Ｍ＆Ａの実行による固定資産への投資状況を四半期ごとに把握することが望まれる。

(3) 財務ＣＦ

膨大な在庫を主に借入金で調達している企業では，財務ＣＦにも注目する必要がある。

業績の順調な時期には，借入金の調達が容易で，返済額を超えて新規借入が可能なので，在庫の買い増しが可能だが（この段階を第１段階とする），業績悪化すると，新規借入が困難になるし，返済は待ってもらえないので，財務ＣＦでの支出超過が続く。

プロパストの例では，業績悪化が本格化した21Ｑ１期以降は，新規借入が困難になった結果，返済が調達を大幅に上回った（この段階を第２段階とする）。この時期での借入金の主な返済財源は，在庫処分による運転資本要素の収入である。平成21年度以降は，在庫処分により，運転資本要素は黒字を続けているが，損益では，21Ｑ２期以降は売上総利益の段階から大幅赤字になっていて，資金繰りのための在庫の投売りをしている様子が窺える。

平成20年度までは，約定通りに長期借入金の返済ができているが，平成21年

度になって，返済の遅延が生じているようだ。21Q１期末には１年以内に返済期限の来る長期借入金が463億円あるが，ＣＦ計算書によると，その後の１年間に返済した長期借入金は328億円に過ぎず，不足分は返済の猶予を受けていることが推察される。

　不動産市況が冷え切った氷河期には，在庫の処分も思うにまかせなくなる。その結果，返済資金に詰まって，返済の猶予をしてもらう（この段階を第３段階とする）か，それができなければ倒産するという下表のような図式が，当社の財務ＣＦから読み取ることができる。

　　第１段階：調達額≧返済額……業績順調期
　　第２段階：調達額＜返済額……業績悪化期
　　第３段階：返済猶予…………倒産危険期

　調達額＜返済額の現象は，通常のケースでは，業績が順調で，営業ＣＦが大幅の収入超過になるので，余剰資金を借入金の返済に向けられる場合に起こる。経営の絶好調の時期に起こるのだが，当社のケースのように，業績が悪化して，企業継続についての危険信号が点灯した時期にも起こる可能性がある。借入金の返済が進んでいて，財政の健全化に向かっているなどと解釈すると，とんでもない間違いになる。

　財務ＣＦは，本来は営業ＣＦと投資ＣＦのＦＣＦの裏方の役割を引き受けており，ＦＣＦがプラスなら，借入金を返済したり，現金・預金を増やしたりするし，ＦＣＦがマイナスなら，増資や借入金で資金を調達する。

　財務ＣＦが，営業や投資の方向をも決める働きをすることにも注意する必要がある。財務ＣＦでの返済が嵩むときには，投資を抑えたり，在庫を処分したりで，財務ＣＦでのマイナスに対処するといった具合に，財務ＣＦが戦略を決める役割を果たす。

5 チェックリストによる粉飾調査法について

(1) 年度末操作のチェックポイント

以下に，年度末の操作のチェックに的を絞ったチェックポイントの主なものを紹介する。

Ｑ４の売上高構成比が異常に高くないか（50％超が続いていないか）
- たまたま50％を超えるようなことがあっても，２年以上連続して50％を超す企業は稀であり，年度末に何らかの操作が行われている疑いがある。

Ｑ４の売上高構成比の上昇が続いていないか
- 売上高先行計上のケースでは，翌年度には先食いされた分だけ，売上高や利益が減るので，翌年度に抜本的に業績が回復しているのでないと，翌年度も売上高先行計上を繰り返さざるを得なくなることが多い。しかも，年々，先行計上額が膨らんでいくことが多いので，Ｑ４における構成比の変動にも注意する必要がある。

Ｑ１Ｑ４売上高倍数が異常に大きくないか（３倍超）
- Ｑ１Ｑ４倍数＝Ｑ４売上高（前年度）／Ｑ１売上高

Ｑ１Ｑ４売上高倍数の上昇が続いていないか

四半期ごとの売上総利益率に異常な動きがないか
- 年度末に売上高の水増しを行うと，売上総利益率が上昇することが多い。

Ｑ１売上債権回転期間が異常に高くないか
- 前の四半期に先食いされた売上高は，当四半期の売上高にはならないが，売上債権残高は当四半期の残高になる分が多い。少ない売上高で回転期間が計算されるので，著しく高くなる。

Ｑ１売上債権回転期間の上昇が続いていないか

総資産回転期間の上昇が続いていないか
- 年度末に売上高が先行計上で膨らむと，年次売上高で計算される売上

債権回転期間が実際より長く計算される。その結果，総資産もその分だけ長くなる。先行計上は年々エスカレートして先行計上高が増える傾向があり，総資産回転期間の上昇が続く。

(2) チェックリストの例

図表33は，A社の例について，四半期情報を使ったチェックリストの例である。

図表33では，チェック項目，判定，備考の欄が設けられている。判定欄にはチェックの結果を記載する。図表31，32の項目③Q1Q4売上倍数は，第4四半期の売上高の翌年度第1四半期売上高に対する倍数であり，例えば19Q4／20Q1は，平成19年度第4四半期売上高の平成20年度第1四半期売上高に対する倍数である。

図表33(1) 粉飾チェックリスト(A社前半期)

番号	チェック項目	判定	備考
①	Q4売上構成比が異常に高い（50%超）	✓	売上先行計上の疑い
②	同上構成比の増加が続いている	✓	年々先行計上が加速している可能性がある
③	Q1Q4 売上倍数が異常に高い（3倍超）	✓	
④	同上倍数が上昇傾向にある	✓	年々先行計上が加速している可能性がある
⑤	売上総利益率に異常な動きがある	−	
⑥	Q1売上債権回転期間が異常に高い	✓	売上先行計上の疑い
⑦	第1四半期売上債権回転期間が上昇を続けている	✓	年々先行計上が加速している可能性がある
⑧	第1四半期外の売上債権回転期間が上昇傾向にある	−	前年度の先行計上は翌年度中には解消か
⑨	棚卸資産回転期間の上昇傾向が続いている	−	
⑩	総資産回転期間の上昇傾向が続いている	✓	年々先行計上が加速している可能性がある
⑪	基礎資金回転期間の上昇傾向が続いている	△	
結論	年度末に売上先行計上の疑いがあり，年々エスカレートしている恐れがあるが，もし，そうであっても，翌年度中には解消されている模様		

図表33(2) 粉飾チェックリスト（A社後半期）

	チェック項目	判定	備　考
①	Ｑ４売上構成比が異常に高い（50％超）	−	
②	同上構成比の増加が続いている	−	
③	Ｑ１Ｑ４売上倍数が異常に高い（３倍超）	−	
④	同上倍数が上昇傾向にある	−	
⑤	売上総利益率に異常な動きがある	−	
⑥	Ｑ１売上債権回転期間が異常に高い	△	18年度以外では正常化
⑦	第１四半期売上債権回転期間が上昇を続けている	−	
⑧	第１四半期外の売上債権回転期間が上昇傾向にある	−	
⑨	棚卸資産回転期間の上昇傾向が続いている	−	
⑩	総資産回転期間の上昇傾向が続いている	−	
⑪	基礎資金回転期間の上昇傾向が続いている	−	
結論	18Ｑ１の売上債権回転期間を除き，すべての項目で正常化している　18Ｑ４以降はすべての面で正常化か		

　なお，A社では前節での分析で推察できたとおり，18年度を転換期として，前後で四半期売上高などのパターンが違っているので，図表23の期間を，平成15年度から同17年度までの前半期と，19年度から同21年度までの後半期の２期間に分割し，前半期を図表33(1)に，後半期を図表33(2)に分けて記載してある。

　チェック項目の記載に該当する場合には✓，該当しない場合には−を記載する。△印はそれほど顕著ではないが，該当する可能性がある場合に付ける記号である。備考列には，チェックの結果，推察できる事項などを記載する。

　図表33(1)によると，11項目中8のチェック項目に✓印か△印が付いていて，結論欄に記載してあるとおり，年度末に売上高先行計上が行われていた疑いがあるし，年々エスカレートしている恐れもあるのだが，仮に，年度末に売上高先行計上が行われていたとしても，翌年度中には解消されていることが推察される。

　図表33(2)の19Ｑ４期以降は，売上構成比，Ｑ１Ｑ４売上倍数，第１四半期の売上債権回転期間など，すべての面で正常になっていて，平成18年度を境に，後半期には正常化が定着したことが窺える。

図表34はＪＤＣについてのチェックリストであり，チェック項目は図表33と同じである。

図表34によると，該当項目が多く，ＪＤＣでは，年度末売上高について，何らかの操作を行っていた疑いが強いことが推察できる。

図表34　粉飾チェックリスト（ＪＤＣ信託）

番号	チェック項目	判定	備考
①	Ｑ４売上構成比が異常に高い（50％超）	✓	
②	同上構成比の増加が続いている	△	
③	Ｑ１Ｑ４売上倍数が異常に高い（３倍超）	✓	
④	同上倍数が上昇傾向にある	－	
⑤	売上総利益率に異常な動きがある	－	
⑥	Ｑ１売上債権回転期間が異常に高い	✓	18年度以外では正常化
⑦	第１四半期売上債権回転期間が上昇を続けている	－	
⑧	第１四半期外の売上債権回転期間が上昇傾向にある	－	
⑨	棚卸資産回転期間の上昇傾向が続いている	－	
⑩	総資産回転期間の上昇傾向が続いている	✓	
⑪	基礎資金回転期間の上昇傾向が続いている	✓	
結論	年度末に売上先行計上の疑いがある。18Ｑ４以降には中止		

6　月次分析法

(1)　月次分析の意義

上場会社等では，四半期財務諸表を開示することになっているが，社内では，月次決算を実施して，月次貸借対照表や月次損益計算書などを作成しているところが多いと思われる。月次どころか，週単位，日単位で，試算表などをアウトプットする企業も多いと思われる。なお，一般の企業から四半期や月次の決算情報を入手する場合，貸借対照表と損益計算書だけか，あるいは試算表程度の入手しかできないことが多いと思われるので，ここでは四半期・月次財務諸表と呼ばずに，決算書と呼ぶことにする。

第Ⅳ部　四半期財務諸表分析法

　コンピュータ会計が発達した現在では，有価証券報告書などの作成義務のない一般の会社でも，月次決算を実施しているところが多い。ただ，一般の会社では，四半期決算書など作成していても，公開義務がないので，提出してくれる会社が少ないのが実情である。法律で提出を義務付けている年次財務諸表すら，債権者などに提出しない会社が多い中で，作成義務すらない四半期決算書など，更に入手が困難になることが予想される。

　与信行為を伴う取引先との取引量が増えて，与信残高が増加すると，与信先の信用状態について，より精緻な情報を入手して，正しい評価を下す必要がある。また，変化の兆候などを早期に把握することが望まれるので，年次財務諸表だけでなく，少なくとも，四半期決算書程度は入手できることが望ましい。四半期決算を実施している会社なら，月次決算も行っているところが多いと思われるので，四半期決算書を通り越して，月次決算書の提出を求めることも可能である。

　取引関係が緊密になると，信頼関係ができて，四半期や月次決算書などをも自発的に提出してくる場合もあるし，強く要求すると，取引を続けるためにしぶしぶ提出してくる場合もある。

　特に，当方がスポンサー的な存在であり，当方の財政的な支援がないと，自力では資金繰りなどできないような信用程度の低い取引先については，月次決算など実施していない場合でも，当方の指導で月次決算書を作成させてでも入手することが望まれる。

　このような与信先については，当方の営業戦略の重要な役割を担っているし，与信残高が巨額に上るので，与信先の経営が破綻すると，当方の営業戦略にも支障が生じるし，膨大な貸倒損失を被ることにもなる。

　そこで，ここでは，月次決算書の分析法にも触れることにする。

　月次決算書分析も，四半期分析法と手法などは同じだが，月次売上高による回転期間の計算法を紹介する。

　月次分析においては，季節要因のほかに，月ごとの稼働日数の違いに注意する必要がある。また，百貨店のお中元やお歳暮セール，チョコレート販売業で

のバレンタインデーでの売上げ，新学年前の入学用品の需要など，売上げが，特定の月に集中する傾向のある業種については，これらの特殊事情を考慮に入れた分析方法の工夫をする必要がある。

(2) 月次分析の手法について

　月次の売上高を利用した先入先出法による売上債権回転期間の計算方法を紹介する。先入先出法では，売上債権は，売上月の古い順に回収されることを前提に，回転期間の計算をする。

　例えば，売上後平均して3か月弱で回収する企業の売上債権は，前々々月以前の売上高はすべて回収済みと仮定する。当月と前月の売上高は全額未回収のまま売掛金として残っており，前々月の一部が回収されていると仮定する。したがって，当月末の売上債権残高は当月及び前月の売上高全額と前々月の売上高の一部から構成されていると考える。

　計算方法としては，売上債権の当月末残高から当月売上高，前月売上高と順番に控除していって，端数しか残らなくなったら，控除した月数を数える。もし，2か月分の売上高を控除しているなら，回転期間の整数部分を2とする。残った端数の残高を，3か月前（前々月）の売上高で割った商を，回転期間の小数部分とする。

　例えば，当月末の売掛金残高を100とし，当月，前月，前々月，前々々売上高をそれぞれ30，25，28，34とすると，売掛金残高から，前々月までの3か月間の売上高を控除すると，17だけ残る。17を4か月前の売上高34で割ると0.5になるので，回転期間は3.5か月と推定する。

　図表35は仮想例による計算例である。

　図表35は左から年月，売上高，売上債権の列があり，その右に3か月売上の列がある。C社の場合には，売上債権回転期間は3.3か月程度が正常値なので，直近3か月間の売上高の合計値を記載する。3か月売上高が売上債権残高より多い場合には，2か月間の売上高を記載するし，差額が4か月前の売上高を超えるときは，4か月間売上高を記載する。差額列には売上債権残高と3か月売

第Ⅳ部　四半期財務諸表分析法

図表35　C社売上債権回転期間（月）計算表

年　月	売上高	売上債権	3か月売上	差　額	差月数	回転期間（月）
01年10月	94,386					
11月	81,889					
12月	95,335					
02年1月	64,929	275,241	242,153	33,088	0.35	3.35
2月	84,161	261,622	244,425	17,197	0.21	3.21
3月	105,324	262,488	254,414	8,074	0.08	3.08
4月	99,109	319,220	288,594	30,626	0.47	3.47
5月	84,762	295,891	289,195	6,696	0.08	3.08
6月	89,786	315,853	273,657	42,196	0.40	3.40
7月	90,137	310,436	264,685	45,751	0.46	3.46
8月	84,750	277,395	263,673	13,722	0.16	3.16
9月	99,036	305,438	273,959	31,479	0.35	3.35
10月	106,458	320,417	290,244	30,173	0.33	3.33
11月	94,324	354,705	299,818	54,887	0.65	3.65
12月	100,883	384,558	301,665	82,893	0.64	3.84

上との差額を記載する。

　差額を4か月前の売上高で割って商を差額月数列に記載する。2か月売上の場合は3か月前の売上高との商を，4か月の場合は5か月前の売上高との商を記載する。

　回転期間列には差額月数に3などを加えた月数を記載する。

　C社の例では，02年4月と7月，11月及び12月の回転期間がやや高いが，これは，4，7，12月は月末が日祭日にあたったために，月末予定の回収が翌月に持ち越されたためと思われる。

　02年11月の回転期間がやや高めなのは，回収に異常の発生したことが疑われる。翌12月も，月末日祭日であることを考慮しても高めであり，2か月間以上が続いたことになる。

　折角，月次決算書を入手して分析しても，そのままにしておくのでは効果がない。月次決算書を入手するほどの間柄なら，疑問点はすぐに相手先に問い合わせるか，毎月月次決算書を入手後にヒアリング会を開くことなどして，疑問点や問題点を相手先にぶつけることが大切である。

相手先では，月次決算など実施していないまでも，回収や支払いのために，少なくとも売先別売上高と仕入先別仕入についての記録はつけているはずである。これら記録を整理すれば，売上高と売上債権，仕入高と仕入債務の月次資料ができる。

売上高と売上債権残高は企業自身にとっても最重要な情報であり，当方が手伝ってでも，帳簿を整備することは，双方の利益になる。

第Ⅴ部

ケーススタディ

ここで取り上げた事例は，粉飾の事例だけでないことに注意されたい。粉飾の事例だけでなく，正常な事例も挙げて，両者の対比により粉飾の実態を明らかにするのがここでの主な目的である。

- 株式会社ファーストリテイリング
- 株式会社デー・エヌ・エー（DeNA）
- オリンパス株式会社
- 大王製紙株式会社
- 王子製紙株式会社
- 最近の倒産会社

第1章
株式会社ファーストリテイリング

1　ファーストリテイリングの概要

　これまで，各章で断片的に取り上げてきた株式会社ファーストリテイリングの例を，ここで改めて総合的に取り上げる。

　当社は個人商店を引き継ぎ，昭和38年に，山口県に設立された小郡商事株式会社から始まる。

　昭和59年に広島県1号店を広島市に出店し，「ユニクロ」という店名でカジュアルウエア小売業に進出した。

　平成3年には商号を株式会社ファーストリテイリングに変更，各地に店舗を開設して，平成4年4月には国内直営店が100店舗を超えた。

　平成6年には広島証券取引所に株式を上場した。平成9年には東京証券取引所市場第二部に株式を上場，同11年2月には東京証券取引所市場第一部銘柄に指定された。

　平成11年4月には中国上海市に上海事務所を開設，同12年4月にはユニクロ日本国内直営店が400店舗を超えた。平成13年9月には英国ロンドン市に4店舗をオープンし，英国における営業を開始。同14年9月には上海市に2店舗をオープンし，中国における営業を開始した。

　平成18年11月にはユニクロ初の1,000坪のグローバル旗艦店，ユニクロソーホーニューヨーク店を出店した。その後も各地に旗艦店，大型店の出店を続け

2　ファーストリテイリングの財務の概要

図表36は，ファーストリテイリングの平成12年度から同23年度までの12年間の売上高，当期純利益，純資産，総資産の推移表である。各列の右側のカッコ内の数字は，売上高右列は平成12年度を100としたときの各年度の指数を示し，当期純利益右列は総資産当期純利益率，純資産右列は自己資本比率，総資産右列は総資産回転期間（月）を示す。

図表36　ファーストリテイリング主要財務数値推移表

（単位：億円）

	売　上　高	当期純利益	純　資　産	総　資　産
12／8	2,290（100.0）	345（22.5）	664（43.3）	1,533（ 8.0）
13／8	4,186（182.8）	592（23.4）	1,201（47.4）	2,534（ 7.3）
14／8	3,442（150.3）	279（13.2）	1,236（58.6）	2,109（ 7.4）
15／8	3,098（135.3）	209（ 9.5）	1,405（63.9）	2,199（ 7.1）
16／8	3,400（148.5）	314（ 9.5）	1,614（67.0）	2,409（ 8.5）
17／8	3,840（167.7）	339（13.0）	1,823（66.8）	2,728（ 8.5）
18／8	4,488（196.0）	404（10.6）	2,405（63.3）	3,797（10.2）
19／8	5,252（229.3）	318（ 8.8）	2,433（64.1）	3,598（ 8.2）
20／8	5,865（256.1）	435（10.7）	2,640（65.2）	4,047（ 8.3）
21／8	6,850（299.1）	498（10.7）	2,614（56.4）	4,633（ 8.1）
22／8	8,148（355.8）	617（12.2）	2,880（56.8）	5,073（ 7.5）
23／8	8,203（358.2）	544（10.2）	3,199（59.9）	5,338（ 7.8）

図表36によると，平成12年度以降，平成14, 15年度に減収，減益となったが，平成16年度以降は順調に増収，増益を続けている。ただし，最近期の平成23年度には，売上高の伸びが鈍ったし，当期純利益は減益となっている。

純資産は，減収，減益の時期においても，増加が続いている。最近は自己資本比率は多少低下傾向にあるが，それでも，平成23年度末現在でも59.9％の高率を維持している。

平成21年度に純資産が前年度に比べ26億円程減少しているが，これは，評価換算差額等の繰延ヘッジ損益が243億円のマイナスになったからであり，その他の年度では，毎年増加を続けている。

　総資産回転期間は8か月前後で推移していて，正常と思われる。当社では毎年店舗数を増やしており，旗艦店や大型店も増やしているが，店舗の建物などは賃借契約で借りられるし，大きな機械設備などは不要なので，設備投資額は比較的少なくて済むことが推察される。

　以上，12年間の推移を通してみると，業績は順調に伸びているし，それに伴って純資産も増えているため，自己資本比率は高水準を維持できている。総資産回転期間も上昇することなく，すべてが正常で順調に成長しているように見える。

　ただ，平成23年度に成長率が鈍り，利益率が多少低下しているのが気になる。平成23年11月25日発表の平成24年度の業績予想によると，売上高は9,650億円に，当期純利益は710億円に，それぞれ平成23年度を大きく上回ることになっており，会社の予想では，なお，成長路線が続くことになっている。

　図表37は，ファーストリテイリングの平成18年度から平成23年度までの6年間の，主要財務数値と要約ＣＦ計算書の推移を示したものである。リスク計算については，図表17を参照されたい。

第Ⅴ部　ケーススタディ

図表37 株式会社ファーストリテイリング主要財務数値推移表

(単位：百万円)

年　　度	18/8	19/8	20/8	21/8	22/8	23/8
(損益計算書，貸借対照表)						
売　上　高	448,819	525,203	586,451	685,043	814,811	820,349
(対前年度増減率)	16.07	17.02	11.66	16.81	18.94	0.68
経　常　利　益	73,138	64,604	85,698	101,308	123,755	107,090
(売上経常利益率)	16.30	12.30	14.61	14.79	15.19	13.05
当　期　純　利　益	40,437	31,775	43,529	49,797	61,681	54,354
(総資産純利益率)	10.65	8.83	10.76	10.75	12.16	10.18
現　金　預　金	121,950	64,091	67,248	43,876	62,466	64,386
(回転期間，月)	3.26	1.46	1.38	0.77	0.92	0.94
有　価　証　券	25,237	55,237	102,912	125,875	139,472	137,728
(回転期間，月)	0.67	1.26	2.11	2.20	2.05	2.01
売　上　債　権	8,396	9,849	13,411	15,213	15,371	17,796
(回転期間，月)	0.22	0.23	0.27	0.27	0.23	0.26
棚　卸　資　産	42,862	55,173	53,778	74,580	74,079	92,750
(回転期間，月)	1.15	1.26	1.10	1.31	1.09	1.36
流　動　資　産　計	250,326	217,978	263,696	298,171	345,625	369,971
(回転期間，月)	6.69	4.98	5.40	5.22	5.09	5.41
固　定　資　産　計	129,328	141,792	141,024	165,114	161,662	163,806
(回転期間，月)	3.46	3.24	2.89	2.89	2.38	2.40
資　産　合　計	379,655	359,770	404,720	463,285	507,287	533,777
(回転期間，月)	10.15	8.22	8.28	8.12	7.47	7.81
仕　入　債　務	42,794	40,568	57,035	56,930	54,098	59,395
(回転期間，月)	1.14	0.93	1.17	1.00	0.80	0.87
借　入　金	19,584	23,916	19,489	32,853	23,223	20,909
(回転期間，月)	0.52	0.55	0.40	0.58	0.34	0.31
負　債　合　計	139,175	116,487	140,706	201,871	219,300	213,866
(回転期間，月)	3.72	2.66	2.88	3.54	3.23	3.13
純　資　産　合　計	240,479	243,283	264,014	261,413	287,987	319,911
(自己資本比率)	63.34	67.62	65.23	56.43	56.77	59.93
利　益　剰　余　金	211,135	228,958	259,756	295,442	336,739	369,717
(内部留保率)	87.80	94.11	98.39	113.02	116.93	115.57

(CF計算書)						
税 前 利 益	72,752	62,713	81,994	95,487	116,867	93,881
減 価 償 却 費	5,364	6,567	8,523	9,765	12,229	18,755
諸 調 整	−24,140	−37,128	−21,918	−26,707	−35,191	−43,619
利 益 要 素 計	(53,976)	(32,152)	(68,599)	(78,545)	(93,905)	(69,017)
売上債権増減額	−2,108	−1,132	−3,505	63	−578	−2,097
棚卸資産増減額	−4,465	−11,809	1,851	−17,576	−1,478	−21,051
仕入債務増減額	4,368	−2,529	15,378	−1,150	−1,878	5,767
その他資産増減額	−152	6,408	−2,104	−1,061	−2,177	2,067
その他負債増減額	5,858	−4,243	7,117	393	829	3,455
運転資本要素計	(3,501)	(−13,305)	(18,737)	(−19,331)	(−5,282)	(−11,859)
営 業 C F	57,477	18,847	87,336	59,214	88,623	57,158
投 資 C F	−41,907	−28,783	−15,421	−34,273	−23,389	−26,643
F C F	15,570	−9,936	71,915	24,941	65,234	30,515
財 務 C F	1,932	−12,759	−19,054	−16,847	−23,897	−26,156
(リスク推定額等)						
リ ス ク 推 定 額	−103,082	−118,272	−134,989	−167,764	−177,928	−187,756
リ ス ク 構 成 比	−27.15	−32.87	−33.35	−36.21	−35.07	−35.18
改 訂 純 資 産 額	137,397	125,011	129,025	93,649	110,059	132,155
改訂自己資本比率	36.19	34.75	31.88	20.21	21.70	24.76

3 ファーストリテイリングの評価

(1) 財務安全性評価

　図表37に基づき，平成18年度から同23年度までの6年間の各種指標の推移表を作成して，評価を行う。

第Ⅴ部　ケーススタディ

	18／9	19／8	20／8	21／8	22／8	23／8
（主要指標）						
自己資本比率	63.3%	67.6%	65.2%	56.4%	56.8%	59.9%
格付	Ⅰ	Ⅰ	Ⅰ	Ⅰ	Ⅰ	Ⅰ
自己資本回転期間	6.4月	5.6月	5.4月	4.6月	4.2月	4.7月
格付	Ⅰ	Ⅰ	Ⅰ	Ⅱ	Ⅱ	Ⅱ
決定格付	Ⅰ	Ⅰ	Ⅰ	Ⅱ	Ⅱ	Ⅱ
（補足指標）						
内部留保率	87.8%	94.1%	98.4%	113.0%	116.9%	115.6%
借入金依存度	5.2%	6.6%	4.8%	7.1%	4.6%	3.9%
改訂自己資本比率	36.2%	34.8%	31.9%	20.2%	21.7%	24.8%

　結論：売上高成長率が高いために，自己資本回転期間が低下して，"極めて健全"から"健全"の格付に低下したが，内部留保率が高いし，借入金依存度は低く，改訂自己資本比率が著しく高いことから，総合してⅠに格上げしてもよい。

　内部留保率が100％を超えていて，純資産はすべて内部留保で構成されていることになる。高成長にも関わらず，自己資本比率を内部留保の積み増しで維持していることを意味し，財務安全性は収益力により支えられていて，安全性が極めて高い。

　借入金依存度は１ケタ台であり，無借金に近い。最近は，手許現金・預金を減らしているが，その分，流動資産の有価証券を増やしており，手許流動性が高いため，資金繰りにも不安がない。

(2) **収益性評価**

	18／8	19／8	20／8	21／8	22／8	23／8
売上高経常利益率	16.3%	12.3%	14.6%	14.8%	15.2%	13.1%
総資産当期純利益率	10.7%	8.8%	10.8%	10.8%	12.2%	10.2%

　結論：いずれも良好であり，規模の拡大にも関わらず，高い利益率を維持していて，①での高い格付を支えるのに十分である。

(3) 将来性評価

結論：23／8期には売上高の成長が鈍化したが，内外で積極的に店舗を増やしており，急激に大きく落ち込む危険性は低いと考えられる。

(4) 効率性評価

	18／8	19／8	20／8	21／8	22／8	23／8
総資産回転期間	10.2月	8.2月	8.3月	8.1月	7.5月	7.8月
借入金依存度	5.2%	6.6%	4.8%	7.1%	4.6%	3.9%
基礎資金構成比	68.5%	74..3%	70.0%	63.5%	61.3%	63.9%
リスク構成比	−27.2%	−32.9%	−33.4%	−36.2%	−35.1%	−35.2%
改訂自己資本比率	36.2%	34.8%	31.9%	20.2%	21.7%	24.8%

リスクの評価：総資産回転期間が低下を続けていて，7か月台に低下している。リーマンショック以降投資を抑制しているのか，平成22年度には成長リスク額が資産リスク額を下回った。当社では平成19年度以降，現金・預金の保有高を減らして有価証券を増やしているため，リスク資産が増えて，資産リスク額が増えている。それでも，リスク構成比は20％前後の低水準に留まっている。有価証券はリスクが低いと思われるので，リスク構成比は過大に推定されていると思われる。

　　　それでもなお，リスク構成比が低いし，自己資本比率が高いため改訂自己資本比率は24.8％であり，リスク抵抗力が極めて強固であることを示している。

結論：効率性は極めて良好で，粉飾の兆候はない。リスク抵抗力もあり，総合すると最高ランクのⅠで評価してよいと思われる。

(5) 総合評価

積極的に出店を進め，業績を伸ばしているが，リスクは低めに押さえられており，財務の安全性は維持されている。手許流動性も高く，資金繰りにも不安が感じられない。

欧州での金融危機が世界規模に広がるなどして，世界的な不況に見舞われた場合などに，急速なグローバリゼーションを目指す当社がどのような対応をするかが注目される。

第2章
株式会社ディー・エヌ・エー（DeNA）

1　DeNAの概要

　平成23年度プロ野球シーズン終了後に，プロ野球球団の買収に成功して話題になった株式会社ディー・エヌ・エー（以下，DeNAという）のケースを取り上げる。

　DeNAはインターネット上のオークションサイトの企画・運営を行うことを目的として，平成11年3月東京都にて設立された。

　平成17年2月に東京証券取引所マザーズ市場に上場，平成19年12月には東京証券取引所第一部に市場を変更している。

　平成23年3月末現在，当社と連結子会社18社，持分法非適用の非連結子会社3社及び持分法非適用関連会社10社の計32社でグループを構成し，主に，モバイル・PC向けのインターネットサービスとして，ソーシャルメディア及びインターネットマーケッティング関連サービス並びにeコマース関連サービスを提供している。

　図表38は，DeNAの17年3月期から23年3月期までの7期間の損益計算書及び貸借対照表の主要項目と，CF計算書の要約を記載した表である。

第Ⅴ部　ケーススタディ

図表38　株式会社ディー・エヌ・エー主要財務数値推移表

(単位：百万円)

年　　度	17／3	18／3	19／3	20／3	21／3	22／3	23／3
(損益計算書)							
売　上　高	2,871	6,429	14,181	29,736	37,607	48,105	112,728
(対前年度増減率)	12.02	123.93	120.58	109.69	26.47	27.92	134.34
経　常　利　益	444	1,885	4,621	12,820	16,099	21,518	56,258
(売上経常利益率)	15.46	29.32	32.59	43.11	42.81	44.73	49.91
当　期　純　利　益	440	1,487	2,539	6,776	7,956	11,371	31,603
(総資産純利益率)	7.98	11.18	12.02	20.63	21.31	20.57	24.84
(貸借対照表)							
現　金　預　金	4,647	11,870	15,644	21,780	23,441	33,471	62,640
(回転期間，月)	19.42	22.16	13.24	8.79	7.48	8.35	6.67
売上債権・未収入金	458	827	2,674	5,511	7,052	13,621	22,963
(回転期間，月)	1.91	1.54	2.26	2.22	2.25	3.40	2.44
棚　卸　資　産	35	1	98	128	111	84	0
流　動　資　産　計	5,142	12,779	18,787	28,361	32,419	49,081	90,601
(回転期間，月)	21.49	23.85	15.90	11.45	10.34	12.24	9.64
固　定　資　産　計	375	516	593	4,486	4,916	6,191	36,614
(回転期間，月)	1.57	0.96	0.50	1.81	1.57	1.54	3.90
資　産　合　計	5,517	13,295	21,120	32,847	37,335	55,273	127,216
(回転期間，月)	23.06	24.82	17.87	13.26	11.91	13.79	13.54
仕入債務・未払金	409	912	2,093	3,082	3,424	5,674	12,803
(回転期間，月)	1.71	1.70	1.77	1.24	1.09	1.42	1.36
借　入　金	0	0	0	0	0	0	0
負　債　合　計	868	1,982	6,611	11,613	11,681	18,621	44,770
(回転期間，月)	3.63	3.70	5.59	4.69	3.73	4.65	4.77
純　資　産　合　計	4,649	11,312	14,509	21,234	25,655	36,651	82,445
(自己資本比率)	84.27	85.08	68.70	64.65	68.72	66.31	64.81
利　益　剰　余　金	643	2,320	4,859	11,384	18,447	28,964	58,895
(内部留保率)	13.83	20.51	33.49	53.61	71.9	79.03	71.44

第2章　株式会社ディー・エヌ・エー（DeNA）

（ＣＦ計算書）

税前利益	444	1,881	4,620	12,579	15,141	20,724	55,308
減価償却費	203	238	377	889	1,365	1,515	1,917
諸調整	-185	3	-437	-2,951	-6,726	-6,564	-9,767
利益要素	(462)	(2,122)	(4,560)	(10,517)	(9,780)	(15,675)	(47,458)
売上債権等増減額	-35	-369	-1,286	-2,249	-621	-6,578	-8,970
棚卸資産増減額	-35	34	-95	-30	2	0	0
仕入債務等増減額	281	448	722	815	356	2,105	7,090
その他	137	229	984	154	-46	2,325	2,338
運転資本要素	(348)	(342)	(325)	(-1,310)	(-309)	(-2,148)	(458)
営業ＣＦ	810	2,464	4,885	9,207	9,471	13,527	47,916
投資ＣＦ	-287	-296	-1,656	-2,682	-3,752	-2,539	-18,948
ＦＣＦ	523	2,168	3,229	6,525	5,719	10,988	28,968
売上高ＣＦ率	18.22	33.72	22.77	21.94	15.21	22.84	25.70
財務ＣＦ	3,280	5,055	479	-390	-4,020	-1,004	-1,004

（リスク計算）

運転資産計	-70	-335	-1,381	-2,279	-619	-6,578	-8,970
リスク発生額	-154	-393	-2,660	-4,072	-3,006	-7,602	-26,001
リスク累計額			-3,333	-7,279	-10,131	-17,340	-40,681
資産リスク	-347	-538	-1,346	-4,170	-4,832	-7,958	-23,831
リスク推定額	-347	-538	-3,333	-7,279	-10,131	-17,340	-40,681
リスク構成比	-6.29	-4.05	-15.78	-22.16	-27.14	-31.37	-31.98
改訂純資産額	4,302	10,350	11,176	13,955	16,524	19,311	41,764
改訂自己資本比率	77.98	77.85	52.92	42.48	44.26	34.94	32.83

注）　17／3は個別，18／3以降は連結

2　DeNAの財務の概要

　図表38によると，まず注目されるのは，売上高の異常ともいえる急成長振りである。それも，平成18年度から同23年度までの6年間は，21年度，22年度の2年間を除いて，毎年，売上高が前年度の2倍以上に増えているし，21年度，22年度でも年率30％近い伸び率を記録している。

　平成17年2月に上場しているので，17年度は大半が未上場の時期である。平成17年度の売上高29億円に比べると，同23年度は39倍強の1,127億円になっている。

　次に注目されるのは，前掲の週刊東洋経済が平成23年12月24－31日特大号で，驚異的水準と表現した利益率の高さである。最近の4年間では，毎年，総資産の20％を超える当期純利益を計上し，平成23年度は316億円の当期純利益を計上している。そして，当期純利益のほとんど全額が，手持現金・預金の増加となり，23年度末の現金・預金残高は626億円に達している。

　平成17年度末には46億円であった純資産が，平成23年度末には約18倍の824億円に増えているが，増加分778億円のうち75％の583億円は利益剰余金の積み増しによる。自己資本比率は，規模の拡大に従って総資産が増えたためにやや低下したものの，平成23年度末現在で64.8％の高率である。

　23年度末の総資産は1,272億円であり，回転期間にすると13.5か月になるが，うち49.2％の626億円は現金・預金であり，現金・預金を除くと回転期間は6.9か月であり，現金・預金を除くと資産の効率も極めて良好である。

3　DeNAの評価

(1)　財務安全性評価

第Ⅲ部で紹介した評価法に従い，当社の評価を試みる。

	18/3	19/3	20/3	21/3	22/3	23/3
（主要指標） 自己資本比率 格　　付	85.1% Ⅰ	68.7% Ⅰ	64.7% Ⅰ	68.7% Ⅰ	66.3% Ⅰ	64.8% Ⅰ
純資産回転期間 格　　付	21.1月 Ⅰ	12.3月 Ⅰ	8.6月 Ⅰ	8.2月 Ⅰ	8.9月 Ⅰ	8.8月 Ⅰ
決定格付	Ⅰ	Ⅰ	Ⅰ	Ⅰ	Ⅰ	Ⅰ
（補助指標） 内部留保率 借入金依存度 改訂自己資本比率	20.5% 0.0% 81.0%	33.5% 0.0% 52.9%	53.6 0.0% 42.5%	71.9% 0.0% 41.6%	79.0% 0.0% 34.9%	71.4% 0.0% 32.8%

　自己資本比率は常に著しく高いし，無借金経営が続いていて，財政状態は極めて堅固で良好である。

　内部留保率は平成18年度の21.3％から年々上昇して，平成22年度には70％を超えたし，平成23年度も70％台を維持している。財政状態の健全性は，高い収益力により支えられたものであることを示している。

　資金繰り面では，平成23年3月末現在で借入金がゼロである。支払いが必要な負債の残高は，買掛金，未払金，未払法人税等の合計で340億円であり，ほかに，その他の負債が29億円ある。これに対して現金・預金が620億円もあって，当面の資金繰りには全く不安はない。

　資産が少ない上に，平成22年度までは総資産の半分以上が現金・預金であり，平成23年度においても，その比率は49.2％であるため，リスク構成比が概して低い。そのため，平成23年度における改訂自己資本比率は30％を超えており，2度にわたって，リスクの洗礼を受けても，まだ債務超過にはならない体質で

ある。

財務安全性の面ではすべてにおいて最高のランクに評価される。

(2) 収益性評価

平成18年度以降の主要利益率は下記のとおりである。なお，売上高ＦＣＦ率は，毎年度のＦＣＦを売上高で割った比率である。

	18／3	19／3	20／3	21／3	22／3	23／3
売上高経常利益率	29.3%	32.6%	43.1%	42.8%	44.7%	49.9%
総資産当期純利益率	11.2%	12.9%	20.6%	21.3%	20.6%	24.8%
売上高ＦＣＦ率	33.7%	22.8%	21.9%	15.2%	22.8%	25.7%

利益率はいずれも極めて高いし，上昇傾向にあって，現状では収益性についても不安はない。ただ，売上高ＦＣＦ率が高いのは，利益に比べ投資ＣＦが少なすぎること意味する可能性があるので，割り引いて評価する必要がある。

(3) 将来性評価

平成23年度前半期頃までは極めて快調に成長を続けてきたが，平成23年度の後半期あたりから，成長率に鈍化傾向が見られ，24Ｑ2期には売上高はＱ1と比べて1.9%増に留まっている。

4四半期の移動平均値による売上高の推移は，163頁の図表27のとおりであり，23年度後半期以降での成長率の鈍化状態が読み取れる。

DeNAでは，平成24年2月7日付で，24年度の業績予想を発表しているが，それによると，売上高1,440億円，経常利益603億円，当期純利益326億円の予想になっている。24Ｑ3期の3か月間では，売上高342億円，経常利益127億円，当期純利益は61億円である。

24Ｑ3期の売上高は24Ｑ2期比で1.5%減であり，減少に転じているが，これが，東日本大震災や，世界的な金融危機の影響による一時的な現象なのかどうかは，今後の業績推移を見ないと分からない。

ただ，平成22年11月に大型Ｍ＆Ａにより子会社を取得し，平成23年度末には

のれんを28百万円ほど増やしていること（前掲週刊東洋経済によると，買収額は340億円とのこと）に留意する必要がある。平成23年度には，新しい子会社の損益計算書は連結されていないとのことなので，売上高などは平成24年度から寄与することになると思われるが，24Q3期まででは，その効果は顕著ではないようだ。9か月程度では効果を見定めることは不可能と思われるので，少なくともあと1年程度は売上高の傾向に注意して，M&Aの成果を見定める必要がある。

(4) 効率性評価

	18／3	19／3	20／3	21／3	22／3	23／3
総資産回転期間	24.8月	17.9月	13.3月	11.9月	13.8月	13.5月
借入金依存度	0.0%	0.0%	0.0%	0.0%	0.0%	0.0%
リスク構成比	−4.1%	−15.8%	−22.2%	−27.1%	−31.4%	−32.0%
改訂自己資本比率	81.0%	52.9%	42.5%	41.6%	34.9%	32.8%

平成23年度の総資産回転期間13.5か月のうち，約半分の6.7か月は現金・預金回転期間である。売上高，総資産が大きく膨らんだ23年度末においても，売上高の7か月分近くの現金・預金を手持ちしているのは，資金繰りの安全性から見ると，大いに評価できるが，効率性の観点からはマイナスの面もある。

現金預金以外の資産が少ないし，その中心になる売上債権の回転期間は2か月から3か月台で安定的に推移しているし，棚卸資産はゼロであり，粉飾の兆候も感じられない。22年度末に計上したのれんについては，今後，簿価並みの利益をもたらすかどうかは不明だが，当社の収益性の現状から見て，水増しなどの操作は考えにくい。

当社のこれまでの資金運用のパターンから見ると，有形固定資産やソフトウエアなどへ投資額は比較的少額に留まっているので，営業CFで稼いだ資金は，配当金を支払った後は，一部は子会社の取得に向けられているが，大部分は資金として手許に残されている。

成長を続けている間は，M&Aで子会社を増やして，更に業容を拡大させる

戦略も有効だが，成長を維持するために無理な投資に走ると思わぬリスクを背負い込む危険性もある。

また，M＆Aによる急速な規模の拡大に，人材の育成がついていけるかも懸念される。その意味では，現金・預金が多すぎるのもリスクになる。

(5) リスクの評価

現金・預金以外の資産が少ないため，資産リスクが低い。平成22年11月に大型子会社の買収をするまでは，大きな投資は行っていないので，リスク発生額も著しく低く，成長リスク額は常に資産リスク額よりも小さい。22年度に子会社の大型買収を行ったので，資産リスク額，成長リスク額ともに増加したが，それでもなお資産リスク額の方が大きい。平成23年度にはリスク構成比は32％台になったが，それでも，他社に比べかなり低めである。

改訂自己資本率は23年度末においても32％を超えていて，リスクに対する抵抗力は極めて高いと評価できる。

現金・預金を，ここでは無リスク資産としているが，用途の決まっていない現金・預金を多額に保有していることは，将来，何に使われるかが分からないだけに，リスク資産に大化けする危険性もある。

(6) 総合評価

DeNAについては，将来性に多少の不安があるが，財務安全性や収益性については完璧に近い。

しかし，「好事魔多し」や，「過ぎたるはなお及ばざるが如し」の格言もある。

平成23年度末の有形固定資産は11億円の少額であり，棚卸資産はゼロである。ほかに目ぼしい事業用資産としては，売掛金と未収入金があるだけで，この両者を合わせても136億円に過ぎない。

DeNA社の平成23年度有価証券報告書によると，モバイルコンテンツの市場規模は27年度には6,700億円にまで拡大する予測とのことで，まだまだ成長が期待できる事業分野である。たいした資金がかからないのに，驚異的高率の利

第2章　株式会社ディー・エヌ・エー（DeNA）

益が得られるし，市場はまだ，まだ成長過程にあるとすると，当然，競争の激化が予想される。

上記の有価証券報告書でDeNAは，モバイルユーザー向けソーシャルゲーム市場は，国内の競合他社も取り組みを強化しており，今後競争が一層激しくなることが予測されるし，既に海外市場で実績を積み上げているグローバル企業との激しい競争にさらされることになることを認めている。

前掲の週刊東洋経済は，ソーシャルゲーム市場での競争について更に厳しい見方をしていて，次のように報道している。「気になるのは国内市場の飽和だ。足元の国内会員数はグリーが約2,800万人，モバゲーが約3,200万人に到達。DeNAの直近四半期（11年6月～9月期）はついに売上高横ばい。最終減益となるなど天井が見え始めており，現在の収益力がいつまで続くか不透明な状況にある。先を見据えた両社が勝負に出ているのが，海外市場の開拓で，潤沢な手元資金を生かしDeNAは平成22年11月約340億円，グリーは平成23年4月約85億円で海外のソーシャルゲーム会社を買収。これによりグローバルでの会員数はかさ上げされたが，ユーザー当たりの利用額が国内に比べ低く，収益貢献は限定的だ」（平成23年12月24－31合併特大号，グリー，DeNA独走）

いつまでも高成長を続けることは期待できないと思われる。当社では，余剰資金を安全かつ有効に使って，安定成長に向けて軟着陸を図る時期に来ているのではないか。プロ野球球団の買収は，そのための一歩になる可能性もあるので，今後の成果に注目したい。

第Ⅴ部　ケーススタディ

第3章
オリンパス株式会社

1　オリンパスの概要

　次に，社長の解任劇から長年にわたる粉飾が明るみに出て，株価が暴落し，東京地検，警視庁，証券取引等監視委員会の強制捜査を受けるなど，大揺れに揺れているオリンパス株式会社を取り上げる。

　オリンパスは，大正8年10月に，現本店所在地において，顕微鏡の国産化とその他光学機械の製作を目的として，株式会社高千穂製作所の商号で設立された。

　昭和11年には写真機の製造を開始。昭和24年1月には，商号を高千穂光学工業株式会社からオリンパス光学工業株式会社に変更。同年5月に東京証券取引所に株式を上場した。

　昭和27年5月には医療機器の製造を開始した。

　平成15年10月オリンパス株式会社に商号を変更した。

　平成21年8月分析機器事業を米国ベックマン・コールター社グループに譲渡，などの経過で現在に至っている。

2 訂正前の財務諸表による分析

　図表39は，オリンパスの平成19年年度から同23年度までの財務の主要数値と，要約ＣＦ計算書（ただし財務ＣＦは除く）の推移表である。また，下段のリスク計算では，年度ごとのリスク推定値の計算過程を示してある。いずれも粉飾訂正前の財務諸表によっている。ＣＦ計算書の減価償却費には，減損損失や，のれん償却費も含めてある。

　図表39によると，売上高は平成20年度をピークにして，下降傾向にあるし，経常利益もほぼ同じような経過をたどっている。当期純損益では，平成21年度に，のれん償却などに1,104億円の特別損失を計上したため，1,148億円の損失になっている。平成21年度以外では，いずれの年度も黒字である。

　平成23年8月5日現在において，平成24年度の売上高は，前年度比増収の9,000億円を予想し，350億円の経常利益と180億円の当期純利益を見込んでいた。

　のれんを2,210億円も増やしたことなどで，平成20年度には総資産回転期間が一挙に2か月以上も上昇して14.4か月になっているが，Ｍ＆Ａによる事業拡大戦略をとっている当社では，特に異常とするほどの増加ではないし，高水準でもない。

　翌平成21年度に，のれんについて普通・特別償却の合計で1,015億円，翌22年度にも150億円の巨額償却を実施している（償却額はＣＦ計算書による）。

　平成19年度末にはのれん残高は787億円であることから，平成21，22年度の償却額には，平成20年度以降に計上したのれんの償却が多額に含まれており，巨額ののれんを計上した翌年又は翌々年に，巨額の償却を行っているのに疑問がもたれる。

　平成21年度に巨額の損失を計上したことで，自己資本比率が10％台に低下し，平成23年度には15.7％になっていて，自己資本比率から見ると，危険水準に近づいている。借入金依存度が60％を超えていて，異常に高いのにも注意する必

第Ⅴ部　ケーススタディ

図表39　オリンパス主要財務数値推移表(訂正前)

	18/3	19/3	20/3	21/3	22/3	23/3
(損益計算書，貸借対照表)						
売　　上　　高	978,127	1,061,786	1,128,875	980,803	883,086	847,105
経　常　利　益	41,206	76,226	93,085	18,390	45,115	22,148
売上高利益率	4.21	7.18	8.25	1.87	5.11	2.61
当　期　純　利　益	28,564	47,799	57,969	-114,810	47,763	7,381
総資産利益率	2.93	4.38	4.27	-10.38	4.15	0.69
現　金　預　金 回　転　期　間	165,720 2.03	216,586 2.45	158,281 1.68	136,877 1.67	206,783 2.81	213,561 3.03
売　上　債　権 回　転　期　間	167,411 2.05	192,855 2.18	193,555 2.06	160,258 1.96	154,239 2.10	141,176 2.00
棚　卸　資　産 回　転　期　間	93,198 1.14	89,847 1.02	110,824 1.18	96,490 1.18	90,690 1.23	93,055 1.32
流　動　資　産　計 回　転　期　間	489,525 6.01	572,838 6.47	543,305 5.78	474,767 5.81	532,876 7.24	533,660 7.56
固　定　資　産 回　転　期　間	486,607 5.97	518,962 5.87	815,044 8.66	631,551 7.73	619,351 8.42	529,933 7.51
総　　資　　産 総資産回転期間(月)	976,132 11.98	1,091,800 12.34	1,358,349 14.44	1,106,318 13.54	1,152,227 15.66	1,063,593 15.07
仕　入　債　務 回　転　期　間	85,741 1.05	100,252 1.13	83,602 0.89	66,604 0.81	74,074 1.01	68,715 0.97
借　　入　　金 借入金依存度	446,093 45.70	462,214 42.33	656,756 48.35	660,224 59.68	661,481 57.41	648,787 61.00
純　　資　　産 自己資本比率	300,313 30.77	344,871 31.59	367,876 27.08	168,784 15.26	216,891 18.82	166,836 15.69
利　益　剰　余　金 内　部　留　保　率	153,864 52.94	191,122 55.42	237,817 64.65	110,407 65.41	168,238 77.57	170,439 102.16
3要素総合残高 回　転　期　間	174,868 2.15	182,450 2.06	220,777 2.35	190,144 2.33	170,855 2.32	165,516 2.34
基　　礎　　資　　金 基礎資金構成比	746,406 76.47	807,085 73.92	1,024,632 75.43	829,008 74.93	878,372 76.23	815,623 76.69

〔CF計算書〕						
税　前　利　益	43,187	73,580	94,612	-91,301	86,204	22,759
減　価　償　却　費	32,696	38,272	46,692	148,078	59,626	46,393
諸　　　調　　　整	-20,428	-18,222	-45,501	-3,107	-50,471	-36,000
利　益　要　素	(55,455)	(93,630)	(95,803)	(53,670)	(95,359)	(33,152)
売　　上　　債　　権	-9,622	-17,432	-3,959	16,794	-10,663	9,969
棚　　卸　　資　　産	15,643	6,821	-14,316	6,022	-2,747	-3,452
仕　　入　　債　　務	-15,340	11,528	-9,230	-14,340	13,196	-5,731
そ　　　の　　　他	2,898	13,853	20,708	-20,518	-18,900	-1,021
運転資本要素	(-6,421)	(14,770)	(-6,797)	(-12,042)	(-19,114)	(-235)
営　　業　　C　　F	49,034	108,400	89,006	41,628	76,245	32,917
投　　資　　C　　F	-81,755	-96,481	-304,303	-20,728	-20,967	16,555
F　　　C　　　F	-32,721	11,919	-215,297	20,900	55,278	49,472
（リスク計算）						
運　転　資　産　計	6,021	-10,611	-18,275	22,816	-13,410	6,517
リ　ス　ク　発　生　額	-43,038	-68,820	-275,886	150,166	25,249	69,465
成　長　リ　ス　ク　額	-162,624	-207,489	-385,379	-237,578	-169,291	-31,006
資　産　リ　ス　ク　額	-324,165	-350,088	-480,035	-387,776	-378,178	-340,013
リ　ス　ク　推　定　額	-324,165	-350,088	-480,035	-387,776	-378,178	-340,013
リ　ス　ク　構　成　比	-33.21	-32.07	-35.34	-35.05	-32.82	-31.97
改　訂　純　資　産　額	-33,509	-5,217	-112,159	-218,992	-161,287	-173,177
改訂自己資本比率	-3.43	-0.48	-8.26	-19.79	-14.00	-16.28

要がある。

　リスク推定額を控除した改訂自己資本比率は，平成23年度には16.3％のマイナスになっている。訂正前の粉飾財務諸表の分析によっても，財政状態が劣悪だし，粉飾の疑いが持たれるなど，危険度が極めて高いことが推察できる。

　なお，以下において第Ⅲ部での評価方法に基づいて，オリンパスの評価を行う。

第Ⅴ部　ケーススタディ

3　訂正前の財務諸表による評価

(1)　財務安全性評価

図表39をもとに，オリンパスの評価を行う。

下の表は，図表39による平成19年度から同23年度までの5年間における自己資本比率と，自己資本回転期間の推移をもと作成した財務安全性の評価表である。

	19／3	20／3	21／3	22／3	23／3
(主要指標)					
自己資本比率	31.6%	27.1%	15.3%	18.8%	15.7%
同上格付	Ⅲ	Ⅳ	Ⅴ	Ⅴ	Ⅴ
自己資本回転期間	3.9月	3.9月	2.1月	2.9月	2.4月
同上格付	Ⅲ	Ⅲ	Ⅳ	Ⅲ	Ⅳ
格付決定	Ⅲ	Ⅳ	Ⅴ	Ⅴ	Ⅴ
(補足指標)					
内部留保率	55.4%	64.7%	65.4%	77.6%	102.2%
借入金依存度	42.3%	48.4%	59.7%	57.4%	61.0%
改訂自己資本比率	－0.5%	－8.3%	－19.8%	－14.0%	－16.3%

結論：格付は低下傾向にあって，23年度はⅤであり，危険水域に入る一歩手前の"脆弱"の評価である。

　平成23年度に内部留保率が102.2％に上昇したのは，為替換算調整勘定のマイナスが大幅に増えて，純資産が大幅に減少したためであり，むしろマイナスの要因による。

　借入金依存度は年々上昇し，平成23年3月期には61％の高率に達しているし，リスク構成比が高く，改訂自己資本比率が大幅のマイナスになっていることなどから，格付のⅥへの引き下げも考慮する必要がある。

第3章　オリンパス株式会社

(2) 収益性評価

	19／3	20／3	21／3	22／3	23／3
売上高経常利益率	7.2%	8.2%	1.9%	5.1%	2.6%
総資産当期純利益率	4.4%	4.3%	−10.4%	4.2%	0.7%

結論：21年度には当期純損益が大きな赤字になっているが，これは特別損失で巨額ののれん償却を行ったためであり，23年度は利益率が低下しているが，世界的な景気の落ち込みを反映したものと考えられるので，収益性は低いながらも，(1)の財務安全性の格付を変更するほどのものではないと考えられる。

(3) 将来性評価

結論：売上高の下降傾向が続いているが，リーマンショック後の世界経済の動きから見て，当社だけの現象とは認められないので，(1)の財務安全性の格付を変更する必要はないと考えられる。

(4) 効率性評価

	19／3	20／3	21／3	22／3	23／3
総資産回転期間	12.3月	14.4月	13.5月	15.7月	15.1月
借入金依存度	42.3%	48.4%	59.7%	57.4%	61.0%
基礎資金構成比	73.9%	75.4%	74.9%	76.2%	76.7%
リスク構成比	−32.1%	−35.3%	−35.1%	−32.8%	−32.0%

結論：総資産回転期間が長めで，伸張傾向にあるし，借入金依存度が高く，大幅に伸びている。基礎資金構成比はほとんど増えていないことから，粉飾の疑いが持たれる。

　平成20年度にはリスク推定額が1,299億円も膨らんでいるが，これはのれんの増加による。21／3期にはのれんを，通常の償却のほかに922億円の追加償却を行った結果，リスク推定額は大幅に減少した。

　平成21年度に自己資本比率及び改訂自己資本比率が大きく低下した

のは，主にこののれんの償却損による。20/3期に粉飾により水増しした上で，水増ししたのれんを，翌21/3期に特別損失で償却した疑いが濃厚である。

(5) 総合評価

当社の財務安全性は下降傾向にあり，粉飾の兆候も見られるので，格付は最低のⅥが妥当と考えられる。

以上のとおり，粉飾により純資産を水増しした状態でも，危険水準の評価になる。

4 訂正後の財務諸表による分析

(1) オリンパス粉飾の実態

オリンパス株式会社では，平成23年12月6日付の第三者による調査委員会の調査報告書に基づき平成23年12月14日付にて，平成19年3月期から同23年3月期までの有価証券報告書と，同24年3月期第1四半期の四半期報告書の訂正報告書を提出した。

第三者委員会の報告書によると，オリンパスの粉飾の概要は次のとおりである。

① 財テクでの損失が累積

オリンパスは，1985年以降の急速な円高によって大幅に営業利益が減少したことを受け，当時隆盛となりつつあった財テクを重要な経営戦略と位置付け，金融資産の積極的運用に乗り出した。

しかしながら，1990年にバブル経済が崩壊したため，それ以降，金融資産の運用による損失が増大し始めた。その損失を取り返すためにハイリスク・ハイリターン商品やリスクの高い複雑な仕組み債などに手を出し，その結果金融資産の運用損は飛躍的に膨れ上がるに至った。含み損は1990年代後半には1,000億円をやや下回るほどの巨額なものとなった。

1993年6月に岸本正寿氏が社長に就任し，堅実経営路線への転換を図ったが，増大する金融資産の運用損に対しては運用部門にまかせたまま抜本的な解決に着手しなかった。

② 含み損資産の飛ばしの仕組み作り

オリンパスでは，平成12年度には170億円を特別損失として計上したが，残りの960億円は岸本氏から新社長の菊川氏に引き継がれた。

膨れ上がる含み損の大部分は放置して，ただ先送りするだけであったが，平成9年から同10年にかけて，金融資産の会計処理については，それまでの取得原価主義を改め，時価評価主義に転換する動きが本格化し始めた。

時価会計の適用によって，巨額の含み損が表面化する事態を回避するための方策として，アクシーズ・ジャパン証券株式会社の中川昭夫社長及びアクシーズアメリカとの間で，ファンドを用いて含み損を隠す方策について具体的な検討を行った。

その結果，オリンパスの連結対象にはならないファンドを設立し，そのファンドに含み損のある金融商品を簿価で買い取らせて，含み損を簿外にするいわゆる"飛ばし"の方法を考案した。

まず，含み損のある金融商品を移転するための受け皿となるファンド（以下受け皿ファンドという）を設立する必要があり，次に，その受け皿ファンドが当該金融商品を購入するための資金を用意する必要がある。

中川氏らはオリンパスの依頼を受けて，平成10年には，最初の受け皿ファンドをケイマン諸島に創設した。オリンパスでは，預金や日本国債を特定の外銀に預託し，これを担保に受け皿ファンドが外銀から融資を受けて，受け皿ファンドに資金を流す仕組みを作り上げた。ほかにも，オリンパスにおいて事業ファンドを設立し，当該ファンドを通じて受け皿ファンドに資金を流した。

オリンパスでは，オリンパスの預金等が外銀からの融資の担保になっていることを監査法人に隠すために，外銀に対して，監査法人からの預金の残高照合に際して，担保の事実を伏せて，残高だけを報告するように要請していた。外銀はこの要請を受けて，監査法人には融資残高のみを報告していたが，監査法

人は，外銀からの確認を受けて，更に追求することはしなかった。

オリンパスは平成9年から10年にかけて複数の受け皿会社を立ち上げ，平成10年から12年にかけて，国内ルート，ヨーロッパ・ルート，シンガポール・ルートの3とおりルートを通じて受け皿ファンドに資金を流した。その結果，合計960億円のオリンパスの含み損を受け皿ファンドに移転し，連結財務諸表から含み損を分離した。

平成15年には損失移転金額の合計は1,177億円になっていた。

③ 飛ばしの事後処理について

オリンパスは，いずれは資金を銀行に返済しなければならず，また，ファンドへ出資した資金を償還してもらうことが必要であった。

オリンパスが考案した解決策は，ファンドにおいて安価に購入したベンチャー企業をオリンパスが高額で買い取り，あるいは，M＆A案件に絡んで世話人に高額の謝礼を支払うなどの方法で資金を流し，その資金を環流させて，損失処理策に関与したファンド等の債権債務を整理させる。その結果，オリンパスは預金の払い戻しや出資の償還を受けられるようになる。他方，オリンパスでは膨らんだのれんなどの償却という形で費用化して段階的に解消しようとするものである。

この案は以下のようにして実行に移された。

平成12年3月，オリンパスは投資事業ファンドG.C.New Vision Venture（以下，GCNVVという）を立ち上げ，オリンパスから300億円，ファンドから50億円の出資を受けた形にしたが，実際には350億円全額をオリンパスが負担していた。GCNVVは約300億円を受け皿ファンドに提供する一方で，自らも資金の一部を使ってベンチャー企業にも投資をしていたが，投資先が事業に行き詰まって倒産状態や休眠状態となる例が相次いだため，GCNVVの損失は次第に拡大していった。

④ 国内3社の株式の高値購入による含み損処理

GCNVVは平成15年から17年にかけてアルティス，ヒューマラボ，NEWS CHEFの国内の3社を相次いで発掘した。オリンパスでは，ファンドに安い価

格で3社の増資を引き受けさせ，GCNVVに著しく高い価格でその株式を購入させた。

　ファンドを使って国内3社の株式の取得を進めていた頃，平成19年の会計基準の変更により，GCNVV及びその主要な投資先を連結決算に組み込むことが必要になったことから，平成19年9月，GCNVVを中途解約した。

　GCNVVが保有していた投資先の株式はオリンパスとGCNVVのジェネラル・パートナーであったGCI Caymanが現物で引き取ることになった。オリンパスは，GCNVVが著しく高い価格で購入して保有していた国内3社の株式を引き取り，GCNVVの取得簿価でオリンパスの資産に計上した。その結果，国内ルートは解消した。

　オリンパスは国内3社の株式をファンドからも高値で購入し，最終的にオリンパスの購入株式総額は732億円になった。ヨーロッパ・ルートのファンドでは株式売却代金319億円は銀行への返済に充てられた。そこで，平成20年8月オリンパスは銀行から担保となっていた351億円の預金の払い戻しを受けた。

　他のヨーロッパ・ルートのファンドからも売却代金370億円がオリンパスに還流され，こうしてヨーロッパ・ルートは解消した。

　オリンパスがファンドから3社の株式を著しく高値で買い取ることにより，オリンパスが飛ばしによってファンドに分離した損失の一部は，最終的にはのれんとして，オリンパスの資産に計上されることになった。

　しかし，オリンパスは，監査法人から，のれんの資産価値が当初計上した価格と大幅に乖離しているとの指摘を受け，平成21年3月期に3社ののれんについて557億円の大幅な減損処理を行った。

　翌平成22年3月期にも13億円の減損処理を行って，含み損失の一部を解消させた。

⑤　M&Aに対する手数料支払いを利用した含み損処理

　2000年初め頃，既存事業の成長に行き詰まりを感じていたオリンパスは，M&Aによって事業拡大することを検討していた。

　平成18年6月にオリンパスは，アクシーズアメリカとフィナンシャル・ア

ドバイザー契約を締結した(平成19年6月には修正)。この契約は,英国における医療機器の販売会社ジャイラスの買収成立の成功報酬として1,200万ドルと,ジャイラスの株式オプション及びワラントをアクシーズアメリカに付与するものであった。その上で,オリンパスが後に株式を高値で買い戻すなどして,アクシーズアメリカからファンドに資金を流してファンドの損失穴埋めに使うために考案されたものである。

この方法では,オリンパスが高値で取得した株式代金の一部は,連結子会社ののれんとしてオリンパスの連結貸借対照表に計上されることになる。この結果,平成23年3月までに合計632億円が償還され,シンガポール・ルートは解消された。

国内3社株式取得額のうち,損失分離先のファンドに流出した716億円と合わせると1,348億円になった。

あずさ監査法人は,国内3社の買収価格と,ジャイラス買収に伴う報酬額がともに著しく高額であることを指摘して,オリンパスの説明になかなか納得しなかった。しかし,オリンパスで,国内3社ののれんに関して557億円の減損処理をするとともに,これら取引が違法とまではいえないとする外部専門家による委員会報告書を入手して提示したことにより,あずさ監査法人から,ようやく無限定適正意見が提出された。

⑥　訂正財務諸表による含み損処理額の推定

ⅰ)　平成19年度

図表40(1)は,オリンパスの平成19年度末における含み損の状態を仕訳の形で示したもので,左側が含み損額,右側が含み益を示し,純資産が含み損残高になる。

図表40(1)　オリンパス含み損内訳表

(平成19年度末,単位:億円)

現金・預金	350	ファンド運用資産	575
投資有価証券	1,116	含み損	1,199
長期借入金	300		
その他負債	6		
未払税金	2		

ii) 平成20年度

　平成20年度中に減価償却費や営業外費用で合計42億円の含み損を減らしている。他方，ファンドにおける運用損69億円などで合計76億円の含み損が新たに発生し，法人税や外貨の為替換算差額が加減されて，差引き37億円だけ含み損が増えた。その結果，平成20年度末の含み損は1,236億円になった。

　ファンドに飛ばしていた含み損のうち720億円がファンドとなってオリンパスに戻るなどで，含み損の内訳は**図表40(2)**のとおりとなっている。

図表40(2)　オリンパス含み損内訳表

（平成20年度末，単位：億円）

現金・預金	350	ファンド運用資産	678	
のれん	720	繰延税金資産	6	
投資有価証券	998	未払金	177	
その他資産	27	含み損	1,236	
未払税金	2			

iii) 平成21年度

　平成21年度中には，のれんを一般償却で81億円，特別償却で557億円減らし，前期損益修正損で155億円落として，合計793億円の含み損を解消させた。他方，貸倒れなどで含み損が67億円増えたし，法人税等や評価換算差額金の調整などで，結局，含み損は656億円減少した。その結果，平成21年度末の含み損は579億円になった。

　のれんは減価償却等で大幅に減少したが，新たに計上される分が加わって年度末には103億円になった。平成21年度末における含み損の内訳は，**図表40(3)**のとおりとなっている。

図表40(3)　オリンパス含み損内訳表

（平成21年度末，単位：億円）

のれん	103	ファンド運用資産	85	
投資有価証券	646	借入金	174	
その他資産	27	繰延税金資産	9	
未払税金	72	含み損	579	

iv） 平成22年度

平成22年度には22億円ののれん償却などで合計53億円の含み損を消したが，ファンドでの損失などによる発生もあって，差引き含み損は42億円減少した。その結果年度末の含み損は538億円になった。

のれんは新たな計上分が加わり，年度末には残高が492億円になった。平成22年度末における含み損の内訳は**図表40**(4)のとおりである。

図表40(4)　オリンパス含み損内訳表

（平成22年度末，単位：億円）

のれん	492	ファンド運用資産	659
投資有価証券	618	繰延税金資産	3
その他資産	15	含み損	538
未払税金	68		
繰延税金資産	7		

v） 平成23年度

平成23年度にはのれんの償却を29億円実施して含み損を減らしたが，ファンドでの損失などによる新規発生額が64億円あって，差引き含み損は35億円減少した。その結果年度末の含み損は513億円になった。

平成23年度末における含み損の内訳は**図表40**(5)のとおりである。

訂正財務諸表では，のれんの含み損424億円を損失に落とし，繰延税金資産や未払税金などを計上した結果，純資産が513億円だけ減少して，年度末の純資産は1,156億円になり，自己資本比率は11.3％に低下した。

図表40(5)　オリンパス含み損内訳表

（平成23年度末，単位：億円）

のれん	424	含み損	513
その他資産	16		
繰延税金資産	4		
未払税金	68		
	512		

(2) 訂正前財務諸表による評価と訂正後財務諸表との対比

　平成23年12月14日付の平成24年3月期第2四半期決算短信によると，平成23年9月末現在の総資産額は460億円になっている。

　平成18年度末には少数株主持分を含め3,003億円あった純資産が，訂正の結果，平成23年9月末には460億円に減少していて，この間に純資産が2,543億円も目減りしている。平成22年度において477億円，同23年度に27億円，合計504億円の事業譲渡益を特別利益で計上しており，この特別利益がなかったとしたら，純資産は3,047億円減少して，平成23年9月末には債務超過の状態に陥っていたことになる。

　平成18年度末におけるリスク推定額は3,242億円であり，5年半の間にこの94％が実現したことになる。リスク実現値の約半額は過去の粉飾の整理によるものである。本書では，リスク資産の40％をリスク推定額とし，この推定額には，粉飾による含み損をも含めることができることを想定したのだが，この想定は，オリンパスに関する限りぎりぎりで正しかったことになる。

　オリンパスは既に経営破綻の状態にあり，平成22年度の分析機器事業の事業譲渡は再建資金の捻出のためであると考えると，オリンパスでは平成23年度から再建の過程に入ったことになる。

　事業譲渡益の計上により，平成23年9月末においても460億円の資産超過の状態を維持できていて，自己資本比率も4.8％のプラスである。

　しかし，平成23年9月末における資産リスクによるリスク推定額は2,872億円であり，再建が軌道に乗らないと，すぐに債務超過に陥るというぎりぎりの状態に追い詰められていることになる。

(3) 訂正後財務諸表による評価

　次に，訂正財務諸表により，オリンパスの評価を行う。図表41は訂正財務諸表による損益及び財務の主な項目の推移表と，ＣＦ計算書によるリスク推定額の計算表である。なお，平成24年度の9月第2四半期の一部の数値も加えてある。

第Ⅴ部　ケーススタディ

図表41　オリンパス株式会社リスク推定額等計算表（訂正後）

	19/3	20/3	21/3	22/3	23/3	23/9
（損益計算書，貸借対照表）						
売　　上　　高	1,061,786	1,128,875	980,803	883,086	847,105	414,518
経　常　利　益	78,364	97,312	25,679	46,075	23,215	9,476
当　期　純　利　益	46,962	54,625	−50,561	52,527	3,866	−32,329
現　金　預　金	181,586	123,281	136,877	206,783	213,561	233,144
回　転　期　間	2.05	1.31	1.67	2.81	3.03	3.37
売　上　債　権	192,855	193,555	160,258	154,239	141,176	125,385
回　転　期　間	2.18	2.06	1.96	2.10	2.00	1.81
棚　卸　資　産	89,847	110,379	95,540	89,959	92,928	102,939
回　転　期　間	1.02	1.17	1.17	1.22	1.32	1.49
流　動　資　産　計	537,838	507,189	472,357	532,145	533,534	524,276
回　転　期　間	6.08	5.39	5.78	7.23	7.56	7.59
有無形固定資産	240,440	480,461	416,206	359,591	347,320	311,245
回　転　期　間	2.72	5.11	5.09	4.89	4.92	4.51
投　資　そ　の　他	224,387	229,522	149,690	212,792	138,306	115,659
回　転　期　間	2.54	2.44	1.83	2.89	1.96	1.67
固　定　資　産	464,827	709,983	565,896	572,383	485,626	426,904
回　転　期　間	5.25	7.55	6.92	7.78	6.88	6.18
総　　資　　産	1,002,665	1,217,172	1,038,253	1,104,528	1,019,160	951,180
総資産回転期間（月）	11.33	12.94	12.70	15.01	14.44	13.77
仕　入　債　務	100,252	83,602	66,604	74,074	68,715	62,956
回　転　期　間	1.13	0.89	0.81	1.01	0.97	0.91
借　　入　　金	492,214	656,756	642,839	661,481	648,787	665,287
借入金依存度	49.09	53.96	61.92	59.89	63.66	69.94
純　　資　　産	224,951	244,281	110,907	163,131	115,579	45,954
自己資本比率	22.44	20.07	10.68	14.77	11.34	4.83
利　益　剰　余　金	71,933	115,285	52,124	114,719	113,532	76,843
内　部　留　保　率	31.98	47.19	47.00	70.32	98.23	167.22
3要素総合残高	182,450	220,342	189,194	170,124	165,390	165,368
回　転　期　間	2.06	2.34	2.31	2.31	2.34	2.39
基　礎　資　金	717,165	901,037	753,746	824,612	764,366	711,241
基礎資金構成比	71.53	74.03	72.60	74.66	75.00	74.77

〔CF計算書〕						
税前利益	72,873	91,179	-20,384	90,703	19,938	-6,643
減価償却費	38,272	46,489	84,290	57,716	46,919	37,329
諸調整	-19,231	-47,126	-22,942	-65,319	-40,856	1,124
利益要素	(91,914)	(90,542)	(40,964)	(83,100)	(26,001)	(31,810)
売上債権	-17,432	-3,959	16,794	-10,663	9,969	8,327
棚卸資産	6,821	-14,316	6,528	-2,747	-3,452	-14,027
仕入債務	11,528	-9,230	-14,340	13,196	-5,731	-4,415
その他	15,569	25,167	-13,082	-6,641	3,682	1,380
運転資本要素	(16,486)	(-2,338)	(-4,100)	(-6,855)	(4,468)	(-8,735)
営業CF	108,400	88,204	36,864	76,245	30,469	23,075
投資CF	-61,481	-274,104	-15,964	-20,967	19,003	-18,482
FCF	46,919	-185,900	20,900	55,278	49,472	4,593
(リスク計算)						
運転資産計	-10,611	-18,275	23,322	-13,410	6,517	
リスク発生額	-33,820	-245,890	91,648	23,339	72,439	
成長リスク額	-1,262	-263,192	-171,195	-164,723	-58,464	
資産リスク額	-328,432	-437,556	-360,550	-359,098	-322,240	
リスク推定額	-328,432	-437,556	-360,550	-359,098	-322,240	
リスク構成比	-32.76	-35.95	-34.73	-32.51	-31.62	
改訂純資産額	-103,481	-193,275	-249,643	-195,967	-206,661	
改訂自己資本比率	-10.32	-15.88	-24.04	-17.74	-20.28	

第Ⅴ部　ケーススタディ

① 財務安全性

	19／3	20／3	21／3	22／3	23／3	23／9
（主要指標）						
自己資本比率	22.4%	20.1%	10.7%	14.8%	11.3%	4.8%
同　上　格　付	Ⅳ	Ⅳ	Ⅴ	Ⅴ	Ⅴ	Ⅵ
自己資本回転期間	2.5月	2.6月	1.4月	2.2月	1.6月	0.7月
同　上　格　付	Ⅳ	Ⅳ	Ⅴ	Ⅳ	Ⅴ	Ⅵ
格　付　決　定	Ⅳ	Ⅳ	Ⅴ	Ⅴ	Ⅴ	Ⅵ
（補足指標）						
内　部　留　保　率	32.0%	47.2%	47.0%	70.3%	98.2%	167.2%
借　入　金　依　存　度	49.1%	54.0%	61.9%	59.9%	63.7%	69.9%
改訂自己資本比率	−10.3%	−15.9%	−24.0%	−17.7%	−20.3%	

結論：自己資本比率は23年9月末には4.8％に低下して，最低の格付Ⅵになった。

　　　借入金依存度が訂正前より上昇し，平成23年9月末には69.9％の高率に達しているし，リスク構成比が高く，改訂自己資本比率が更に大幅のマイナスになっている。

② 収　益　性

	19／3	20／3	21／3	22／3	23／3	23／9
売上高経常利益率	7.4%	8.6%	2.6%	5.2%	2.7%	2.3%
総資産当期純利益率	4.7%	4.5%	−4.9%	4.8%	0.4%	−7.8%

結論：訂正前では，累積した含み損解消のために，損失を増やす逆粉飾を行っていたので，訂正後では，収益性は良化している。

③ 将　来　性

結論：売上高は訂正前と全く同じであり，下降傾向が続いていて，将来性も明るくはない。

④ 効率性

	19／3	20／3	21／3	22／3	23／3	23／9
総資産回転期間	11.3月	12.9月	12.7月	15.0月	14.4月	13.8月
借入金依存度	49.1％	54.0％	61.9％	59.9％	63.7％	69.9％
基礎資金構成比	71.5％	74.0％	72.6％	74.7％	75.0％	74.8％
リスク推定額（億円）	－3,284	－4,376	－3,606	－3,591	－3,222	
リスク構成比	－32.8％	－36.0％	－34.7％	－32.5％	－31.6％	

結論：訂正前とほぼ同じ

総括：評価は訂正前とほぼ同じであり，訂正前における評価が妥当であったことを示していると考えられる。

(4) オリンパスの粉飾発見について

外部の分析者がオリンパスの粉飾を見抜くのに3回のチャンスがあったと思う。

1回目は，1990年代において資産回転期間の上昇が続いたときである。

図表42はオリンパスにおける1990年3月期から2000年3月期までの現金・預金，流動資産中の有価証券，特定金融資産及び総資産の残高推移表であり，右側のカッコ内に回転期間（月）を記載してある。また，左端2列に売上高と当期純利益を記載してある。

オリンパスではバブルが最盛期の90年3月期末において，総資産回転期間が17.5か月になっているが，その内訳では，現金・預金と有価証券が多く，この両者で回転期間は6か月近くになる。

このことからオリンパスではバブル期に財テク事業に注力していたことが推察されるのだが，問題はその後である。当社の総資産回転期間は，バブル崩壊後も上昇を続け，94年度には20か月を超え，96年度には22.8か月にまで上昇している。

資産の内訳で見ると，現金・預金と有価証券回転期間が上昇を続けているし，91年度には特定金融資産が加わっている。

第Ⅴ部　ケーススタディ

表42　オリンパス財テク資産残高推移表

(単位：百万円)

年度	売上高	当期純利益	現金預金	有価証券	特定金融資産	総資産
90／3	2,192	84	563(3.1)	516(2.8)	0(0)	3,202(17.5)
91／3	2,484	97	509(2.5)	464(2.2)	98(0.5)	3,302(16.0)
92／3	2,601	51	371(1.7)	381(1.8)	467(2.2)	3,769(17.4)
93／3	2,677	38	913(4.1)	512(2.3)	470(2.1)	4,399(19.7)
94／3	2,396	6	922(4.6)	480(2.4)	455(2.3)	4,351(21.8)
95／3	2,521	31	1,028(4.9)	475(2.3)	475(2.3)	4,434(21.1)
96／3	2,561	20	838(3.9)	829(3.9)	470(2.2)	4,875(22.8)
97／3	3,105	23	899(3.5)	777(3.0)	469(1.8)	5,101(19.7)
98／3	3,650	93	776(2.6)	797(2.6)	459(1.5)	5,211(17.1)
99／3	4,137	89	852(2.5)	969(2.6)	293(0.8)	5,336(15.5)
00／3	4,286	19	956(2.7)	953(2.7)	0(0.0)	5,362(15.0)

　他社では，バブル崩壊により手痛い損失を被り，財テクから手を引いているのに，当社では，その後も長年財テク資産を増やし続けているのは，バブルのツケの整理が進まないどころか，含み損隠しのために更に資産を膨らませたことが推察される。これが1回目のチャンスである。

　97年度からは総資産回転期間の低下が始まり，2000年度には15か月になり，2002年度には12か月台にまで低下している。資産の中身でも有価証券や特定金融資産が減少していることから，この頃になって財テク事業の整理を始めた模様である。

　バブル末期からバブル崩壊後に抱え込んだ財テク資産には膨大な含み損が発生していることが予想されるのに，当社では整理の過程でも損失が出ていないのが不自然である。含み損を財テク資産とともに飛ばしなどによって隠したことが推察できる。これが2回目のチャンスである。

　3回目は，平成20年度にのれんを一挙に増やした翌年に巨額の償却を実施したときである。

　常識的に考えて，納得できる処理ではないので，当然に粉飾を疑うべきであ

る。損失を計上しているのだからよいだろうとするのではなく，粉飾体質に注目して，もっと含み損が隠されていないかを疑う必要がある。

第Ⅴ部　ケーススタディ

第4章
大王製紙株式会社

1　大王製紙の概要

　次に，代表取締役会長であった井川意高氏が取締役会の決議を経ずに子会社から百億円を超える借入れをして，その多くが未返済のままになっているなどで，コーポレートガバナンスの欠如が問題になっている大王製紙株式会社のケースを取り上げる。
　大王製紙株式会社は，昭和17年9月4日付商工省通牒による製紙工業企業整備要綱に基づき，四国紙業株式会社以下14企業が合同して，昭和18年5月5日，資本金2,175千円をもって和紙の製造販売を目的として設立された。
　昭和31年8月には大阪証券取引所に，同32年7月には東京証券取引所に上場し，同36年10月には，大阪，東京両証券取引所市場第一部に上場した。
　昭和37年5月に会社更生手続開始の申立てを行い，同年6月更生手続開始決定，同39年4月には更生計画が認可された。その間に，大阪・東京両証券取引所の上場が廃止され，日本証券業協会大阪地区協会店頭登録扱銘柄指定を受けた。
　昭和40年4月には会社更生手続が終結し，昭和57年には，大阪証券取引所市場第二部に株式を上場，同59年9月には大阪証券取引所市場第一部銘柄に指定されたし，同63年2月には東京証券取引所市場第一部に再上場した。平成19年5月には大阪証券取引所の上場を廃止している。

平成23年3月末現在で，当社と連結子会社37社でグループを構成しており，紙・板紙製品及び家庭紙製品の製造販売を主な事業内容としている。

創業家一族の井川意高氏が代表取締役会長についていたほか，同氏実弟の井川高博氏が取締役に，同じく一族の井川英高氏が常務取締役になっているなど，井川家による同族支配の色彩の濃厚な会社であった。

なお，平成23年9月16日には，井川意高氏は代表取締役及び取締役を辞任している。また，同日，井川意高氏の起こした不祥事の調査のため，特別調査委員会が設置され，同年10月27日付で調査報告書が提出された。

同年12月14日には，過年度有価証券報告書の訂正報告書が提出されたが，これは井川意高氏による不祥事とは別件の不適切会計処理訂正のためのものであり，井川元会長の不祥事による訂正はまだ行われていない。いずれにしても，井川元会長の不祥事を取り扱うことが本章での目的ではないので，ここでは，特に突っ込んで触れることはしない。

また，不適正会計処理の問題については後で検討することにして，ここでは訂正前の財務諸表により，分析を進める。

2　大王製紙の財務の概要

図表43は，大王製紙の平成18年3月期から，同23年3月期までの6年間の損益計算書及び貸借対照表の主要な項目の推移と，ＣＦ計算書の要約を示した表であり，リスク推定額の計算過程も示してある。

図表43を鳥瞰して，特徴的な事項を挙げると以下のとおりである。

① 収益性が低い

大王製紙では，概して収益性が低いようだが，リーマンショック後の21年度以降は，当期純利益率の低下が著しく，平成23年度には赤字に陥っている。

② 手持ちの現金・預金が多い

資金繰りが苦しい割には現金・預金の手持額が多く，それも期ごとに増加し

第Ⅴ部　ケーススタディ

図表43　大王製紙主要財務数値推移表　　（単位：百万円）

	18／3	19／3	20／3	21／3	22／3	23／3
売　上　高	402,273	414,164	455,803	465,804	423,105	410,159
成　長　指　数	101.74	104.75	115.28	117.81	107.01	103.74
経　常　利　益	23,960	19,228	14,509	10,869	13,858	5,515
売上高利益率	5.96	4.64	3.18	2.33	3.28	1.34
当　期　純　利　益	9,302	10,625	4,729	118	1,554	−8,084
総資産利益率	1.44	1.54	0.67	0.02	0.22	−1.18
現　金　預　金	77,593	79,358	80,047	98,918	136,070	130,153
回　転　期　間	2.31	2.30	2.11	2.55	3.86	3.81
売　上　債　権	124,133	146,045	118,585	103,590	98,584	93,952
回　転　期　間	3.70	4.23	3.12	2.67	2.80	2.75
棚　卸　資　産	53,740	56,589	62,668	68,841	50,472	54,425
回　転　期　間	1.60	1.64	1.65	1.77	1.43	1.59
流　動　資　産　計	267,455	293,157	270,660	280,792	294,026	292,155
回　転　期　間	7.98	8.49	7.13	7.23	8.34	8.55
有形固定資産	305,263	323,110	355,336	353,636	336,349	320,240
回　転　期　間	9.11	9.36	9.35	9.11	9.54	9.37
無形固定資産	7,915	8,908	20,445	19,061	17,376	16,260
投　資　そ　の　他	65,406	63,618	57,240	56,591	59,222	55,744
回　転　期　間	1.95	1.84	1.51	1.46	1.68	1.63
固　定　資　産　計	378,584	395,636	433,021	429,288	412,947	392,244
回　転　期　間	11.29	11.46	11.40	11.06	11.71	11.48
資　産　合　計	646,151	688,940	703,827	710,191	707,053	684,518
回　転　期　間	19.27	19.96	18.53	18.30	20.05	20.03
仕　入　債　務	47,646	58,717	48,668	41,856	41,566	42,430
回　転　期　間	1.42	1.70	1.28	1.08	1.18	1.24
借　入　金	405,782	429,919	449,935	470,328	462,628	451,655
借入金依存度	62.80	62.40	63.93	66.23	65.43	65.98
負　債　合　計	507,669	545,996	564,910	578,594	569,903	554,830
回　転　期　間	15.14	15.82	14.87	14.91	16.16	16.23
純　資　産　合　計	138,479	142,944	138,917	131,596	137,149	129,687
自己資本比率	21.43	20.75	19.74	18.53	19.40	18.95

内 利 益 剰 余 金	58,683	66,261	68,977	67,861	68,548	59,480
内 部 留 保 率	42.38	46.35	49.65	51.57	49.98	45.86
基 礎 資 金 構 成 比	84.23	83.15	83.66	84.76	84.83	84.93
税 前 純 利 益	21,205	15,726	12,803	4,217	12,136	−5,776
減 価 償 却 費	22,875	23,243	28,739	32,348	32,993	32,850
諸　　調　　整	7,292	10,698	10,546	4,745	11,873	18,175
法 人 税 等	−6,211	−5,975	−3,015	−2,870	−3,899	−5,431
利 益 要 素	(45,161)	(43,692)	(49,073)	(38,440)	(53,103)	(39,818)
売 上 債 権 増 減	−3,737	−21,283	27,715	14,883	4,959	4,629
棚 卸 資 産 増 減	−1,121	−2,700	−6,385	−6,175	18,369	−3,952
仕 入 債 務 増 減	590	12,033	−11,276	2,022	−289	863
そ　　の　　他	1,662	2,783	2,159	201	−2,261	−322
運 転 資 本 要 素	(−2,666)	(−9,167)	(12,213)	(10,931)	(20,778)	(1,218)
営 業 C F	42,495	34,525	61,286	49,371	73,881	41,036
投 資 C F	−6,966	−36,556	−70,792	−37,787	−21,417	−25,379
F C F	35,529	−2,031	−9,506	11,584	52,464	15,457
運 転 資 産 増 減	−4,858	−23,983	21,330	8,708	23,328	677
リ ス ク 発 生 額	11,051	−37,296	−20,723	3,269	34,904	8,148
成 長 リ ス ク 額	43,609	−9,727	−30,101	−43,699	−19,846	25,598
資 産 リ ス ク 額	−227,423	−243,833	−249,512	−244,509	−228,393	−221,746
リ ス ク 推 定 額	−227,423	−243,833	−249,512	−244,509	−228,393	−221,746
リ ス ク 構 成 比	−35.20	−35.39	−35.45	−34.43	−32.30	−32.39
改 訂 純 資 産 額	−88,944	−100,889	−110,595	−112,913	−91,244	−92,059
改 訂 自 己 資 本 比 率	−13.77	−14.64	−15.71	−15.90	−12.90	−13.45

ている。その結果，現金・預金回転期間は平成22年度には3か月に近づいている。借入金が多くて，資金繰りが苦しい模様なのに，常に現金・預金が多いのに疑問が持たれる。

③　有形固定資産が多い

有形固定資産が多く，回転期間が著しく長い。

④　総資産が多い。

現金・預金，有形固定資産が多いことから，総資産回転期間が著しく長く，

平成22年度には20か月を超えている。

⑤　借入金が多く，借入金依存度が常時60％を超えている，自己資本比率が低い

　6年間を通して自己資本比率が低く，平成20年度以降は20％を下回っている。内部留保率が低く，平成21年度の52.3％を除いて他の年度はすべて40％台である。

　上記の分析の結果では，最近の平成22，23年度は，売上高は下降傾向にあるし，利益は平成20年度頃から低迷が続いていて，平成23年度には当期純損益は赤字になっている。

　自己資本比率が6年間を通して20％前後の低水準で推移しているし，借入金が著しく多く，財政状態は脆弱である。総資産回転期間が高すぎて，効率性に問題がある。大方の財務指標が標準以下であり，老舗で大手の上場会社としては，物足りない内容である。

　図表44は，上で大王製紙の問題点として指摘した項目などについて，同業の大手3社と比較した表である。

　図表44で，平均売上高，平均経常利益率，平均当期純利益率，平均営業ＣＦ率，平均投資ＣＦ率は19年度から23年度までの5年間の平均数値である。売上高5年間増減指数は，平成19年度売上高を100としたときの同23年度売上高の指数を示す。営業ＣＦ率及び投資ＣＦ率は，それぞれのＣＦの5年間の平均値を売上高の平均値で割った比率である。現金・預金回転期間以下の数値は，平成23年度末現在の数値である。

　図表44によると，大王製紙以外の3社も，業績，財政状態などでは，それほどよくはないことから，業界全体の業績が低迷気味であることが推察できる。その中でも，大王製紙の収益性や財政状態などが他社よりも見劣りしており，特に，当期純利益，総資産回転期間，自己資本比率，借入金依存度での見劣りが目立つ。

　内部留保率では日本製紙グループが特に低いのは，同社は平成15年に2回に

図表44　製紙大手比較表（平成23年度）

（単位：百万円）

	大王製紙	王子製紙	日本製紙G	レンゴー
平 均 売 上 高	433,806	1,235,739	1,154,026	445,449
売上5年間増減指数	99.3	93.2	93.6	115.0
平 均 経 常 利 益 率	2.95%	4.14%	2.89%	4.65%
平 均 当 期 純 利 益 率	0.41%	1.17%	1.93%	2.25%
平 均 営 業 Ｃ Ｆ 率	12.00%	9.17%	8.07%	7.57%
平 均 投 資 Ｃ Ｆ 率	－8.86%	－8.18%	－7.89%	－6.49%
現金・預金回転期間	2.28月	0.24月	1.14月	0.47月
有形固定資産回転期間	9.06月	9.06月	8.71月	6.15月
総 資 産 回 転 期 間	20.03月	16.48月	17.03月	12.61月
借 入 金 依 存 度	65.43%	49.30%	44.66%	39.64%
自 己 資 本 比 率	18.95%	28.13%	26.19%	33.18%
内 部 留 保 率	45.86%	61.86%	23.24%	64.14%

わたり合併を繰り返してできた会社であり，内部留保を十分にためるには至っていない結果であると推察される。日本製紙グループを除く3社では，大王製紙が最低である。

　以上の，同業他社の現状も考慮に入れて，大王製紙の財務安全性の評価を実行する。

3 大王製紙の評価

(1) 財務安全性評価

	18／3	19／3	20／3	21／3	22／3	23／3
(主要指標)						
自己資本比率	21.4%	20.8%	19.7%	18.5%	19.4%	19.0%
格　　付	Ⅳ	Ⅳ	Ⅴ	Ⅴ	Ⅴ	Ⅴ
自己資本回転期間	3.6月	4.1月	4.1月	3.2月	3.4月	3.8月
格　　付	Ⅲ	Ⅱ	Ⅱ	Ⅲ	Ⅲ	Ⅲ
決　定　格　付	Ⅳ	Ⅳ	Ⅴ	Ⅴ	Ⅴ	Ⅴ
(補足指標)						
内部留保率	42.4%	46.4%	49.7%	51.6%	50.0%	45.9%
借入金依存度	62.8%	62.4%	63.9%	66.2%	65.4%	66.0%
改訂自己資本比率	－13.8%	－14.6%	－15.7%	－15.9%	－12.9%	－13.5%

　自己資本比率はやや脆弱のⅣから，平成20年度に脆弱のⅤに格下げになり，それ以降はⅤが続いている。

　内部留保率は，いったん上昇傾向をたどったが，平成22年度以降下降に転じて23年度には再び50％を下回った.

　借入金依存度が異常に高く，経営破綻会社並みの水準である。前代表に対する貸付金のための資金調達も含まれていると思われるが，当社の規模から見て，大勢に影響を与えるほどの金額ではないと思われる。

　現金・預金回転期間が他社に比べてかなり長く，手許流動性が高いように見えるが，借入金が多くて，資金繰りが苦しいはずなのに，現金・預金が多いのは，不自然である。一部は，実質的な担保にとられていて，流動性のものではない疑いも持たれる。

財務安全性の面では，資金繰りも含めてすべてにおいて劣悪である。

(2) 収益性評価

平成18年度以降の主要利益率は下記のとおりである。なお、売上高ＦＣＦ率は、毎年度のＦＣＦを売上高で割った比率である。

	18／3	19／3	20／3	21／3	22／3	23／3
売上高経常利益率	6.0%	4.6%	3.2%	2.3%	3.3%	1.3%
総資産当期純利益率	2.3%	2.6%	1.0%	0.0%	0.4%	－2.0%
売上高ＦＣＦ率	8.8%	－0.5%	－2.1%	2.5%	12.4%	3.8%

収益性についても、もともと利益率が低い上に、年々低下傾向が続いていて、平成23年度には当期純損益が赤字になった。

同業他社も同じような状態であり、業界全体が停滞している様子ではあるが、中でも、当社が最低である。

現状ではまだ、危機的なほどには悪化していないようだが、平成20年度以降、損益は下降傾向をたどっていることから、平成24年度も赤字が続くようなら、(1)の財務安全性の格付のもう１段の格下げを検討しなければならないと考える。

売上高ＦＣＦが平成21年度以降プラスが続いているし、売上高ＦＣＦ率が上昇傾向にあるが、これは、景気の悪化に対応するため、投資ＣＦの支出を減らしたためと思われる。当社は支払先行型の企業なので、売上高の低下に伴い、運転資本要素がプラスに転じたこともＦＣＦの良化に寄与している。

(3) 将来性評価

不況の続く中、王子製紙と日本製紙グループでは平成21年度以降売上高は下降傾向をたどっているが、当社では平成21年度までは増収が続き、22年度に下降が始まっている。レンゴーだけは平成23年度も上昇が続いている。

当社もレンゴーも24年度には増収を予想しており、売上高では、当面は今以上の大きな落ち込みはなさそうである。

利益は下降傾向が続いているが、損益面でも急激な落ち込みはなさそうである。

(4) 効率性評価

	19/3	20/3	21/3	22/3	23/3	23/9
総資産回転期間	19.3月	20.0月	18.5月	18.3月	20.1月	20.0月
借入金依存度	62.8%	62.4%	63.9%	66.2%	65.4%	66.0%
基礎資金構成比	84.3%	83.2%	83.7%	84.8%	84.8%	84.9%
リスク構成比	-35.2%	-35.4%	-35.5%	-34.4%	-32.3%	-32.4%
改訂自己資本比率	-13.8%	-14.6%	-15.7%	-15.9%	-12.9%	-13.5%

借入金依存度が極めて高い上に,上昇を続けていて,粉飾の疑いも持たれる。総資産回転期間が著しく長いのにも粉飾の疑いが持たれるが,これは主に,有形固定資産回転期間が高いからであり,同業の王子製紙でも同じほど高いし,日本製紙グループも,大王製紙に近い回転期間であり,装置産業としての当業界での特色なのかもしれない。

資産リスク額に比べて発生リスク額が著しく少ないのは,資産残高に比べて投資額が少なすぎることを示している可能性がある。

現金・預金が多いのは,通常では,資金繰りに余裕があるか,資金繰りに対する安全志向が高いかのいずれかであり,評価上はプラス要因になるのだが,当社のように,借入金依存度が著しく高いのに,現金・預金残高が多く回転期間が長いのは,単純にプラスに評価することはできない。

(5) 総合評価

平成23年10月27日付の調査委員会の報告書によると,元会長井川意高氏に対する貸付金額は10,680百万円であり,そのうち5,930百万円が未回収とのことである。

また,この貸付金問題のほかに,監査法人から過年度における不適切会計処理が指摘され,当社で過去に遡って調査したところ,指摘通りに,繰延税金資産などの計上が過大であることが判明したとして,平成23年12月27日付にて,平成19年度から5年間の財務諸表及び平成24年度第1四半期の四半期財務諸表の訂正を発表している。

訂正財務諸表では，平成23年度末において，連結総資産が121億円，純資産が145億円過大に表示されていることになるが，過大表示による総資産回転期間への影響は0.35か月であり，自己資本比率が2.1％減るだけであり，元社長に対する貸倒を含めても，上での評価を変えなければならないほどのものではないと考えられる。

　当社の不適切会計処理による財務諸表への影響額は，当社の規模から見てそれほど大きくはないので，財務分析で発見するのは困難と思われる。粉飾としては捉えるのは困難であっても，総資産回転期間，借入金依存度，自己資本比率などさまざまな指標に異常として表れ，当社のリスク推定額を高める結果となっている。

　粉飾の含み損は既に発生済みの損失であり，リスクとは性格が違うが，粉飾の含み損も，表面化して損失となって実現すれば，新しく発生した損失とは変わりがないので，一括してリスク推定額で把握することで，粉飾チェックに変えることができる。

　その場合，粉飾とリスクの損失が同時に実現すると過少推定になることもあろうが，一度に全額が損となって実現することなどあまりないと考えられるので，1年に1回の見直しで，リスク推定額の見直しを厳格に行うことである程度は補正できると考える。

　次章でとりあげる業界トップの王子製紙の評価や，業界の現状から考えて，大王製紙の評価は，多少ゆるめに見る必要があるのかもしれない。ただ，これからも業界内での淘汰が行われるとすると，ワンランクの差が決定的な意味を持つこともあると考えられる。

第Ⅴ部　ケーススタディ

第5章
王子製紙株式会社

1　王子製紙の概要

　前章で大王製紙を取り上げたのだが，大王製紙の評価は，最低の"危険"の格付に近いものであった。

　大王製紙のみならず，同業他社でも業績も財務内容もそれほどはよくないようなので，同業他社との対比において，当社を評価する必要があると考えられる。そこで，業界トップの王子製紙について評価を行って大王製紙と比べてみたい。

　王子製紙の前身の旧王子製紙は，明治26年2月に抄紙会社として創立され，その後合併により，わが国洋紙生産の80％を占めるに至った。

　昭和24年8月，過度経済力集中排除に基づき解体された。

　当社は，その第二会社の一つである苫小牧製紙株式会社として発足し，いく度かの商号変更を経て，平成8年10月に現商号の王子製紙株式会社になった。

2　王子製紙の財務の概要

　図表45は，王子製紙の平成18年3月期から，同23年4月期までの6年間の損益計算書及び貸借対照表の主要な項目の推移と，CF計算書の要約を示した表

図表45　王子製紙主要財務数値推移表

	18/3	19/3	20/3	21/3	22/3	23/3
売　上　高	1,212,881	1,265,735	1,318,380	1,267,129	1,147,322	1,180,131
成　長　指　数	102.43	106.80	111.24	106.92	96.81	99.58
経　常　利　益	70,722	64,110	38,064	28,751	64,714	60,245
売上高利益率	5.38	5.07	2.89	2.27	5.64	5.10
当　期　純　利　益	21,024	17,150	11,768	−6,324	24,886	24,619
総資産利益率	1.20	0.96	0.66	−0.37	1.54	1.52
現　金　預　金	39,825	38,729	81,201	91,781	42,758	32,393
回　転　期　間	0.36	0.37	0.74	0.87	0.45	0.33
売　上　債　権	295,637	345,385	296,225	271,404	251,349	255,237
回　転　期　間	2.70	3.27	2.70	2.57	2.63	2.60
棚　卸　資　産	142,572	152,682	159,085	154,703	133,820	144,231
回　転　期　間	1.30	1.45	1.45	1.47	1.40	1.47
流　動　資　産　計	517,826	576,436	574,936	549,010	466,148	476,584
回　転　期　間	4.73	5.46	5.23	5.20	4.88	4.85
有　形　固　定　資　産	890,835	910,095	915,341	911,946	891,796	891,258
回　転　期　間	8.14	8.63	8.33	8.64	9.33	9.06
無　形　固　定　資　産	26,694	24,117	34,785	20,672	17,784	19,604
投　資　そ　の　他	313,190	279,866	256,448	225,863	238,318	233,479
回　転　期　間	2.86	2.65	2.33	2.14	2.49	2.37
固　定　資　産　計	1,230,719	1,214,078	1,206,574	1,158,481	1,147,898	1,144,341
回　転　期　間	11.24	11.51	10.98	10.97	12.01	11.64
資　産　合　計	1,748,547	1,790,515	1,781,512	1,707,492	1,614,047	1,620,927
回　転　期　間	15.97	16.98	16.22	16.17	16.88	16.48
仕　入　債　務	202,720	231,131	221,650	177,955	177,125	196,050
回　転　期　間	1.85	2.19	2.02	1.69	1.85	1.99
借　入　金	775,168	820,099	851,660	929,842	798,435	799,139
借入金依存度	44.33	45.80	47.81	54.46	49.47	49.30
負　債　合　計	1,212,889	1,266,883	1,271,021	1,277,785	1,153,643	1,164,928
回　転　期　間	11.99	12.01	11.57	12.10	12.07	11.85
純　資　産　合　計	535,657	523,621	510,490	429,707	460,404	455,998
自己資本比率	30.63	29.24	28.65	25.17	28.52	28.13

第V部　ケーススタディ

内 利 益 剰 余 金	275,411	280,919	281,470	261,092	277,347	282,090
内 部 留 保 率	51.42	53.65	55.14	60.76	60.24	61.86
基 礎 資 金 構 成 比	74.97	75.05	76.46	79.62	77.99	77.43
税 前 純 利 益	39,137	36,491	23,260	-2,705	37,124	39,077
減 価 償 却 費	78,596	80,430	88,800	89,037	85,842	79,633
諸 調 整	18,212	-15,311	4,990	22,515	25,696	15,293
法 人 税 等	-19,210	-12,249	-14,992	-12,411	-11,919	-18,434
利 益 要 素	(116,735)	(89,361)	(102,058)	(96,436)	(136,743)	(115,569)
売 上 債 権 増 減	4,555	-48,799	51,557	21,070	21,733	8,975
棚 卸 資 産 増 減	-2,319	-8,704	-4,576	1,270	19,475	-3,900
仕 入 債 務 増 減	4,590	27,764	-11,520	-40,335	-3,785	3,051
そ の 他	-11,254	-337	1,367	-4,571	5,181	-8,326
運 転 資 本 要 素	(-4,428)	(-30,076)	(36,828)	(-22,566)	(42,604)	(-200)
営 業 C F	112,307	59,285	138,886	73,870	179,347	115,369
投 資 C F	-106,637	-92,035	-124,708	-108,990	-89,934	-89,679
F C F	5,670	-32,750	14,178	-35,120	89,413	25,690
運 転 資 産 増 減	2,236	-57,503	46,981	22,340	41,208	5,075
リ ス ク 発 生 額	-25,805	-69,108	11,073	2,387	37,116	-4,971
成 長 リ ス ク 額	-8,938	-78,046	-66,973	-81,453	-18,532	45,605
資 産 リ ス ク 額	-683,489	-700,714	-680,124	-646,284	-628,516	-635,414
リ ス ク 推 定 額	-683,489	-700,714	-680,124	-646,284	-628,516	-635,414
リ ス ク 構 成 比	-39.09	-39.13	-38.18	-37.85	-38.94	-39.20
改 訂 純 資 産 額	-147,832	-177,093	-169,634	-216,577	-168,112	-179,416
改 訂 自 己 資 本 比 率	-8.45	-9.89	-9.52	-12.68	-10.42	-11.07

であり，リスク推定額の計算過程も示してある。

　大王製紙よりは，多少上位にあるが，同じような動きをしていて，この業界では全体として業績が低迷していることが窺える。

3 王子製紙の評価

(1) 財務安全性評価

	18/3	19/3	20/3	21/3	22/3	23/3
(主要指標)						
自己資本比率	30.6%	29.2%	28.7%	25.2%	28.5%	28.1%
格付	Ⅲ	Ⅳ	Ⅳ	Ⅳ	Ⅳ	Ⅳ
純資産回転期間	4.9月	5.0月	4.7月	4.1月	4.8月	4.6月
格付	Ⅱ	Ⅰ	Ⅱ	Ⅱ	Ⅱ	Ⅱ
決定格付	Ⅲ	Ⅳ	Ⅳ	Ⅳ	Ⅳ	Ⅳ
(補足指標)						
内部留保率	51.4%	53.7%	55.1%	60.8%	60.2%	61.9%
借入金依存度	44.3%	45.8%	47.8%	54.5%	49.5%	49.3%
改訂自己資本比率	-8.5%	-9.9%	-9.5%	-12.7%	-10.4%	-11.1%

大王製紙よりは常に1ランク程度上位にあるが，ⅢからⅣに悪化していて，年度ごとの動きも大王製紙と似ている。内部留保率や借入金依存度からも，主要指標と同じような評価ができるし，補足指標でも大王製紙よりも常にほぼ1ランクほど上位にあり，主要指標による格付の正当性の裏付けにもなっている。

(2) 収益性評価

	18/3	19/3	20/3	21/3	22/3	23/3
売上高経常利益率	5.4%	5.1%	2.9%	2.3%	5.6%	5.1%
総資産当期純利益率	1.2%	1.0%	0.7%	-0.4%	1.5%	1.5%
売上高FCF率	0.4%	-2.6%	1.1%	-2.8%	3.6%	2.2%

利益率では，前半期には大王製紙の方が高いが，後半期には王子製紙の方が高くなっている。FCF率では全期間を通して大王製紙の方が高い。

これは，大王製紙の方が投資CF率のマイナスの比率が少ないことに関係があると考えられる。大王製紙の方が，設備投資額などが少ないことが推察され

るのだが，有形固定資産の回転期間は大王製紙の方が常に王子製紙を上回っている。

両社ともに，(1)の財務安全性のランク相応の収益性であると考えられる。

(3) 将来性評価

平成24年度は前半期では売上高は前年同期比では6.9％増になっているが，経常利益，当期純利益ともに前年同期を大きく下回っている。24年度の年間予想でも同様であり，売上高は増収を予想しているが，原料高などの影響を受けて，経常利益，当期純利益ともに減益を予想している。

大幅な回復は期待できないが，当面は今以上の大きな落ち込みはなさそうである。

(4) 効率性評価

	19／3	20／3	21／3	22／3	23／3	23／9
総資産回転期間	16.0月	17.0月	16.2月	16.2月	16.9月	16.5月
借入金依存度	44.3％	45.8％	47.8％	54.5％	49.5％	49.3％
基礎資金構成比	75.0％	75.1％	76.5％	79.6％	78.0％	77.4％
リスク構成比	−39.1％	−39.1％	−38.2％	−37.9％	−38.9％	−39.2％

総資産回転期間は大王製紙よりも常に2～3か月短いが，これは主に現金・預金の差による。繰延税金資産も，王子製紙では繰延税金資産がないので，多少はその原因になっている。

借入金依存度が上昇傾向にあるのは，有形固定資産回転期間がやや上昇気味なのが影響しているものと考えられる。

リスク構成比が大王製紙よりも常に高いのは，大王製紙では無リスク資産の現金・預金の比率が高いことによる。大王製紙と同様に，資産リスク額に比べて発生リスク額が著しく少ないのは，資産残高に比べて投資額が少なすぎることを示している可能性がある。

リスク構成比が高いのが問題だが，全体として，基本評価の格付を変える必

要があるほどのものではないと考えられる。

(5) **総 合 評 価**

　収益性，将来性，効率性のいずれの面からも，財務安全性の格付Ⅳは妥当であり，訂正の必要はないと考えられる。ただ，財務安全性の評価においては，含み益や名門老舗企業としてののれん価値などを勘案する必要がある。

第Ⅴ部　ケーススタディ

第6章 最近の倒産会社

1　小杉産業株式会社

(1) 小杉産業の概要

　次に，平成21年以降に倒産した会社の中から，それほど大規模な粉飾の兆候が見られないし，自己資本比率もそこそこに高くて，倒産予知が困難と思われる会社を3社選んで，財務安全性の評価法により倒産予知ができるかどうかを試してみたい。

　まず，東京証券取引所第二部に上場していたカジュアルウエア及びスポーツウエアの老舗，小杉産業株式会社を取り上げる。

　小杉産業は，明治16年に個人創業した繊維問屋からスタートし，その後法人に組織替えをして，昭和60年には東京証券取引所第二部に上場した。

　図表46は，小杉産業の平成4年1月期から同20年1月期までの連結ベースの主要財務数値の推移表である。

第6章　最近の倒産会社

図表46　小杉産業主要財務数値推移表　　　（単位：百万円）

	売上高	経常利益	純利益	総資産	借入金	純資産	売上債権	棚卸資産	仕入債務
H4/1	78,261	1,621	2,613	43,337	3,148	17,138	21,972	9,614	19,917
	100.0	2.1	3.3	6.6	7.3	39.5	3.4	1.5	3.1
5/1	75,384	−1,193	−4,143	41,185	6,464	12,784	21,896	9,301	19,722
	96.3	−1.6	−5.5	6.6	15.7	31.0	3.5	1.5	3.1
6/1	66,314	−1,448	−260	35,014	4,221	12,387	15,825	8,513	16,457
	84.7	−2.2	−0.4	6.3	12.1	35.4	2.9	1.5	3.0
7/1	67,730	−113	−109	36,836	4,084	12,959	18,501	7,979	17,663
	86.5	−0.2	−0.2	6.5	11.1	35.2	3.3	1.4	3.1
8/1	65,224	−436	−504	34,919	4,850	12,384	16,221	7,789	15,742
	83.3	−0.7	−0.8	6.4	13.9	35.5	3.0	1.4	2.9
9/1	67,900	372	304	38,771	6,915	12,585	17,828	7,939	17,101
	86.8	0.5	0.4	6.9	17.8	32.5	3.2	1.4	3.0
10/1	65,025	−802	−1,004	37,927	6,634	11,443	15,472	8,291	17,594
	83.1	−1.2	−1.5	7.0	17.5	30.2	2.9	1.5	3.2
11/1	54,120	−1,349	−13,767	35,108	9,309	9,984	13,776	7,486	13,813
	69.2	−2.5	−25.4	7.8	26.5	28.4	3.1	1.7	3.1
12/1	51,795	148	−68	33,359	8,825	9,916	11,934	7,828	12,868
	66.2	0.3	−0.1	7.7	26.5	29.7	2.8	1.8	3.0
13/1	49,326	377	−1,530	31,387	7,865	8,895	10,569	7,258	11,199
	63.0	0.8	−3.1	7.6	25.1	28.3	2.6	1.8	2.7
14/1	45,582	−374	−3,051	28,341	8,195	6,244	9,711	6,717	9,851
	58.2	−0.8	−6.7	7.5	28.9	22.0	2.6	1.8	2.6
15/1	37,900	−2,353	−2,372	24,960	8,755	3,735	7,915	6,023	8,799
	48.4	−6.2	−6.3	7.9	35.1	15.0	2.5	1.9	2.8
16/1	32,553	−784	−739	21,991	7,670	3,261	7,151	5,243	7,405
	41.6	−2.4	−2.3	8.1	34.9	14.8	2.6	1.9	2.7
17/1	24,838	−7,839	−6,697	16,292	8,643	−3,417	3,630	3,193	6,959
	31.7	−31.6	−27.0	7.9	53.1	−21.0	1.8	1.5	3.4
18/1	25,565	−529	360	19,551	709	6,796	3,072	3,477	5,552
	32.7	−2.1	1.4	9.2	3.6	34.8	1.4	1.6	2.6
19/1	37,373	−1,820	−1,405	17,556	600	5,758	3,467	4,205	6,239
	47.8	−4.9	−3.8	5.6	3.4	32.8	1.1	1.4	2.0
20/1	28,094	−3,488	−4,923	13,809	1,760	2,410	3,007	2,746	5,506
	35.9	−12.4	−17.5	5.9	12.7	17.5	1.3	1.2	2.4
累計		−18,813	−35,196						

注1）　売上高下段：H5/1を100とした指数
注2）　経常利益，当期純利益下段：売上高利益率（％）
注3）　総資産，売上債権，棚卸資産，仕入債務下段：回転期間(月)
注4）　借入金下段：借入金依存度（％）
注5）　純資産下段：自己資本比率（％）
注6）　累計は平成10年1月期から同20年1月期までの累計である

241

第Ⅴ部　ケーススタディ

　当社では，平成4年度には78,261百万円であった連結売上高が年々減少を続け，平成17年度には，平成4年1月期の31.7%の24,838百万円にまで低下した。その後やや回復して，平成20年1月期には28,094百万円になっている。

　損益面では，平成5年度以降は，平成9年度を除き毎年当期純損益の赤字を出し続けている。平成20年度には4,923百万円の当期純損失を計上した結果，資金繰りが逼迫し，平成21年2月16日東京地裁に自己破産を申請し，同日開始決定を受けた。

　当社では，平成5年度以降，経常損益でも赤字の年度が多くなっているが，平成9年度には黒字になっているし，個別ベースでは，平成9年度までは隔年で，黒字と赤字が入れ替わっていることから，平成10年度以降に赤字体質が定着したと見ることにする。

　平成9年度末には35.1%であった自己資本比率が，赤字の連続により年々低下を続け，平成17年度には債務超過に陥ったのだが，第3者割当増資や新株予約権行使などで純資産を補填して，平成18年度末には自己資本比率は34.8%に回復していた。平成19年度にも1,405百万円の当期純損失を計上したのだが，自己資本比率は32.8%であり，30%を超えていた。倒産直前年度末の平成20年度末でも自己資本比率は17.5%であって，危険水域には至っていない。

　赤字体質に陥ったと見られる平成10年度以降，平成20年度までの11年間の当期純損失の合計額は35,196百万円であり，平成9年度末における資産総額38,771百万円の90.8%にあたる。つまり，11年の間に資産総額の90.8%を損失で食い潰したことになり，仮に，平成9年度末の自己資本比率が90%の高率であったとしても，資本金等の補填がない限り，債務超過になっていた可能性が高いことになる。

　筆者は，5年間も赤字が続いて，なお確固とした黒字化の見通しが立っていない会社は，単独での再建は極めて困難になり，たとえ経営を続けているとしても「死に体」になっていると見ることにしているのだが，当社のケースもこれにあてはまると考えられる。

　当社は平成10年度から赤字体質になっており，平成15年頃までには，実質的

には「死に体」になっていたことが推察される。

当社の場合には，30／10の法則などを適用するまでもなく「死に体」になったことを判定した時点で，評価などを打ち切ってよい。

したがって，平成15年度頃以降は，企業評価などする意味が薄いと思われるが，一応，以下に第Ⅲ部に基づく財務安全性の評価法を適用してみる。

(1) 小杉産業の評価
① 財務安全性評価

	16／1	17／1	18／1	19／1	20／1
（主要指標） 自 己 資 本 比 率 格　　　　　付	14.8% Ⅴ	−21.0% Ⅵ	34.8% Ⅲ	32.8% Ⅲ	17.5% Ⅴ
純 資 産 回 転 期 間 格　　　　　付	1.2月 Ⅴ	−1.7月 Ⅵ	3.2月 Ⅲ	1.8月 Ⅴ	1.0月 Ⅴ
決　定　格　付	Ⅴ	Ⅵ	Ⅲ	Ⅴ	Ⅴ
（補足指標） 内 部 留 保 率 借 入 金 依 存 度	 34.9%	─ 53.1%	マイナス 3.6%	─ 3.4%	 12.7%

資産が減少して，総資産回転期間が低いので，自己資本比率よりも，純資産回転期間による方が格付は下になる。純資産回転期間による格付は，平成17年度に巨額の赤字を出して，債務超過に陥ったので，格付は"危険"のⅥに転落した。

翌平成18年度も赤字であったのにもかかわらず，増資により，自己資本比率を34.8％にまで引き上げている。しかしながら，平成19年度も18億円を超える赤字を計上したので，純資産が減少し，格付は再度"脆弱"のⅤに転落し，倒産直前期の平成20年度にもⅤの格付が続いている。

損失が長年続いているので，内部留保を食い尽くしてマイナスになっている。借入金依存度は平成17年度には大幅に上昇したが，増資後の平成18年度以降は低水準で推移している。信用不足から金融機関からの融資が受けられないのが，

借入金依存度が比較的低い水準に留まっている理由かもしれない。

財務安全性の面では資金繰りも含めてすべてにおいて劣悪である。

② 収益性評価

平成18年度以降の主要利益率は下記のとおりである。

	16／1	17／1	18／1	19／1	20／1
売上高経常利益率	－2.4％	－31.6％	－2.1％	－4.9％	－12.4％
総資産当期純利益率	－3.4％	－41.1％	－1.8％	－8.0％	－17.5％

全期間で赤字であり，回復の兆しは見えない。「死に体」状態が続いている。

③ 将来性評価

売上高は平成4年度の36％にまで低下しているし，経常利益，当期純利益ともに赤字が続いていて，業績回復の見込みはないと考えられる。一度は増資で債務超過を脱却したが，このままなら再度，債務超過に転落するのは必至と見られる。

④ 効率性評価

	16／1	17／1	18／1	19／1	20／1
総資産回転期間	8.1月	7.9月	9.2月	5.6月	5.9月
借入金依存度	34.9％	53.1％	3.6％	3.4％	12.7％

総資産回転期間が著しく低くて，効率性がよいように見えるが，有形固定資産は売却などによる整理が進んで，残高は平成20年度末には182百万円にまで減少している。設備などを売り尽くしていて，事業継続に支障を来たす心配がある。資産面からも「死に体」化が進んでいるようだ。

⑤ 総合評価

収益性，将来性はいずれも最低の状態にあり，仮に現在，財務安全性が高いのが本当であるとしても，近い将来，危険状態に転落する危険性が極めて高いことが推察される。総資産回転期間が短いのは，必要資産まで整理した結果，経営継続が不可能な状態になっていて，「死に体」に陥っていることを示している可能性もあり，総合格付はⅥと判断される。

2　トミヤアパレル株式会社

(1)　トミヤアパレルの概要

　次に大阪証券取引所の第二部に上場していた紳士用ドレスシャツメーカーのトミヤアパレルを取り上げる。

　トミヤアパレル株式会社は，平成21年2月26日東京地方裁判所に会社更生法の適用を申請し，受理された。当社は，昭和18年12月に創業して，平成3年6月には大阪証券取引所第二部に上場した老舗業者である。

　図表47は，当社の平成16年12月期から同20年12月期第3四半期までの4年9か月間の主な連結財務数値の推移表である。

　当社では，平成20年度は財務諸表を公表していないので，平成19年度を倒産直前年度とすると，倒産前々年度末の平成18年度の自己資本比率は44.4％であり，この期には1,351百万円の経常利益と，244百万円の当期純利益を計上している。

　倒産直前年度の平成19年度に986百万円の当期純損失を計上しているが，これは，931百万円の製品評価損を特別損失に計上したことと，588百万円の法人税等調整があったことによるもので，この年度においても，経常損益は583百万円の黒字であった。

　平成20年度については，9月までの第3四半期の決算短信しか公表していないが，9か月間の経常損益は150百万円の黒字だし，純損益も8百万円の黒字であった。平成20年10月31日現在におけるこの年度の通期業績予想では，500百万円の経常利益と250百万円の当期純利益を計上することになっていた。平成20年度第3四半期末の自己資本比率は35.0％であり，30／10の法則によるとまだ安全圏内にある。

　当社の総資産回転期間は，平成15，16年度には19か月前後であったが，平成17年12月期以降は14か月前後で推移している。平成15，16年度の回転期間が特に長いのは，多額のヘッジ損失をヘッジ負債の対照勘定として資産計上してい

第Ⅴ部　ケーススタディ

図表47　トミヤアパレル主要財務数値推移表

(単位：百万円)

年度	14／12	15／12	16／12	17／12	18／12	19／12
(損益計算書，貸借対照表)						
売上高 (対前年度増減率)	22,006 100.00	19,388 88.10	17,916 81.41	19,927 90.55	19,624 89.18	18,816 85.50
経常利益 (売上経常利益率)		228 1.18	178 0.99	1,105 5.55	1,351 6.88	583 3.10
当期純利益 (総資産純利益率)		115 0.38	−1,891 −6.52	285 1.21	244 1.07	−986 −4.39
現金預金 (回転期間，月)		525 0.32	641 0.43	484 0.29	376 0.23	364 0.23
売上債権 (回転期間，月)		7,193 4.45	5,247 3.51	5,250 3.16	5,269 3.22	4,760 3.04
棚卸資産 (回転期間，月)		7,587 4.70	7,345 4.92	6,748 4.06	6,477 3.96	7,043 4.49
流動資産計 (回転期間，月)		17,236 10.67	14,924 10.00	13,871 8.35	13,833 8.46	13,961 8.90
有無形固定資産 (回転期間，月)		7,167 4.44	7,240 4.85	7,086 4.27	6,727 4.11	6,488 4.14
投資その他 (回転期間，月)		5,466 3.38	6,825 4.57	2,672 1.61	2,159 1.32	1,984 1.27
固定資産計 (回転期間，月)		12,633 7.82	14,065 9.42	9,758 5.88	8,886 5.43	8,472 5.40
資産合計 (回転期間，月)		29,891 18.50	28,998 19.42	23,643 14.24	22,725 13.90	22,442 14.31
仕入債務・未払金 (回転期間，月)		3,941 2.44	4,936 3.31	4,970 2.99	4,233 2.59	4,060 2.59
借入金 (回転期間，月)		12,373 41.39	11,673 40.25	8,019 33.92	7,822 34.42	8,880 39.57
負債合計 (回転期間，月)		18,948 11.73	19,911 13.34	14,031 8.45	12,629 7.72	13,598 8.67
純資産合計 (自己資本比率)		10,942 36.61	9,087 31.34	9,611 40.65	10,096 44.43	8,844 39.41
利益剰余金 (内部留保率)		3,205 29.29	1,126 12.39	1,373 14.42	1,578 15.63	515 5.82

(ＣＦ計算書)					
税　前　利　益	269	−3,132	450	607	−369
減　価　償　却　費	349	330	307	287	281
諸　　調　　整	−245	−2	−196	281	76
法　人　税　等	−90	−108	−46	−16	−21
利　益　要　素　計	(283)	(−2,912)	(515)	(967)	(−33)
売上債権増減額	694	1,951	−4	−7	509
棚卸資産増減額	632	245	597	276	−566
仕入債務増減額	−281	995	33	−738	−173
その他資産増減額	−132	−66	189	−262	−303
そ　　の　　他	−486	199	−12	−218	94
運転資本要素計	(427)	(3,324)	(803)	(−949)	(−439)
営　業　Ｃ　Ｆ	710	412	1,318	18	−472
投　資　Ｃ　Ｆ	−531	505	2,128	145	−364
Ｆ　　Ｃ　　Ｆ	2,554	2,554	2,554	−322	−836
(リスク計算)					
運　転　資　産　計	413	2,946	29	−745	336
リ　ス　ク　発　生　額	231	3,781	2,464	−313	160
リ　ス　ク　累　計　額			−6,476	−6,163	−6,092
資　産　リ　ス　ク　額	−9,258	−9,258	−9,258	−8,937	−8,828
リ　ス　ク　推　定　額	−9,258	−9,258	−9,258	−8,937	−8,828
リ　ス　ク　構　成　比	−30.97	−31.93	−39.16	−39.33	−39.34
改　訂　純　資　産　額	1,684	−171	264	1,159	16
改訂自己資本比率	5.63	−0.59	1.12	5.10	0.07

ることと，棚卸資産，投資有価証券がこの後の年度に比べて多いことによる。

　平成17年度以降の総資産回転期間の14か月台でも，まだ長すぎる感じがするが，異常に長いというほどでもない。総資産回転期間が長いのは，棚卸資産の回転期間が比較的長いことが影響している。売上債権回転期間もやや長すぎる感じがする。

　平成15年度以降では棚卸資産回転期間は4.0か月から4.9か月の間で推移している。高水準ではあるが，異常と断定できるほどではない。ただ，平成16年度に2,860百万円の製品処分・評価損を特別損失に計上しており，その後も毎年5億円から9億円台の製品処分・評価損を計上した上での回転期間の上昇であ

るだけに，棚卸資産に異常が生じていて，含み損が増えていることが疑われる。

業績が低下しているし，売上債権や棚卸資産などの資産の一部が不良化している疑いが持たれるが，平成20年度第3四半期末においても，自己資本比率は35％もあって，近い将来において倒産が心配されるような状況になっているとは考えにくい。

当社では，形状安定加工が施されていない商品を，「EASY TO IRON形態安定」と表示して販売したとして，平成21年2月24日に公正取引委員会から排除命令を受け，その2日後に，会社更生法開始の申立てをしていることから，業績悪化に加えて，不祥事まで発生したのを嫌気して，金融機関から融資を断られて倒産したことが考えられる。

会社更生法84条1項による調査報告書に添付された平成21年3月末現在の貸借対照表によると，株主資本は4,592百万円の赤字になっていて，平成20年12月期第3四半期末の8,470百万円の黒字に比べて13,062百万円だけ損失が増えている。平成21年1月から3月までの3か月間に6,476百万円の純損失を計上しているので，6,586百万円は，平成20年度の第4四半期3か月間の純損失であったことになる。平成20年度の業績予想によると，250百万円の当期純利益の予想になっているので，6,586百万円の損失の大部分は，含み損整理のための損失であったことが推察される。

結局，平成20年度第3四半期の公表貸借対照表には，粉飾によるのか，合法的な許容範囲内の会計処理によるものかは分からないが，売上債権などに対する貸倒引当金の計上不足と，棚卸資産の過大評価などにより，60億円以上もの含み損が内蔵されており，含み損解消の結果，平成20年度末では，純資産額は約19億円に減少したことが推察される。平成20年度末の資産合計額が分からないが，自己資本比率も10％前後に低下していたことが推察される。

平成16年度から，同20年度第3四半期までの間では，平成16年度と，同19年度以外は，当期純損益では利益を計上している。上記2年間の当期純損益が赤字になったのは，多額の製品処分・評価損を特別損失にて計上したためであり，両年度ともに経常損益は黒字であった。

平成17，18年度においても5億円台の製品処分・評価損を計上していることから，製品評価損などの発生は臨時的なものでなく，恒常化していることが窺われる。したがって，この損失は，経常損益に反映させるべきものであり，各年度において平均的に発生していると考えて平均的に各年度に割り振ると，平成16年12月期からの5年間はすべての年度で当期純損益が赤字続きであったことになる。平成20年12月期末には5年間赤字継続により，実質的には「死に体」になっていたことも考えられる。

当社では，経営に必要不可欠な資産は，せいぜい売上高の10か月分程度までであり，これを超す部分は，不良資産化していたか，高リスク取引に関する資産であったことが推察できる。金融機関ではこのような当社の実態を把握していて，融資を打ち切った可能性がある。

業界や当社の事業に詳しい人なら，資産の回転期間や損益の計上状況などから含み損や高リスク資産の存在を察知して，倒産を予知ができていたのかもしれないが，平成19年度までの財務諸表の分析だけでは，当社の倒産が近いとの判断を下すのは困難であったと思われる。

(2) トミヤアパレルの評価
① 財務安全性評価

	15/12	16/12	17/12	18/12	19/12
(主要指標)					
自己資本比率	36.6%	31.3%	40.7%	44.4%	39.4%
格　　　　付	Ⅲ	Ⅲ	Ⅱ	Ⅱ	Ⅲ
純資産回転期間	6.8月	6.1月	5.8月	6.2月	5.6月
格　　　　付	Ⅰ	Ⅰ	Ⅰ	Ⅰ	Ⅰ
決　定　格　付	Ⅲ	Ⅲ	Ⅱ	Ⅱ	Ⅲ
(補足指標)					
内 部 留 保 率	29.3%	12.4%	14.4%	15.6%	5.8%
借 入 金 依 存 度	41.4%	40.3%	33.9%	34.4%	39.6%
改訂自己資本比率	5.6%	-0.6%	1.1%	5.1%	0.1%

格付はⅢからいったんⅡに格上げになったが，平成19年度には再度Ⅲに格下げになった。

内部留保率が低く，長く低収益状態が続いていることが推察されるが，補足指標によっても，主要指標に格付を変える要因は見当たらない。

② 収益性評価

平成18年度以降の主要利益率は下記のとおりである。

	15／12	16／12	17／12	18／12	19／12
売上高経常利益率	1.2%	1.0%	5.5%	6.9%	3.1%
総資産当期純利益率	0.4%	−6.5%	1.2%	1.0%	−4.4%

売上高は低下傾向にあるし，5年間の平均では，当期純損益が赤字になるなど，このままでは，純資産を食い潰すまで，ジリ貧状態の続くことも予想される。

③ 将来性評価

売上高は低下傾向が続いているし，早くから赤字体質に陥っていることも疑われるなど，将来に明るい展望は持てないが，伝統のある会社だけに，一挙に壊滅的な状態に陥ることなど考えにくい。

④ 効率性評価

	15／12	16／12	17／12	18／12	19／12
総資産回転期間	18.5月	19.4月	14.2月	13.9月	14.3月
借入金依存度	41.4%	40.3%	33.9%	34.4%	39.6%

総資産回転期間が長すぎるし，特に棚卸資産回転期間が長いことなどから，含み損の存在が疑われるが，改訂自己資本比率がプラスであり，まだ多少余裕があるように見える。

⑤ 総合評価

自己資本比率が倒産直前期においても40％近く，安全性は高いと評価される。損益でも平成16年及び19年度に，棚卸資産の評価損を計上したことで，大幅当期純損失を出しているが，他の年度では黒字を計上しているし，経常利益は5年間を通して黒字である。

過去においても，数年おきに多額の棚卸資産の評価損などを計上しているのは，棚卸資産の損失をまとめて特別損失に計上する粉飾類似行為である疑いももたれるし，棚卸資産回転期間が常時長く，その結果，総資産回転期間が長くなっていることから，棚卸資産が常に水増しされている疑いが持たれるが，棚卸資産全額を架空の水増し資産であるとして損失に計上しても，まだ，債務超過にならない。

財務分析では倒産予知が困難なケースである。

3 株式会社ラ・パルレ

(1) ラ・パルレの概要

昭和53年4月総合美容マルコとして，エステティックサロン1号店を静岡にオープンしたのが当社の始まりである。

昭和63年にはクリエイティブヨーコ株式会社，平成2年には株式会社アクティブを設立し，平成7年11月には両社を合併した。

平成9年8月メンズエステティックを全店で開始した。

平成11年6月商号を株式会社ラ・パルレに変更，平成14年5月には大阪証券取引所ナスダック・ジャパンに株式を上場した。

その後，M&Aで子会社を増やした。エステティック技術の提供及び化粧品・美容機器・健康食品等の販売で業容を伸ばし，国内各所にエステティックサロンの店舗を開設した。

図表48は，当社の平成18年3月期から，同22年3月期までの業績と財務の主要数値の推移表である。平成21年度までは連結ベースの数値だが，平成21年3月期中に子会社をすべて売却したために，この期には連結財務諸表は作成していないので，平成22年度だけは個別ベースの数値である。

平成19年度までは急速に売上げを伸ばし，平成19年度の売上高は17,115百万円になったし，2,167百万円の経常利益と1,145百万円の当期純利益を計上した。

第Ⅴ部　ケーススタディ

図表48　ラ・パルレ主要財務数値推移表

(単位：百万円)

年　度	17／3 (連結)	18／3 (連結)	19／3 (連結)	20／3 (連結)	21／3 (連結)	22／3 (個別)
(損益計算書，貸借対照表)						
売　上　高 (売上高指数)	7,825 100.00	10,343 132.18	17,115 218.72	15,754 201.33	3,954 50.53	3,047 38.94
当期純利益 (総資産純利益率)		413 5.17	1,145 9.07	−4,219 −56.84	−2,991 −94.32	−1,250 −40.70
現　金　預　金 (回転期間，月)		2,293 2.66	2,052 1.44	918 0.70	106 0.32	195 0.77
売　上　債　権 (回転期間，月)		148 0.17	278 0.19	292 0.22	253 0.77	115 0.45
営業未収金 (回転期間，月)		555 0.64	989 0.69	285 0.22	340 1.03	250 0.98
棚　卸　資　産 (回転期間，月)		348 0.40	947 0.66	571 0.43	184 0.56	109 0.43
流動資産計 (回転期間，月)		3,608 4.19	5,069 3.55	2,361 1.80	1,014 3.08	792 3.12
有無形固定資産計 (回転期間，月)		3,000 3.48	5,609 3.93	3,233 2.46	1,337 4.06	1,232 4.85
投資その他 (回転期間，月)		1,377 1.60	1,952 1.37	1,828 1.39	820 2.49	1,047 4.12
固定資産計 (回転期間，月)		4,377 5.08	7,561 5.30	5,061 3.86	2,157 6.55	2,279 8.98
資　産　合　計 (回転期間，月)		7,984 9.26	12,630 8.86	7,422 5.65	3,171 9.62	3,071 12.09
仕入債務・未払金 (回転期間，月)		1,039 1.21	1,221 0.86	613 0.47	309 0.94	230 0.91
借　入　金 (借入金依存度)		0 0.00	0 0.00	2,100 28.29	557 17.57	1,335 43.47
前　受　金 (回転期間，月)		2,180 2.53	3,013 2.11	1,690 1.29	937 2.84	765 3.01
負　債　合　計 (回転期間，月)		4,457 5.17	6,087 4.27	5,360 4.08	2,104 6.39	2,530 9.96
純資産合計 (自己資本比率)		3,527 44.17	6,544 51.81	2,062 27.78	1,066 33.62	541 17.62
利益剰余金 (内部留保率)		2,439 69.15	2,465 37.67	−1,027 −49.81	−4,029 −377.95	−5,279 −975.79

（ＣＦ計算書）					
税前純利益	894	2,222	-3,693	-2,925	-1,218
減価償却費	268	495	752	334	188
諸調整	231	190	2,931	177	-26
法人税等	-498	-814	-917	-17	-53
利益要素計	(895)	(2,093)	(-927)	(-2,431)	(-1,109)
売上債権増減	-181	-518	690	-212	227
前受金増減	374	647	-1,324	-481	-172
棚卸資産増減	-22	-556	374	272	75
仕入債務増減	-104	96	-96	-14	24
その他	715	-441	-262	-209	-135
運転資本要素計	(-782)	(-772)	(-618)	(-644)	(19)
営業ＣＦ	1,677	1,321	-1,545	-3,075	-1,090
投資ＣＦ	-863	-3,367	-1,514	2,554	-322
ＦＣＦ	814	-2,046	-3,059	-521	-1,412
（リスク計算）					
運転資産計	-203	-1,074	1,064	60	302
リスク発生額	-798	-3,964	302	2,948	302
成長リスク額				-1,512	-412
資産リスク額	-2,276	-4,232	-2,602	-1,226	-1,150
リスク推定額	-2,276	-4,232	-2,602	-1,512	-1,150
リスク構成比	-28.51	-33.50	-35.06	-47.78	-37.45
改訂純資産額	1,251	2,312	-540	-446	-609
改訂自己資本比率	15.67	18.30	-7.28	-14.06	-19.83

(2) ラ・パルレ倒産への道筋

平成20年度には，減収に転じ，売上高は前年度比8.0％減の15,754百万円になり，4,219百万円の当期純損失を計上した。

平成20年3月24日に強引で悪質な勧誘を行ったことで，東京都より3月25日から3か月間の一部営業停止命令を受け，営業及び信用面で大きな打撃を受けた。

平成20年度における業績悪化の原因として，景気の減速傾向が顕著になったこと，与信管理の厳格化を図ったこと，コンプライアンスの厳格適用を進めた

こと，23の店舗を閉鎖したことなどが挙げられている。営業停止処分は期末間近の出来事であり，この期の業績への影響はそれほど大きくはなかったと思われるので，業績の悪化は，早くから始まっており，営業停止処分を受ける前に，不採算店舗の整理などに着手していたことが窺える。

　平成21年度には，通販事業からの撤退や，店舗閉鎖の影響などにより，売上高が前年度の25.1％の3,954百万円に激減し，当期純損益は2,991百万円の赤字となった。

　平成22年度には，個別財務諸表しか公表していないが，個別ベースの売上高は3,047百万円に留まり，引き続き1,250百万円の当期純損失を計上した。

　平成22年9月には，主力銀行の日本振興銀行が倒産して，同行からの融資の道が閉ざされたことで資金繰りが破綻し，10月5日，東京地裁に民事再生手続の開始を申し出た。

　2年連続の大幅赤字を出したのにも関わらず，倒産前々年度の平成21年度末においても自己資本比率は33.6％もあり，30／10の法則によると，まだ安全圏内にある。

　平成21年度に売上高が一挙に前年度の4分の1に縮小したために，資産も削減しているが，総資産回転期間が前年度の5.7か月から9.6か月に上昇している。平成22年度においても，売上高が前年度比23％減少したため，総資産回転期間が12.1か月に上昇した。急激な売上高の減少に資産の削減が追いつかなかったことが推察されるが，売上高の減少に伴い，資産に含み損が増えている可能性がある。

　倒産前々年度末においても自己資本比率が高いのだが，金額では1,066百万円に過ぎない。業容の縮小に伴って，総資産が著しく縮んでいるために，自己資本比率は相対的に高い水準を維持できているのである。当期純損失は年々減少を続けているが，平成22年度の当期純損失は1,250百万円であり，総資産に比べると損失の縮小の程度は小さい。その結果，自己資本比率が30％を超えていても，損失により短期間に債務超過に陥る危険性が高くなる。

　売上高が大きく減少したのに合わせて，総資産も著しく減少している場合に

は，損失のショックが相対的に大きくなり，30／10の法則などが通用しなくなることがある。この場合には，売上高が短期間に著しく減少していて，なお赤字が止まらないという事実でもって倒産に備えるなどの判定が必要になる。

当社の場合には，主力銀行の倒産という不幸に見舞われた。主力銀行の連鎖倒産ということで，それだけ倒産予知が困難になっている可能性がある。

しかし，急速に業容を拡大した新興企業，通販事業からの撤退，相次ぐ店舗の閉鎖，2年連続の売上高の激減，東京都より営業停止命令を受け信用が低下したことなど，のどれをとっても，倒産を連想させる出来事である。

日本振興銀行を主力銀行に選んだのも，類は友を呼んだ結果かもしれない。あるいは，最後の救い手だったのかもしれない。

当社については，これだけの事実で，細かい分析などするまでもなく，将来性は明瞭である。

その意味では，小杉産業などと同じで，安全性の評価などするまでもないかもしれないが，一応，様式どおりに評価を試みる。

(3) ラ・パルレの評価
① 財産安全性の評価

	18／3	19／3	20／3	21／3	22／3
（主要指標）					
自己資本比率	44.3%	51.8%	27.8%	33.6%	17.6%
格　　付	Ⅱ	Ⅰ	Ⅳ	Ⅲ	Ⅴ
純資産回転期間	4.1月	4.6月	1.6月	3.2月	2.1月
格　　付	Ⅱ	Ⅱ	Ⅴ	Ⅲ	Ⅳ
決　定　格　付	Ⅱ	Ⅱ	Ⅴ	Ⅲ	Ⅴ
（補足指標）					
内部留保率	69.2%	37.7%	－49.8%	－378.0%	－975.8%
借入金依存度	0.0%	0.0%	28.3%	17.6%	43.5%
改訂自己資本比率	15.7%	18.3%	－7.3%	－5.1%	－19.8%

平成20年度に大幅赤字を計上し，その後，売上高が激減して，赤字が続いている。財務安全性の格付も最高のⅠから平成20年度には一挙にⅣに格下げにな

り，倒産直前の平成22年度にはⅤにまで低下した。

平成21年度にはⅢにまで上昇しているが，これは，総資産や売上高が激減したために自己資本比率が上昇したもので，財政状態がよくなったからではない点に注意が必要である。

② 収益性評価

	18／3	19／3	20／3	21／3	22／3
売上高経常利益率	9.4%	12.7%	－4.9%	－55.0%	－37.7%
総資産当期純利益率	5.2%	9.1%	－56.8%	－94.3%	－40.7%

店舗なども大幅に減らしているので，売上高の回復は困難であり，赤字の解消は極めて困難と思われる。

③ 将来性評価

2年連続しての売上高の激減，3年間続いた巨額の損失の発生に，行政機関による業績処分，主力銀行の倒産などのマイナス要因が出揃っており，将来性は暗いと判断せざるを得ない。

④ 効率性評価

	18／3	19／3	20／3	21／3	22／3
総資産回転期間	9.3月	8.9月	5.7月	9.6月	12.1月
借入金依存度	0.0%	0.0%	28.3%	17.6%	43.5%

⑤ 総合評価

当社のような，急成長を遂げた人気稼業の新興企業では，確固とした商権も，子会社なども育っていないので，一度業績などが下降に向かうと建て直しが困難になることが予想される。

売上の急激な低下により，顧客離れが生じているし，商権も著しく毀損されていて，規模を更に縮小しないと採算が取れない。現在は自己資本比率が高くても，規模を縮小すると，資産の整理などで多額の損失が出て，債務超過に陥る。債務超過を解消するための含み益資産もないし，再建のための資金調達もできない。

売上高が大幅に下落した段階で，通常の評価基準が通用しない「死に体企

業」に転落したと見るべきである。

4　3社のまとめ

　本章で取り上げた3社についてまとめると次のとおりである。
　各社とも倒産前々年度末においても，自己資本比率が比較的高いし，業績もそれほどには悪化していない。大掛かりな粉飾の公表もしていない上場会社の倒産が増えており，倒産予知が困難になっている。しかし，含み損を推定して自己資本比率を修正するなどで，30／10の法則の適用が可能になるケースがある。常識的な判断を優先させるべきケースもある。
　これまでの検討結果として，次のような注意が必要なことを指摘できる。資産構成や回転期間の変動状況などから含み損の存在を推定し，自己資本比率を修正して，30／10の法則を適用する必要がある。特に，短期間に売上高が大幅に低下している場合には，含み損が蓄積している可能性があり，厳しい査定による純資産額及び自己資本比率の訂正が必要になる。
　売上高の大幅減少に伴って，総資産も減少している場合には，自己資本比率が高くても，純資産の絶対額が著しく縮小している。期間損失の規模はそれほど縮小していないので，自己資本比率30％は安全水域とはいえないことが多い。長期間（例えば5年間）最終損益の赤字が続いている企業は，特殊な事情がない限り，自己資本比率が高くても自力での再建は極めて困難と見るべき場合が多い。
　金融引き締め時や，金融機関の業績悪化時などにおいて，金融機関の融資姿勢が急に厳しくなり，これまでならまだ大丈夫と判断されるような会社までもが，融資を打ち切られて倒産するケースが増えており，このことが倒産予知をより困難にしている。
　貸し剥がしといわれるような倒産でも，もともと業績や体質のよくない会社で，業績が更に悪化して，再建の可能性が極めて低くなっている企業が対象に

なることが多いようだ。高リスク取引に傾倒した結果，高リスク資産を多額に抱え込み，実質的には債務超過に陥っている企業も多い。

　新興企業がブームに乗って，あるいは強引な営業展開により急速に業容を伸ばしたケースでは，ブームが去るなどで，曲がり角に達した時に，貸倒が多発するなどの事故も重なって，急速に業績が悪化することがよくある。もともと確固とした事業基盤を持たない新興企業では，いったん下降に転じると回復が困難で，短期間内に純資産を食い潰して，経営破綻に追い込まれる危険性が極めて高い。

　間接金融が主で，金融機関と融資先との結びつきが強かった時代とは違って，金融機関では，体質が悪くて立ち直りの見込みの薄い企業は，ドライに，早めに倒産させる傾向が強まっている。金融機関以外の利害関係者も，これまでとは違った厳しい目で，取引先などの評価をする必要がある。

　これらの事情を念頭に，厳しく評価することで，30／10の法則が通用しない一見不可解な黒字倒産のケースについても，倒産予知ができる可能性が高まる。

索　引

（あ行）

安全性測定の尺度 -------------------------------- 133
安全性評価基準 ---------------------------------- 136
１年基準 -- 11
受け皿ファンド ------------------------------ 211, 212
売上債権 ------------------------------------- 15, 59
売上債権回転期間 -------- 75, 78, 82, 157, 247
売上債権増減額 ---------------------------------- 116
売上高売上原価率 -------------------------------- 73
売上高営業ＣＦ率 -------------------------------- 72
売上高経費率 ------------------------------------ 72
売上高原価率 ------------------------------------ 72
売上高支払利息率 -------------------------------- 73
売上高成長率 ----------------------------------- 192
売上高先行計上 ------------- 158, 159, 166, 178
売上高販売管理費率 ------------------------------ 73
売上高ＦＣＦ率 ----------------------------------- 72
売上高利益率 ------------------------------- 72, 141
売掛金回転期間 ---------------------------------- 95
運転資産 ------------------------------------ 114, 115
運転資産計 ------------------------------------- 122
運転資本 -- 60
運転資本要素
　　　-------- 43, 44, 45, 46, 47, 49, 50, 51, 52,
　　　　91, 92, 125, 126, 171, 173, 174
営業活動によるキャッシュ・フロー ----- 40
営業ＣＦ ----------- 40, 42, 43, 44, 45, 49, 50,
　　　　51, 89, 91, 97, 173, 175
営業損益計算 -------------------------------- 28, 29
似非成長企業（会社） -------------- 89, 90, 94, 98

（か行）

回帰分析 --------------------------------------- 166
会社間比較法 ------------------------------------ 61
会社ぐるみの粉飾 -------------------------------- 85
会社更生手続 ----------------------------------- 224
会社法の計算書類 --------------------------------- 6
回収先行型 ------------------------- 18, 19, 50, 173
改造ＣＦ計算書 ---------------------------------- 44
改訂自己資本比率 --------- 118, 122, 123, 129,
　　　　　　　　　　　　139, 192, 208, 209
改訂純資産額 ------------------------------ 118, 122
回転期間 ---------------------------------- 50, 75
回転期間による粉飾発見法 ----------- 86, 118
回転期間分析 ----------------------------------- 148
外部専門家 ------------------------------------- 214
外部調査委員会の調査報告書 --------------- 160
格付 ------------ 136, 192, 208, 239, 243, 250, 255
借入金 ------------------------------------- 9, 14, 59
借入金依存度
　　　-------------- 15, 70, 71, 96, 139, 205, 209,
　　　　220, 228, 230, 232, 233, 243
為替換算調整勘定 ------------ 12, 189, 208, 215
監査人 --- 97
監査の厳格化 ----------------------------------- 158
監査法人 ------------------------------ 211, 213, 232
勘定式様式 -------------------------------------- 9, 28
間接法 --- 39
企業価値 --- 21
企業倒産 --------------------------------------- 83
企業評価 -------------------------------------- 105

259

企業評価の骨組み ―――――― 132
企業評価法 ――――――――― 131
季節変動 ―――――――――― 148
基礎資金 ――――――――― 59,71
基礎資金構成比 ―――― 71,96,125,209
キャッシュ・フロー計算書 ―――― 39
ＣＦ計算書 ―――――― 39,41,42,43,53
ＣＦによる粉飾分析 ―――――― 169
Ｑ１Ｑ４売上倍数 ――――― 177,178
業種別財務指標 ――――――― 62
業績評価 ――――――――――― 45
局地型の粉飾 ―――――――― 85
金融商品取引法 ――――― 5,145,151
経営破綻 ―――――――――― 108
経常損益計算 ―――――――― 28,29
経常的な収益力 ―――――――― 140
計数情報 ―――――――――― 6,94
継続企業 ―――――――――― 106
月次決算書 ――――――――― 180
月次分析 ―――――――――― 179
決定係数 ―――――――――― 164
減価償却費 ――――――――― 117
減損処理 ―――――――――― 214
効率性 ―――― 23,75,141,193,221,238,
                239,244,250,256
効率性評価 ――――――― 209,232
効率性分析 ――――――――― 64
固定資産回転期間 ――――― 80,95
固定長期適合率 ――――――― 67
固定費 ―――――――――― 74,164
固定比率 ―――――――――― 66
固定負債 ―――――――――― 20
個別損益計算書 ――――――― 28
個別貸借対照表 ――――――― 12

雇用維持 ―――――――― 34,36,131

（さ行）

債権回転期間 ――――――――― 158
財務安全性
  ――――― 135,136,139,140,192,202,220,
            230,237,239,240,243,249,255
財務安全性分析 ――――――― 64
財務活動によるキャッシュ・フロー ― 40
財務ＣＦ ――――――― 40,52,174,175
財務諸表等規則 ――――――― 5,28,39
債務超過 ―――――― 21,108,133,137,242
財務比率 ――――――――――― 64
先入先出法による売上債権回転期間の
  計算方法 ――――――――――― 181
サブプライムローンの破綻 ―――― 112
30／10の法則 ――――――― 137,255,257,258
３要素総合回転期間 ――――― 81,82,126
３要素総合残高 ――――― 17,50,60,126
仕入債務 ――――――――― 9,15,16,59
仕入債務回転期間 ―――――― 77,82
時価主義会計 ――――――――― 87
時価評価主義 ―――――――― 211
資金運用 ―――――――――――― 9
資金繰り ―――――――――― 64,67
資金調達 ―――――――――――― 8
資金調達構造 ――――――――― 64,65
時系列分析 ――――――― 61,62,150,162
自己資本回転期間 ――――― 136,137,192,208
自己資本比率
  ――――― 65,87,88,90,95,113,123,125,
            129,133,135,136,137,138,139,
            140,205,209,220,228,230,233,
            240,242,243,254,256,257

自己資本利益率 —————————— 72
資産回転期間 ————————— 75, 86, 221
資産効率 ——————————————— 24
資産効率性 ————————————— 135
資産増減高 ————————————— 114
資産超過 ———————— 21, 133, 137
資産リスク ————————————— 202
資産リスク額 ——— 114, 117, 118, 122, 193
実数分析法 ———————————— 59, 60
実数分析 —————————————— 62
質的情報 —————————————— 6, 94
自転車操業 ————————————— 19, 51
死に体 ————————— 106, 244, 256
死に体企業 ————————————— 88
支払先行型 ———————————— 18, 19, 50
支払能力 —————————————— 23
四半期売上高による回転期間 ——— 152, 153
四半期財務諸表 ————— 145, 146, 148
四半期財務諸表等規則 ——————— 5
四半期損益計算書 ————————— 145
四半期貸借対照表 ———————— 13, 145
四半期分析 ————————————— 174
四半期報告書 ———————————— 5, 145
四半期連結財務諸表 ———————— 6
四半期連結財務諸表規則 —————— 6
社会貢献 ——————————————— 131
社会貢献度 ————————————— 36
社会貢献費用 ———————————— 34
収益 ————————————————— 11
収益性 ——————— 135, 139, 202, 220, 237,
239, 244, 250, 256
収益性評価 ———————————— 209, 231
収益性分析 ————————————— 64, 71
十分性 ——————————————— 23

取得原価主義 ———————————— 211
循環取引 —————————————— 86, 88
純資産 ————————— 8, 9, 20, 21
純資産回転期間 —————————— 243
純損益計算 ————————————— 28, 29
上場前からの粉飾 —————————— 88
少数株主持分 ———————————— 12, 65
将来性 ————— 135, 140, 193, 220, 238,
239, 244, 250, 256
将来性評価 ———————————— 209, 231
将来性分析 ————————————— 74
新規投資 —————————————— 115
信用調査報告書 —————————— 62
成長企業(会社) ————— 98, 99, 114, 117
成長性分析 ————————————— 64
成長リスク額 — 115, 117, 118, 122, 193, 202
前期損益修正損 —————————— 215
先行投資 ————————————— 114, 117
総資産回転期間 — 81, 95, 157, 189, 193, 205,
209, 221, 228, 232, 233,
238, 243, 247, 250, 254
総資産利益率 ——————————— 72, 141
その他流動資産増減額 ——————— 116
損益計算書 ——————— 28, 32, 45, 49, 53
損益分岐点 ————————————— 73, 74

(た行)

大規模粉飾 ————————————— 84
貸借対照表 —————— 8, 9, 11, 13, 28, 53
棚卸資産回転期間 ————— 77, 79, 95, 247
棚卸資産増減額 —————————— 116
短期借入金 ———————— 14, 20, 68, 69
チェックリスト ———————— 98, 99, 101
鳥瞰分析法 ————————————— 60

鳥瞰分析 62
長期借入金 14, 20, 68, 69
調査委員会 210
調査報告書 210
直接法 39
追跡調査 146
月単位回転期間 76
訂正後財務諸表 217
訂正前財務諸表 217
手許流動性 69, 193, 230
統計的手法 150, 162
当座資産 59, 69
当座比率 69
倒産予知 83, 84, 240
投資活動によるキャッシュ・フロー 40
投資ＣＦ 40, 42, 43, 51, 52, 92, 174, 175
投資事業ファンド 212
飛ばし 212

（な行）

内部留保 243
内部留保率 90, 137, 138, 140, 192, 228, 230, 237, 250
年間売上高による回転期間 153
年次財務諸表 148
年単位回転期間 76
のれん 31, 205, 213, 214, 215

（は行）

比較分析法 61
日単位回転期間 76
費用 11
評価換算差額等 189
比率分析法 59, 64

付加価値 36
複合数値 59
含み益 214
含み損 214, 215, 216
負債 8
負債比率 66
不適切会計処理 130, 225, 232, 233
フリー・キャッシュ・フロー 42
ＦＣＦ 42, 43, 51, 97, 175
不良債権発生の防止 83
粉飾 84
粉飾の兆候 193, 240
粉飾発見 25, 33, 47, 53, 70, 71, 94, 118, 151, 221
粉飾累計額 127
変動費 74, 164
変動費率 74
包括損益 31
報告式様式 9, 28

（ま行）

見直しの頻度 134
民間の調査機関 62
民事再生手続 254
無借金経営 199
無リスク資産 113, 114, 116
持分法 31

（や行）

有価証券報告書 5, 25, 28, 65
優良成長企業 89, 94
与信管理 83
予備調査 62

索　引

（ら行）

リーマンショック ─────────── 112
利益剰余金 ───────────── 21
利益要素 ─────── 43, 44, 46, 51, 60,
　　　　　　　　　　91, 92, 171, 173
リスク ─────────────── 24
リスク構成比 ────── 118, 193, 199, 202, 238
リスク資産 ─────────── 113, 114, 115
リスク推定額 ──── 90, 114, 118, 122, 127,
　　　　　　　　　　141, 207, 233
リスク推定額による企業評価法 ────── 127
リスク推定法 ──────────── 113
リスク損失 ─────────── 106, 107, 108
リスク抵抗力 ─────── 107, 129, 132, 141
リスクの定義 ──────────── 105

リスクの本質 ──────────── 105
リスク発生額 ────── 115, 116, 117, 122
リスク評価法 ──────────── 129
流動資産 ─────────────── 67, 68
流動資産回転期間 ─────────── 80
流動性 ─────────────── 22, 23
流動比率 ───────────── 67, 68, 69
流動負債 ────────── 20, 67, 68, 69
連結キャッシュ・フロー計算書 ─────── 54
連結ＣＦ計算書 ──────────── 53
連結財務諸表 ─────────────── 6
連結財務諸表規則 ──────────── 6, 28
連結損益計算書 ────── 30, 31, 33, 37, 38
連結貸借対照表 ─────────── 12, 25, 26
連結包括利益計算書 ─────────── 31
労働分配率 ─────────────── 36

著者紹介

井端　和男（いばた・かずお）

略歴：
　1957年　　　一橋大学経済学部卒業
　　同年4月　　日綿実業（現双日）入社，条鋼鋼管部長，国内審査部長，子会社高愛株式会社常務取締役などを歴任。
　1991年7月　　公認会計士事務所を開設。現在に至る。

資格：
　公認会計士

主な著書：
倒産予知のための財務分析	商事法務研究会	1985年3月
与信限度の設定と信用調書の見方	商事法務研究会	1998年11月
リストラ時代の管理会計	商事法務研究会	2001年9月
いまさら人に聞けない「与信管理」の実務　改訂版	セルバ出版	2004年8月
粉飾決算を見抜くコツ　改訂新版	セルバ出版	2009年11月
いまさら人に聞けない「四半期決算書」の読み解き方	セルバ出版	2006年9月
黒字倒産と循環取引－および粉飾企業の追跡調査－	税務経理協会	2009年1月
最近の逆粉飾－その実態と含み益経営－	税務経理協会	2009年9月
リスク重視の企業評価法 　－突然襲ってくる存亡の危機にどこまで耐えられるか－	税務経理協会	2010年9月
最近の粉飾〔第4版〕－その実態と発見法－	税務経理協会	2012年4月

著者との契約により検印省略

平成24年4月1日　初版第1刷発行	**最新　粉飾発見法** －財務分析のポイントと分析事例－

　　　　　　　　　　著　者　井　端　和　男
　　　　　　　　　　発行者　大　坪　嘉　春
　　　　　　　　　　印刷所　税経印刷株式会社
　　　　　　　　　　製本所　株式会社　三森製本所

発行所	〒161-0033　東京都新宿区 下落合2丁目5番13号	株式 会社　**税務経理協会**
	振　替　00190-2-187408 Ｆ Ａ Ｘ　(03)3565-3391	電話　(03)3953-3301　(編集部) 　　　(03)3953-3325　(営業部)

　　　　　　　　URL　http://www.zeikei.co.jp/
　　　　　　乱丁・落丁の場合は，お取替えいたします。

Ⓒ　井端和男　2012　　　　　　　　　　　　　　Printed in Japan

本書を無断で複写複製(コピー)することは，著作権法上の例外を除き，禁じられています。
本書をコピーされる場合は，事前に日本複写権センター(ＪＲＲＣ)の許諾を受けてください。
　JRRC〈http://www.jrrc.or.jp　eメール：info@jrrc.or.jp　電話：03-3401-2382〉

ISBN978-4-419-05811-1　C3034

近年発覚した上場会社等の粉飾例を徹底検証！

最近の粉飾
―その実態と発見法―〔第4版〕

公認会計士 **井端 和男** 著

A5判　352頁　定価2,625円(税込)
ISBN978-4-419-05812-8 C2063

粉飾が後を絶たない…。
　旧版で予想していなかった新しい粉飾もあるし、新しい方向を示唆する粉飾もある。旧版後の粉飾例の分析を追加、総括して、直近の変化にも対応できるように改訂！

CONTENTS

第1部　総　論
　第1章　最近の粉飾の特徴
　第2章　最近の粉飾の手口
　第3章　粉飾発見のための財務分析法

第2部　事例研究
　第1章　最近特に話題になった粉飾
　第2章　資産水増型
　第3章　売上水増型
　第4章　売上先行計上型
　第5章　局　地　型

第3部　直近の粉飾
　第1章　平成19年後半期以降の粉飾の総括
　第2章　直近の粉飾に対する対策と注意
　第3章　これからの粉飾の予想
　第4章　事例研究
　第5章　特殊なケース

第4部　オリンパス・大王製紙の粉飾
　第1章　はじめに
　第2章　オリンパスの粉飾
　第3章　大王製紙

〒161-0033
東京都新宿区下落合2-5-13
株式会社 税務経理協会
URL http://www.zeikei.co.jp
Tel : 03-3953-3325　Fax : 03-3565-3391

近年発覚した逆粉飾事例を徹底検証！

最近の逆粉飾
－その実態と含み益経営－

公認会計士 **井端 和男** 著

　逆粉飾と粉飾は裏腹であり、逆粉飾を理解することで粉飾の理解が深まる。経営の厳しさが増すと、逆粉飾に変わるケースが増える。本書は、逆粉飾の弊害にメスをあて、発見法を探る。

A5判 220頁 定価2,310円(税込)
ISBN978-4-419-05377-2 C2063

近年発覚した黒字倒産と循環取引を徹底検証！

黒字倒産と循環取引
－および粉飾企業の追跡調査－

公認会計士 **井端 和男** 著

　黒字のまま突然倒産する「黒字倒産」が急増している。倒産予知にこれまでの常識が通用しなくなった。粉飾も「循環取引」の巧妙な操作により発見が困難になっている。本書は、「黒字倒産」と「循環取引」の実態を実例を基に究明し対策を探る。

A5判 204頁 定価2,100円(税込)
ISBN978-4-419-05234-8 C2063

〒161-0033
東京都新宿区下落合2-5-13

株式会社 税務経理協会

URL http://www.zeikei.co.jp
Tel: 03-3953-3325　Fax: 03-3565-3391